郑州大学
ZHENGZHOU UNIVERSITY

法律硕士专业学位研究生案例教程系列丛书

主　编◎苗连营
副主编◎王玉辉　李建新

环境法学案例教程

主　编◎吴喜梅　翟新丽
副主编◎杨　巍　荆　伟　林　爽

知识产权出版社
全国百佳图书出版单位
——北京——

图书在版编目（CIP）数据

环境法学案例教程/吴喜梅，翟新丽主编；杨巍，荆伟，林爽副主编 .—北京：知识产权出版社，2023.7
（法律硕士专业学位研究生案例教程系列丛书/苗连营主编）
ISBN 978-7-5130-8806-0

Ⅰ.①环… Ⅱ.①吴…②翟…③杨…④荆…⑤林… Ⅲ.①环境法学—案例—研究生—入学考试—自学参考资料 Ⅳ.①D912.605

中国国家版本馆 CIP 数据核字（2023）第 117569 号

内容提要

本书作为一部环境法学案例教材，为了满足实践教学的需要，在分析典型案例的同时，结合环境法学基本知识、基础理论和热点难点问题，将全书分为三章：第一章国内环境民法案例分析、第二章国内环境行政法案例分析、第三章国际环境法案例分析。同时，本书对案例进行深层次、多方面的分析，具有一定的理论深度、较强的指导性和较高的实用价值。

本案例教程适用对象为环境法学方向相关师生、特定专业领域的从业人员以及相关研究人员。

责任编辑：李芸杰	责任校对：谷　洋
封面设计：杨杨工作室 · 张冀	责任印制：刘译文

法律硕士专业学位研究生案例教程系列丛书
环境法学案例教程

主　编　吴喜梅　翟新丽
副主编　杨　巍　荆　伟　林　爽

出版发行：知识产权出版社有限责任公司	网　　址：http://www.ipph.cn
社　　址：北京市海淀区气象路 50 号院	邮　　编：100081
责编电话：010-82000860 转 8739	责编邮箱：liyunjie2015@126.com
发行电话：010-82000860 转 8101/8102	发行传真：010-82000893/82005070/82000270
印　　刷：天津嘉恒印务有限公司	经　　销：新华书店、各大网上书店及相关专业书店
开　　本：720mm×1000mm　1/16	印　　张：13
版　　次：2023 年 7 月第 1 版	印　　次：2023 年 7 月第 1 次印刷
字　　数：295 千字	定　　价：68.00 元
ISBN 978-7-5130-8806-0	

出版权专有　侵权必究
如有印装质量问题，本社负责调换。

本书编委会

■ **主　编**

吴喜梅　郑州大学法学院教授，博士生导师，重庆大学法学博士，郑州大学法学院环境与资源保护法学学科带头人，郑州大学自然资源法研究所执行所长，郑州仲裁委员会仲裁员，河南省高级人民法院郑州大学环境资源理论研究基地副主任兼秘书长，河南省法学会南水北调学会副会长，中华环保联合会河南省分会法律委员会委员，郑州市中级人民法院环境资源审判咨询专家，加拿大卡尔加里大学访问学者，斯洛伐克考门斯基大学访问学者，郑州大学留学归国人员联谊会副秘书长。

翟新丽　郑州大学法学院讲师，日本名古屋大学法学博士，郑州大学自然资源法研究所研究员、所长助理。

■ **副主编**

杨　巍　河南省高级人民法院环资庭庭长，三级高级法官，先后在省院行政庭、立案庭、审监庭工作，2018年底开始从事环境资源审判，审判工作经验丰富，撰写的文章、裁判文书多次被最高人民法院表彰，承办的濮阳市政府诉德丰公司生态环境损害赔偿案被写入最高人民法院工作报告。

荆　伟　法学硕士，河南省高级人民法院审判委员会专职委员，二级高级法官，河南省审判业务专家，长期从事行政审判、国家赔偿、环境资源审判等司法实务工作。

林　爽　上海体育大学经济管理学院博士研究生，郑州大学自然资源法研究所助理研究员。曾公开发表学术论文三篇，参与教材编写两部，曾参加厅局级科研项目和教改项目五项，并获厅局级教改成果优秀奖两项。

■ 编　委

荆向丽　郑州大学宪法与行政法硕士，现任上海市第一中级人民法院四级高级法官。

董亚伟　河南省高级人民法院环资庭法官助理，中央党校研究生院法学硕士。

翟旭燕　郑州工商学院文法学院专任教师，郑州大学自然资源法研究所研究员，华侨大学研究生。

尚梦圆　郑州大学自然资源法研究所助理研究员，郑州大学法学院2019级环境与资源保护法学硕士，上海兰迪（郑州）律师事务所实习律师。

杨　爽　郑州大学自然资源法研究所助理研究员，郑州大学法学院2020级环境与资源保护法学研究生。

孙若楠　郑州大学自然资源法研究所助理研究员，郑州大学法学院2020级环境与资源保护法学研究生。

于　寒　郑州大学自然资源法研究所助理研究员，郑州大学法学院2019级环境与资源保护法学硕士，航空港投资集团有限公司法务。

王　倩　郑州大学自然资源法研究所助理研究员，郑州大学法学院2019级环境与资源保护法学硕士，英才苑府法律教育网课程策划。

付　丽　郑州大学自然资源法研究所助理研究员，郑州大学法学院2020级环境与资源保护法学研究生。

王瑞珂　郑州大学自然资源法研究所助理研究员，郑州大学法学院2020级环境与资源保护法学研究生。

总　序

高等院校是培养法治人才的第一阵地，高校法学教育在法治人才的培养中发挥着基础性作用。中共中央印发的《法治中国建设规划（2020—2025 年）》明确提出：深化高等法学教育改革，优化法学课程体系，强化法学实践教学，培养信念坚定、德法兼修、明法笃行的高素质法治人才。法学学科是实践性极强的学科，法学实践教学改革是促进法学理论与法学实践有机融合、推动法学高等教育改革的重要路径和抓手。

案例教学是法学实践教学的重要组成部分，以学生为中心，通过典型案例的情境呈现、深度评析，将理论与实践紧密结合，引导学生发现问题、分析问题、解决问题，进而掌握理论、形成观点、提高能力。强化案例教学是培养法律硕士专业学位研究生实践能力的重要方式，也是促进教学与实践有机融合、推动高等院校法学实践教学模式改革、提高法治人才培养质量的重要突破点。《教育部关于加强专业学位研究生案例教学和联合培养基地建设的意见》（教研〔2015〕1号）明确指出，重视案例编写，提高案例质量。通过撰写案例教程，开发和形成一大批基于真实情境、符合案例教学要求、与国际接轨的高质量教学案例，是推进案例教学的重要基础，对法学理论及各部门法的学习与知识创新具有重要意义。

作为国内较早招收法律硕士专业学位研究生的高等院校之一，郑州大学法学院始终致力于培养复合型、应用型专门法律人才，高度重视法律硕士实践教学与案例教学改革，先后组织编写了"卓越法治人才教育培养系列教材""高等法学教育案例教学系列教材"等系列高水平教材。为进一步深化新时代法律硕士专业学位研究生培养模式改革，培养德法兼修、明法笃行的高素质法治人才，我院组织相关学科骨干教师编写了这套"法律硕士专业学位研究生案例教程系列丛书"。

本套丛书内容全面、体系完备，涵盖了《法理学案例教程》《行政法学案例教程》《刑法学案例教程》《民法学案例教程》《商法学案例教程》《经济法学案例教程》《诉讼法学案例教程》《环境法学案例教程》《国际法学案例教程》《知识产权法学案例教程》《法律职业伦理案例教程》《卫生法学案例教程》等法律硕士专业学位教育教学基础课程教学用书。

丛书具有四个特点：其一，坚持思想引领。各学科团队始终以习近平法治思想为指导，努力推动习近平法治思想进教材、进课堂、进头脑，充分保证系列教材坚持正确的政治方向、学术导向、价值取向。其二，理论与实践紧密结合。各教程所涉案例的编写立足真实案情，关注社会热点、知识重点和理论难点，引导学生运用法学理论，分析现实问题，着力培养和训练学生的法学思维能力。其三，知识讲授与案例评析有机统一。各教程既整体反映了各学科知识体系，又重点解读了相关案例所涉及的理论问题，真正做到以案释法、以案说理，着力实现理论知识与典型案例的有机互动。其四，多元结合的编写团队。案例教程的编写广泛吸纳实务部门专家参与，真正实现高等院校与法律实务部门的深度合作，保证了案例的时效性、针对性、专业性。

衷心希望本套丛书能够切实推进法律硕士专业学位研究生教学模式、培养方式的改革，为培养具有坚定的中国特色社会主义法治理念，以及坚持中国特色社会主义法治道路的复合型、应用型高素质法治人才发挥积极作用。

本套丛书的出版得到了知识产权出版社总编及相关编辑的鼎力支持，在此深表感谢！

郑州大学法学院编委会

2022 年 3 月 9 日

前 言

司法实践中，典型案例能积极推动我国生态环境的修复与保护，提升司法在生态文明建设中的作用，促进相关法律制度不断完善。案例教学教材的编写旨在以案释法，这不仅有助于学生理解现行法律法规的具体内涵、基本原则、法治精神，而且有助于明晰审判机关在法律适用中所体现出的时代性和人文精神，还有利于培养学生从生态保护、社会治理和法治建设等更宏观的层面深入地剖析案例。

近年来，国内外环境纠纷案件数量骤增，新型案件不断涌现。本案例教程对国内外相关指导性案例或典型案例进行梳理归纳，从"环境民法案例分析""行政法案例分析""国际环境法案例分析"三方面，着重分析了国内外现行重要环境法律制度的内涵、适用范围以及相关法律规范的发展变化，以期对我国环境资源案例教学提供一定的参考。概言之，本书具有以下主要特点：

一是内容由浅入深。本书从基本案情、主要法律问题、主要法律依据等多角度分析国内外典型案例，力求深入浅出，以便于学生通过案例掌握国内外环境法制度和相关法学理论的基本内容。

二是注重理论联系实际。本书就每个案例分析，都着重于将典型案例与法律制度、法学理论紧密结合，以案释法，以培养学生法律思维能力。

三是教与练结合。每一案例分析都配有思考题，以强化学生及时应用已学知识解决现实法律问题的能力。

本书共三章，具体编写分工如下：

翟旭燕：第一章第一节、第三节、第四节；

翟新丽：第一章第二节；

杨　爽：第一章第五节，第三章第一节；

孙若楠：第一章第六节，第三章第二节；

王　倩：第一章第七节，第二章第三节、第五节；

荆向丽：第二章第一节、第三节；

尚梦圆：第二章第一节；

于　寒：第二章第一节、第二节、第四节；

杨　巍：第二章第二节、第四节、第五节；

董亚伟：第二章第二节、第三节、第四节、第五节；

付　丽：第三章第一节；

林　爽：第三章第一节、第三节，第三章的审稿；

王瑞珂：第三章第四节。

本案例教程可以作为我国高校法律硕士专业学位研究生环境资源法案例教学的教材，同时，本书也适合于环境法学专业方向师生、环境资源管理从业人员以及相关研究人员阅读。

本教程的编写过程，凝结着全体编写人员和出版社编辑的辛勤付出，感谢本书的编写人员、出版社编辑以及为本书提供积极建议的相关人员，在此致以最诚挚的谢意。

2022 年 12 月 1 日

CONTENTS 目 录

第一章 国内环境民法案例分析 …………………………………………………… 001

第一节　环境健康权 / 001

案例一　义马市朝阳志峰养殖厂诉河南省义马市联创化工有限责任公司水污染责任纠纷案 / 001

第二节　环境侵权的构成要件 / 011

案例二　中国生物多样性保护与绿色发展基金会诉深圳市速美环保有限公司、浙江淘宝网络有限公司大气污染责任 / 011

案例三　韩某春与中国石油天然气股份有限公司吉林油田分公司水污染责任纠纷案 / 021

第三节　环境侵权的赔偿范围 / 029

案例四　中国生物多样性保护与绿色发展基金会诉新郑市薛店镇花庄村民委员会、新郑市薛店镇人民政府、新郑市教育体育局、新郑市林业局、新郑市文化和旅游局环境侵权案 / 029

案例五　佛山市金业金属制品有限公司与被上诉人佛山市人民检察院环境民事公益纠纷案 / 037

案例六　北京市朝阳区自然之友环境研究所、中国生物多样性保护与绿色发展基金会诉江苏常隆化工有限公司、常州市常宇化工有限公司、江苏华达化工集团有限公司环境侵权案 / 043

第四节　环境民事公益诉讼的原告主体资格 / 051

案例七　中国生物多样性保护与绿色发展基金会诉宁夏瑞泰科技股份有限公司环境污染案 / 051

第五节　生态环境损害赔偿磋商制度 / 057

案例八　河南省濮阳市人民政府诉聊城德丰化工有限公司生态环境损害赔偿诉讼案 / 057

第六节　生态环境修复责任方式 / 065
案例九　陕西省西安市人民检察院与肖某红、周某工土壤污染责任纠纷环境民事公益诉讼案 / 065

第七节　诉讼时效 / 073
案例十　北京市朝阳区自然之友环境研究所、中国生物多样性保护与绿色发展基金会与江苏常隆化工有限公司、常州市常宇化工有限公司、江苏华达化工集团有限公司环境污染责任纠纷案 / 073

第二章　国内环境行政法案例分析　　085

第一节　污染防治制度 / 085
案例一　买某林诉新乡县环境保护局罚款一案 / 085

第二节　行政处罚的基本原则 / 096
案例二　南召县东大新型建材有限公司诉南召县环境保护局环境行政处罚纠纷一案 / 096

第三节　行政处罚的归责原则 / 107
案例三　张某冲诉淇县环境保护局行政处罚一案 / 107

第四节　行政处罚的具体措施 / 119
案例四　洛阳龙新玻璃有限公司诉新安县环境保护局行政处罚一案 / 119

第五节　行政处罚的追责时效 / 131
案例五　夏邑县宇浩助剂有限责任公司诉商丘市生态环境局、商丘市人民政府环境行政处罚及行政复议案 / 131

第三章　国际环境法案例分析　　142

第一节　GATT 1994 一般例外条款的适用 / 142
案例一　美国修订汽油标准案 / 142
案例二　美国海虾海龟案 / 153
案例三　中美稀土贸易案 / 161

第二节　WTO 动植物卫生检验检疫措施 / 170
案例四　美国诉日本影响农产品进口措施案 / 170

第三节　国际河流开发中的事先通知义务 / 179
案例五　乌拉圭河纸浆厂案 / 179

第四节　跨界环境污染纠纷解决机制 / 189
案例六　特雷尔冶炼厂仲裁案 / 189

CHAPTER 1 第一章
国内环境民法案例分析

第一节 环境健康权

案例一 义马市朝阳志峰养殖厂诉河南省义马市联创化工有限责任公司水污染责任纠纷案[1]

【基本案情】

一、事实概要

原告义马市朝阳志峰养殖厂（以下简称志峰养殖厂）毗邻黄河支流涧河，鱼塘用水系涧河渗入。2018年2月，被告河南省义马市联创化工有限责任公司（以下简称联创公司）向涧河上游水域倾倒工业废水，导致位于涧河下游的志峰养殖厂的养鱼塘、钓鱼塘水质均被污染。原告志峰养殖厂以被告联创公司污染环境，给其带来损害为由，诉至法院，请求判令被告联创公司赔偿其鱼塘死鱼损失、钓鱼经营损失、养鸡损失，并承担鱼塘、养鸡环境修复责任及环境修复费用等。

二、一审判决

本案一审终审，河南省义马市人民法院在判定被告联创公司存在污染行为，以及被告的污染行为和原告志峰养殖厂所受损害之间存在因果关系的基础上，以河北农业司法鉴定中心对原告志峰养殖厂的养鱼塘及钓鱼塘的损失以及两个鱼塘环境修复费用进行的司法鉴定意见书载明的内容，即两个鱼塘的环境修复费用共计20134~24458元为参考，判决被告赔偿原告志峰养殖厂养鱼塘及钓鱼塘的损失、判决两个鱼塘的环境修复费用共计24400元。

---

[1] 参见（2018）豫1281民初270号民事判决书。

【主要法律问题】

该案的争议焦点是：被告是否应承担原告志峰养殖厂的鱼塘、养鸡环境修复责任及环境修复费用。

该争议焦点涉及的主要法律问题是：在私益诉讼中，原告志峰养殖厂可否请求被告联创公司承担生态修复责任。

【主要法律依据】

《中华人民共和国环境影响评价法》

第 11 条第 1 款　专项规划的编制机关对可能造成不良环境影响并直接涉及公众环境权益的规划，应当在该规划草案报送审批前，举行论证会、听证会，或者采取其他形式，征求有关单位、专家和公众对环境影响报告书草案的意见。但是，国家规定需要保密的情形除外。

《最高人民法院关于审理环境民事公益诉讼案件适用法律若干问题的解释》（2015年版）

第 20 条　原告请求恢复原状的，人民法院可以依法判决被告将生态环境修复到损害发生之前的状态和功能。无法完全修复的，可以准许采用替代性修复方式。

人民法院可以在判决被告修复生态环境的同时，确定被告不履行修复义务时应承担的生态环境修复费用；也可以直接判决被告承担生态环境修复费用。

生态环境修复费用包括制定、实施修复方案的费用和监测、监管等费用。

《中华人民共和国民法典》

第 1234 条　违反国家规定造成生态环境损害，生态环境能够修复的，国家规定的机关或者法律规定的组织有权请求侵权人在合理期限内承担修复责任。侵权人在期限内未修复的，国家规定的机关或者法律规定的组织可以自行或者委托他人进行修复，所需费用由侵权人负担。

第 1235 条　违反国家规定造成生态环境损害的，国家规定的机关或者法律规定的组织有权请求侵权人赔偿下列损失和费用：

（一）生态环境受到损害至修复完成期间服务功能丧失导致的损失；

（二）生态环境功能永久性损害造成的损失；

（三）生态环境损害调查、鉴定评估等费用；

（四）清除污染、修复生态环境费用；

（五）防止损害的发生和扩大所支出的合理费用。

【理论分析】

一、立法分析

（一）关于环境权的规定

关于环境权，《大韩民国宪法》第 35 条❶、1978 年《西班牙宪法》第 45 条第 1 款❷、2004 年的《法国环境宪章》第 1 条和第 7 条❸、《俄罗斯联邦宪法》第 42 条❹都有明确规定。但《中华人民共和国宪法》（以下简称《宪法》）没有相关规定。

2002 年《中华人民共和国环境影响评价法》（以下简称《环境影响评价法》）明确提出了"环境权益"这一概念，但该环境权益是指公众的环境权益，而非自然人的民事权益。《环境影响评价法》第 11 条第 1 款规定了专项规划的编制机关对可能造成不良环境影响并直接涉及公众环境权益的规划的内容。

2020 年出台的《中华人民共和国民法典》（以下简称《民法典》）也没有明确规定环境权或环境权益。因此，在私益诉讼中，原告无法要求被告承担侵害环境权的赔偿责任。

（二）环境侵权中责任承担方式的变化

1. 环境公益诉讼中从"恢复原状"到"生态环境修复责任"

（1）《最高人民法院关于审理环境民事公益诉讼案件适用法律若干问题的解释》（2015 年版）。

2015 年出台的《最高人民法院关于审理环境民事公益诉讼案件适用法律若干问题的解释》第 20 条规定："原告请求恢复原状的，人民法院可以依法判决被告将生态环境修复到损害发生之前的状态和功能。"

（2）《民法典》。

《民法典》在侵权责任编的第七章"环境污染和生态破坏责任"中规定了造成生态环境损害的侵权人的生态环境修复责任，包括直接修复和承担生态环境修复费用两种责任承担方式。但是这种生态环境修复责任只有国家规定的机关或法律规定的组织才可以主张，自然人或法人不享有主张被告承担生态环境修复责任的权利。

《民法典》第 1234 条规定，生态环境能够修复的，国家规定的机关或者法律规定

---

❶ 《大韩民国宪法》第 35 条第 1 项　所有国民享有在健康、舒适的环境中生活的权利，国家和国民必须努力保护环境。第 2 项　环境权的内容和行使由法律规定。第 3 项　国家应通过住宅开发政策等，为国民能过上舒适的居住生活而努力。

❷ 1978 年的《西班牙宪法》第 45 条第 1 款规定：任何人都享有适合人格发展的环境的权利，并有义务保护环境。

❸ 2004 年的《法国环境宪章》第 1 条　每个人都享有在均衡、健康的环境中生活的权利。第 7 条　在符合法律规定的要件和限度内，任何人都享有国家、政府机关拥有的环境信息的知情权，以及参与影响环境的国家、政府决策过程的权利。

❹ 《俄罗斯联邦宪法》第 42 条　每个人都享有享受良好环境的权利，享有对环境状况的可信赖信息的知情权，以及对生态学的权利侵害所导致的健康或财产损害要求损害赔偿的权利。

的组织有权请求侵权人在合理期限内承担修复责任。第1235条中规定，侵权人赔偿的费用包括清除污染、修复生态环境费用。

（3）《最高人民法院关于审理环境民事公益诉讼案件适用法律若干问题的解释》（2020年版）。

依据《民法典》的有关规定，《最高人民法院关于审理环境民事公益诉讼案件适用法律若干问题的解释》在2020年12月23日作了修正。该司法解释相关条款中删除了"恢复原状"，与《民法典》保持一致，强调"修复"，规定了"修复生态环境"的责任。

在该司法解释的本次修正中，将原第9条中的"恢复原状"替换为"修复生态环境"；将原第15条"以及生态环境受到损害至恢复原状期间服务功能的损失等专门性问题提出意见的"改为"以及生态环境受到损害至修复完成期间服务功能丧失导致的损失等专门性问题提出意见的"；将原第18条、原第20条中的"恢复原状"修改为"修复生态环境"；对原第21条的修改依然是将"恢复原状"改成"修复"，即"赔偿生态环境受到损害至恢复原状期间服务功能损失的"改为"修复完成期间服务功能丧失导致的损失、生态环境功能永久性损害造成的损失的"等。

2. 环境污染侵权诉讼可以请求恢复原状

《民法典》在侵权责任编的第七章规定了环境污染和生态破坏责任，所有的环境污染和生态破坏诉讼均可适用其相关规定，因此在民事责任中，原告可以请求被告承担恢复原状的责任。

二、法理分析

关于生态环境修复责任和恢复原状责任的关系如何，两者与环境权有何关系，下面进行辨析。

（一）环境权

1. 公众的环境权

公众环境权是指公众拥有在良好生态环境中健康生存的权利，也是公众对生态环境享有非排他性使用的权利。[1] 2002年《环境影响评价法》明确提出了"环境权益"。在我国，公众的环境权通过环境公益诉讼来实现，环境公益组织可以请求被告承担生态修复责任。本案属于私益诉讼，因此，原告志峰养殖厂不能主张公众环境权。

2. 民法上没有创设环境权

（1）绿色原则没有创设环境权。

2017年颁布的《中华人民共和国民法总则》（以下简称《民法总则》，已失效）第9条规定："民事主体从事民事活动，应当有利于节约资源、保护生态环境。"这就将

---

[1] 蔡守秋，张毅. 论公众环境权的非排他性 [J]. 吉首大学学报（社会科学版），2021，42（03）：82.

绿色原则加入到了民法基本原则之中。但"绿色原则使用的是应当有利于的表述,从规范语义的角度出发,该条是对民事主体在环境保护方面的义务性规定,而非赋权性规定"❶。因此,绿色原则并非对环境权的创设。

(2)《民法典》没有规定环境权。

针对我国环境污染和生态破坏严重的现象,在《民法典》编纂过程中,环境权作为私权入典的呼吁声此起彼伏。但关于环境权的性质以及具体规定应放置在哪个部分,颇具争议,学者们未达成一致意见。有学者提出"环境权应当在民法当中作为基本的民事权利加以规定",还有学者建议在《民法典》侵权责任编中增加"环境权"的内容,也有学者建议在《民法典》人格权编增设"良好环境权"的新型人格权类型。❷

虽然2020年颁布的《民法典》对其第9条❸绿色原则进行了具体化,但仍然没有规定环境权。《民法典》物权编规定物权的行使应当遵循绿色原则,其中第286条规定建筑物区分所有权的业主的行为应当遵守绿色原则、第326条规定用益物权人行使权利应当遵循绿色原则、第346条规定建筑用地使用权的设立应当遵循绿色原则。《民法典》合同编的第509条中将绿色原则规定为合同履行的原则之一、第619条规定标的物的包装方式应当遵守绿色原则。《民法典》侵权责任编第七章对环境污染责任和生态破坏责任进行了详细的规定,其中第1234条增加了生态环境损害修复责任。但此处规定环境污染和生态破坏责任的目的是保护民事权利,生态环境修复责任实质上是恢复财产损害的手段之一,并非为保护环境权而设立的责任。

因此,本案私益诉讼的原告志峰养殖厂无法以《民法典》为据,要求被告承担生态环境修复责任。

(二)生态环境修复责任和恢复原状的关系

(1)生态环境修复责任的渊源。

①恢复原状之下的"生态环境修复责任"。

2015年颁布的《最高人民法院关于审理环境民事公益诉讼案件适用法律若干问题的解释》中首次规定了原告要求恢复原状的,被告要承担生态环境修复责任或替代性修复责任或承担生态环境修复费用。同年颁布的《最高人民法院关于审理环境侵权责任纠纷案件适用法律若干问题的解释》也在恢复原状责任之下,作为具体责任方式规定了生态环境修复责任。具体法条如表1-1所示。

---

❶ 黄锡生. 民法典时代环境权的解释路径——兼论绿色原则的民法功能 [J]. 现代法学, 2020, 42 (04): 100.

❷ 郭栋. 中国民法典制定的法哲学反思——第七届全国部门法哲学研讨会综述 [J]. 法制与社会发展, 2015, 21 (04): 103-111.

❸《民法典》第9条【绿色原则】民事主体从事民事活动,应当有利于节约资源、保护生态环境。

表 1-1 司法解释中"生态环境修复责任"的具体规定

颁布时间	名称	内容
2015 年	《最高人民法院关于审理环境民事公益诉讼案件适用法律若干问题的解释》	第 20 条 原告请求恢复原状的,人民法院可以依法判决被告将生态环境修复到损害发生之前的状态和功能。无法完全修复的,可以准许采用替代性修复方式。 人民法院可以在判决被告修复生态环境的同时,确定被告不履行修复义务时应承担的生态环境修复费用;也可以直接判决被告承担生态环境修复费用。 生态环境修复费用包括制定、实施修复方案的费用和监测、监管等费用
2015 年	《最高人民法院关于审理环境侵权责任纠纷案件适用法律若干问题的解释》	第 14 条 被侵权人请求恢复原状的,人民法院可以依法裁判污染者承担环境修复责任,并同时确定被告不履行环境修复义务时应当承担的环境修复费用。 污染者在生效裁判确定的期限内未履行环境修复义务的,人民法院可以委托其他人进行环境修复,所需费用由污染者承担

②独立的"生态环境修复责任"。

2019 年颁布的《最高人民法院关于审理生态环境损害赔偿案件的若干规定(试行)》中没有言及恢复原状责任,而是直接规定了生态环境修复责任。2020 年,《民法典》颁布,生态环境修复责任作为独立的责任名称出现在第 1234 条,以此为据的司法解释随即进行了修改。2015 年《最高人民法院关于审理环境民事公益诉讼案件适用法律若干问题的解释》适用 2009 年《中华人民共和国侵权责任法》(以下简称《侵权责任法》,已废止)的规定,采用了"恢复原状"责任制度。而在 2020 年《民法典》颁布之后,该司法解释也作了修正,删除了"恢复原状",与《民法典》保持一致,采用了"生态环境修复"的责任制度。《最高人民法院关于审理环境侵权责任纠纷案件适用法律若干问题的解释》也作了同样的修改。关于修改为"生态环境修复责任"的法条如表 1-2 所示。

表 1-2 关于修改为"生态环境修复责任"的法条

颁布时间	名称	内容
2020 年	《最高人民法院关于审理生态环境损害赔偿案件的若干规定(试行)》	第 11 条 被告违反国家规定造成生态环境损害的,人民法院应当根据原告的诉讼请求以及具体案情,合理判决被告承担修复生态环境、赔偿损失、停止侵害、排除妨碍、消除危险、赔礼道歉等民事责任。 第 12 条 受损生态环境能够修复的,人民法院应当依法判决被告承担修复责任,并同时确定被告不履行修复义务时应承担的生态环境修复费用。 生态环境修复费用包括制定、实施修复方案的费用,修复期间的监测、监管费用,以及修复完成后的验收费用、修复效果后评估费用等。 原告请求被告赔偿生态环境受到损害至修复完成期间服务功能损失的,人民法院根据具体案情予以判决。 第 13 条 受损生态环境无法修复或者无法完全修复,原告请求被告赔偿生态环境功能永久性损害造成的损失的,人民法院根据具体案情予以判决

续表

颁布时间	名称	内容
2020年	《民法典》	第1234条 违反国家规定造成生态环境损害，生态环境能够修复的，国家规定的机关或者法律规定的组织有权请求侵权人在合理期限内承担修复责任。侵权人在期限内未修复的，国家规定的机关或者法律规定的组织可以自行或者委托他人进行修复，所需费用由侵权人负担
2020年	《最高人民法院关于审理环境民事公益诉讼案件适用法律若干问题的解释》	第20条 原告请求修复生态环境的，人民法院可以依法判决被告将生态环境修复到损害发生之前的状态和功能。无法完全修复的，可以准许采用替代性修复方式。 人民法院可以在判决被告修复生态环境的同时，确定被告不履行修复义务时应承担的生态环境修复费用；也可以直接判决被告承担生态环境修复费用。 生态环境修复费用包括制定、实施修复方案的费用，修复期间的监测、监管费用，以及修复完成后的验收费用、修复效果后评估费用等
2020年	《最高人民法院关于审理环境侵权责任纠纷案件适用法律若干问题的解释》	第13条 人民法院应当根据被侵权人的诉讼请求以及具体案情，合理判定侵权人承担停止侵害、排除妨碍、消除危险、修复生态环境、赔礼道歉、赔偿损失等民事责任。 第14条 被侵权人请求修复生态环境的，人民法院可以依法裁判侵权人承担环境修复责任，并同时确定其不履行环境修复义务时应当承担的环境修复费用。 侵权人在生效裁判确定的期限内未履行环境修复义务的，人民法院可以委托其他人进行环境修复，所需费用由侵权人承担

（2）生态环境修复责任的性质。

《民法典》把生态环境修复责任纳入"环境污染和生态破坏责任"这一章，却未明确生态环境修复责任和环境侵权民事责任之间的关系。这导致生态环境修复责任的性质不明，与环境侵权民事责任在适用上产生了冲突。

首先，根据《民法典》第1229条的规定，环境侵权民事责任适用无过错责任，无论被告有无过错，只要污染了环境或破坏了生态，都应承担环境侵权责任，环境民事侵权责任的构成要件中不包括违法性。而《民法典》在第1234条却将"违反国家规定造成生态环境损害"作为生态环境修复责任的要件之一，据此，只有存在具有违法性的环境污染或生态破坏行为，才可以要求行为人承担生态修复责任。《民法典》侵权责任编召集人张新宝教授认为，之所以使用"违反国家规定"，而不是使用"违反法律或者法律、行政法规规定"，是因为"违反国家规定"不仅包括违反法律、行政法规的规定，而且包括违反部门规章和地方法规的规定，以及违反司法解释的规定等，这是考虑到"放权"的需要而进行的规定。❶ 然而，不论"国家规定"一词是否可以称得上规范的法律术语，完全符合国家规定的行为仍然会造成环境污染或

---

❶ 张新宝.侵权责任编：在承继中完善和创新［J］.中国法学，2020（4）：109-129.

生态破坏。比如，获得排污许可证的数家企业虽在许可的范围内排污，但总量超标，仍然会造成污染。在国家管理方面的法律法规不影响民事责任成为环境侵权责任认定的共识的情况下，《民法典》的这一规定内涵不清，外延不明，不完全符合生态文明的要求。

其次，有权要求承担生态环境修复责任的主体只是国家规定的机关或法律规定的组织，自然人和法人无权要求被告承担生态环境修复责任。

(3) 生态环境修复责任的司法实践。

①责任承担方式。

根据《民法典》及相关司法解释的规定，生态环境修复责任的承担方式包括完全修复、替代性修复和承担生态环境修复费用，可概括为行为责任（完全修复和替代性修复）和财产责任（承担生态环境修复费用）。司法实践中，鉴于被告普遍缺乏修复生态环境的能力或者生态环境的不可修复性，法院倾向于判决财产责任。❶

替代性修复包括异地修复、补种复绿、增殖放流等。另外，为了解决被告无法一次性支付或无力支付巨额的生态环境修复费用的难题，司法实践中，我国法院创新了诸多生态环境修复费用的履行方式或者替代方式。例如，连云港市赣榆区环境保护协会与王某杰环境污染损害赔偿一案中，考虑到被告短期内不具备支付1.6亿元的巨额生态环境修复费用的能力，二审法院创新部分延期履行及有条件抵扣的履行方式，实现司法效果、社会效果与环境效果的统一。❷ 有些法院考虑到被告无能力支付生态环境修复费用，在被告主动提出以劳动代偿时，判决被告以公益劳动方式折抵修复费用。如对非法捕猎野生动物、采伐和毁坏植被行为，在被告无力支付生态修复费用时，判决其在特定时期、特定区域提供巡山、巡河、管护、宣传等维护自然环境的公益劳动，以折抵生态修复费用。❸

②生态环境修复费用管理。

目前，我国对生态环境修复费用的管理处于相对混乱的状态，有的案件判决生态环境修复费用支付至法院指定账户，有的案件判决生态环境修复费用转账到环境公益诉讼基金账户或专项基金账户，有的案件则需要支付到财政局环保专项账户、环境保护厅账户或国库等政府账户。

(4) 恢复原状和生态环境修复责任的关系。

侵权责任的成立使得受害人有权利请求侵权人承担恢复原状、损害赔偿等侵权责

---

❶ 苏丽蓉，翁伯明. 环境民事审判中生态修复责任的规范适用 [C] //国家法官学院. 司法体制综合配套改革中重大风险防范与化解——全国法院第31届学术讨论会获奖论文集（下）. 国家法官学院科研部，2020：15.1227.

❷ 《最高人民法院公报》2016年第8期（总第238期）。

❸ 苏丽蓉，翁伯明. 环境民事审判中生态修复责任的规范适用 [C] //国家法官学院. 司法体制综合配套改革中重大风险防范与化解——全国法院第31届学术讨论会获奖论文集（下）. 国家法官学院科研部，2020：15.1238-1239.

任,而侵权人有义务赔偿损失、恢复原状等,此处的权利、义务发生在相对人之间,权利以请求为内容,符合债权、债务的质的规定性的要求,故这些权利义务关系就是债的关系。❶恢复原状和生态环境修复责任本质上都是债。

从渊源上看,恢复原状是传统的民事责任之一。在我国,从《中华人民共和国民法通则》(以下简称《民法通则》,已废止)到《民法典》,都将"恢复原状"规定为民事责任之一。而"生态环境修复责任"在 2015 年才作为生态环境破坏中恢复原状的方式之一出现在有关环境公益诉讼、环境侵权诉讼的司法解释中。经过四年的司法实践,生态环境修复责任的承担中,无论是承担的方式,还是生态修复费用的管理,都超越了受害人和加害人这种相对人之间的债的关系。因为,异地修复、补植复绿、增殖放流等都需要林业、渔业等有关主管部门的配合,而生态修复费用更需要有关基金、政府部门的管理。因此,在 2019 年最高人民法院发布的《最高人民法院关于审理生态环境损害赔偿案件的若干规定》中,恢复原状没有被提及,而生态环境修复责任则单独出现。2020 年《民法典》则在"环境污染和生态破坏责任"中新设一条规定了国家规定的机关或法律规定的组织有权请求被告承担生态环境修复责任。2020 年修正的《最高人民法院关于审理环境侵权责任纠纷案件适用法律若干问题的解释》根据《民法典》的规定,认可了环境侵权诉讼中,原告有权要求被告承担生态修复责任。

(5) 生态环境修复责任所保护的权利。

民事责任是民事权利的救济方式。生态环境修复责任要保护的权利是什么呢?如上所述,我国法律并不承认民法上的环境权,更没有将环境权作为一般人格权。因此,生态环境修复责任要保护的不是环境权。而恢复原状往往保护的是财产权利,以此类推,生态环境修复责任保护的也是民事主体的财产权利。

三、类案分析

(一) 典型案例

中山市围垦有限公司(以下简称围垦公司)诉苏某新等 5 人、中山市慈航农业投资有限公司(以下简称慈航公司)土壤污染责任纠纷案。❷

2015 年 3 月 12 日,原告围垦公司因被告慈航公司未经其同意将经营使用原告围垦公司的涉案地块的加高垦地工程转租给苏某新填土,而苏某新伙同李某祥、胡某勇、万某均将李某祥经营的洗水场内废弃物 600 多吨,填埋在西三围填土工程工地。李某祥、苏某新、胡某勇、万某均被法院判决构成污染环境罪。原告围垦公司诉至法院,请求苏某新等 5 人、慈航公司连带清偿因委托第三方清运、处理案涉违法倾倒的固体废物以及打井钻探取样、检测支付的费用共计 102.87 万元,并恢复案涉污染土地原状,实施案涉土地的土壤修复、周边生态环境修复和周边水体的净化处理。

---

❶ 崔建远. 中国债法的现状与未来 [J]. 法律科学(西北政法大学学报),2013,31 (01):135-141.
❷ 参见(2019)粤 20 民终 6329 号民事判决书。

广东省中山市第一人民法院一审认为，围垦公司作为案涉土地使用权人，可就案涉土地受到的损害提起民事诉讼，并就其实际损害获得赔偿，但驳回了请求被告支付委托第三方清运、处理案涉违法倾倒固体废物以及打井钻探取样、检测支付费用等诉讼请求。因案涉污染土地恢复原状、土壤及周边环境修复的诉讼请求，已包含在另案环境公益诉讼判决范围内，一审判决驳回围垦公司的诉讼请求。广东省中山市中级人民法院二审维持原判。

该案中，原告围垦公司在私益诉讼中主张被告修复案涉土地的土壤及周边环境，这具有典型性，是在私益诉讼中提出与其人身、财产合法权益保护密切相关的生态环境修复主张。因此，本案被遴选为2019年度人民法院环境资源典型案例。

(二) 综合分析

在我国，法律法规并没有赋予自然人环境权或环境权益，只承认公众的环境权益，环境被定位为公有物而非私有物，不认可其私有性、私人性。因此，我国创设了环境公益诉讼，环境公益组织和检察院以提起环境公益诉讼的方式保护生态环境。然而，《2020年最高人民法院工作报告》中的数据显示，2020年我国各级人民法院审结一审环境资源案件26.8万件，其中审结由检察机关和社会组织提起的环境公益诉讼案件仅有1953件。[1] 环境公益诉讼中具有代表性和影响力的个案比较多，在对环保理念的宣传和对污染企业的震慑方面，发挥了巨大的作用。但环境公益诉讼数量太少，独臂难支，中国960万平方千米国土的环境难以通过较少的环境公益诉讼而得到较好的保护。

鉴于此，人民法院意识到在私益诉讼中允许原告主张生态环境修复责任是我国环境保护的必由之路。因为我国有关环境保护的司法解释中并没有明确在私益诉讼中原告能否主张生态环境修复责任，对生态环境修复责任的性质的规定模棱两可。自2019年开始，零星有法院开始支持环境污染侵权诉讼中原告要求生态环境修复责任的主张。

随着《民法典》的颁布及《最高人民法院关于审理环境侵权责任纠纷案件适用法律若干问题的解释》的修改，将会在越来越多的环境侵权诉讼中原告主张被告承担生态环境修复责任。

四、对本案的评释

(一) 一般论

本案对原告志峰养殖厂在作为私益诉讼的环境污染侵权诉讼中是否能主张生态环境修复责任以及环境修复费用没有进行判定。本案在判决中采用了"环境修复费用"一语，但并没有明确鱼塘、养鸡环境修复责任及环境修复费用是否应当由被告承担的法律依据。

---

[1] 中华人民共和国最高人民法院. 周强作最高人民法院工作报告 [EB/OL]. (2020-05-25) [2021-07-15]. https://www.court.gov.cn/zixun-xiangqing-231291.html.

（二）对本案的法理分析

在对本案的判定中，本案法院首先认定被告的污染行为和原告所遭受的损害之间存在因果关系，认定被告的行为构成侵权，被告应当承担环境污染的侵权责任。在此基础上，本案判定被告应当承担环境修复费用。

从逻辑推理上看，本案判决认可了原告志峰养殖厂关于生态修复的主张，判定环境修复费用的承担是环境侵权责任的一部分。

本案发生在《民法典》出台之前，因此是适用《侵权责任法》进行的判决。而按照《侵权责任法》关于民事责任规定，本案中的环境修复就是恢复原状。

【思考题】

（1）民法中的恢复原状的性质是什么，意义何在？

（2）为什么《民法典》要单独规定生态环境修复责任，不直接采用恢复原状？

（3）因为生态环境修复责任的承担需要行政机关的介入，那么它的性质还是民事责任吗？

第二节　环境侵权的构成要件

案例二　中国生物多样性保护与绿色发展基金会诉深圳市速美环保有限公司、浙江淘宝网络有限公司大气污染责任[1]

【基本案情】

一、事实概要

中国生物多样性保护与绿色发展基金会（以下简称绿发会）以深圳市速美环保有限公司（以下简称速美公司）于2015年9月起在淘宝网销售使机动车尾气年检蒙混过关的"年检神器"产品（已售出3万余件，销售金额约为300余万元），教唆或协助机动车主超标排放汽车尾气、破坏生态环境为由，提起环境民事公益诉讼，请求判令：被告速美公司和浙江淘宝网络有限公司（以下简称淘宝公司）赔礼道歉；被告速美公司停止生产案涉非法产品；被告淘宝公司对被告速美公司停止提供第三方交易平台服务；两被告连带承担生态环境修复费用1.52亿元（具体数额以评估鉴定报告为准）及

---

[1] 参见（2016）浙01民初1269号民事判决书、（2019）浙民终863号民事判决书。本案入选2019年度人民法院环境资源典型案例，《人民法院报》2020年5月9日第03版。

绿发会就诉讼所支付的相关费用。

二、一审判决

浙江省杭州市中级人民法院一审认为，被告速美公司宣传产品能通过弄虚作假等方式规避机动车年检，教唆或协助部分机动车主实施侵权行为，损害社会公共利益，应在国家级媒体上向社会公众道歉（内容需经法院审核）；被告速美公司应向绿发会支付律师费、差旅费、相关工作人员必要开支等15万元，并赔偿大气污染环境修复费用350万元（款项专用于我国大气污染环境治理）。被告淘宝公司已尽审查义务，及时采取删除措施，无须承担连带责任。

三、二审判决

原告绿发会不服一审判决，上诉到浙江省高级人民法院。但浙江省高级人民法院二审维持原判。

【主要法律问题】

（1）共同侵权需要共同故意或过失吗？
（2）平台的法律责任如何认定？

【主要法律依据】

《最高人民法院关于审理环境民事公益诉讼案件适用法律若干问题的解释》（2015年版）

第18条 对污染环境、破坏生态，已经损害社会公共利益或者具有损害社会公共利益重大风险的行为，原告可以请求被告承担停止侵害、排除妨碍、消除危险、恢复原状、赔偿损失、赔礼道歉等民事责任。

《中华人民共和国侵权责任法》（已失效）

第9条第1款 教唆、帮助他人实施侵权行为的，应当与行为人承担连带责任。

第36条 网络用户、网络服务提供者利用网络侵害他人民事权益的，应当承担侵权责任。

网络用户利用网络服务实施侵权行为的，被侵权人有权通知网络服务提供者采取删除、屏蔽、断开链接等必要措施。网络服务提供者接到通知后未及时采取必要措施的，对损害的扩大部分与该网络用户承担连带责任。

网络服务提供者知道网络用户利用其网络服务侵害他人民事权益，未采取必要措施的，与该网络用户承担连带责任。

《中华人民共和国民法典》

第1195条 网络用户利用网络服务实施侵权行为的，权利人有权通知网络服务提供者采取删除、屏蔽、断开链接等必要措施。通知应当包括构成侵权的初步证据及权利人的真实身份信息。

网络服务提供者接到通知后，应当及时将该通知转送相关网络用户，并根据构成侵权的初步证据和服务类型采取必要措施；未及时采取必要措施的，对损害的扩大部分与该网络用户承担连带责任。

权利人因错误通知造成网络用户或者网络服务提供者损害的，应当承担侵权责任。法律另有规定的，依照其规定。

【理论分析】

一、立法分析

按侵权行为人的人数多寡进行分类，侵权行为可分为单独侵权行为和多数人侵权行为。多数人侵权行为是指二人或二人以上的行为人实施的侵权行为。数人侵权责任按照行为人之间是否存在意思联络，又可分为数个行为人之间存在共同故意或过失的共同侵权和数个行为人之间不存在事前联络的无意思联络的共同侵权。

共同侵权制度是民法的重要制度之一，1986年颁布的《中华人民共和国民法通则》（以下简称《民法通则》，已废止）构建了共同侵权制度（第130条），但规定比较粗陋。2003年颁布的《最高人民法院关于审理人身损害赔偿案件适用法律若干问题的解释》第4条明确对共同危险行为作出规定，补充和完善了《民法通则》的共同侵权制度。2009年颁布的《中华人民共和国侵权责任法》（以下简称《侵权责任法》，已废止）完善了共同侵权制度，其中详细地规定了共同侵权行为（第8条），教唆、帮助侵权行为（第9条），共同危险行为（第10条），无意思联络的共同侵权行为（第11条）。2020年颁布的《中华人民共和国民法典》（以下简称《民法典》）侵权责任编继受了《侵权责任法》的规定，从第1168条至第1172条对共同侵权制度进行了规定。关于数人共同侵权的法律规定如表1-3所示。

表1-3 关于数人共同侵权的法律规定

颁布时间	法律文件	侵权行为类型	具体规定
1986年	《民法通则》	共同侵权行为	第130条 二人以上共同侵权造成他人损害的，应当承担连带责任
2003年	《最高人民法院关于审理人身损害赔偿案件适用法律若干问题的解释》	共同危险行为	第4条 二人以上共同实施危及他人人身安全的行为并造成损害后果，不能确定实际侵害行为人的，应当依照民法通则第一百三十条规定承担连带责任。共同危险行为人能够证明损害后果不是由其行为造成的，不承担赔偿责任

续表

颁布时间	法律文件	侵权行为类型	具体规定
2009年	《侵权责任法》	共同侵权行为	第8条 二人以上共同实施侵权行为，造成他人损害的，应当承担连带责任
		教唆、帮助侵权行为	第9条 教唆、帮助他人实施侵权行为的，应当与行为人承担连带责任。 教唆、帮助无民事行为能力人、限制民事行为能力人实施侵权行为的，应当承担侵权责任；该无民事行为能力人、限制民事行为能力人的监护人未尽到监护责任的，应当承担相应的责任
		共同危险行为	第10条 二人以上实施危及他人人身、财产安全的行为，其中一人或者数人的行为造成他人损害，能够确定具体侵权人的，由侵权人承担责任；不能确定具体侵权人的，行为人承担连带责任
		无意思联络的共同侵权行为	第11条 二人以上分别实施侵权行为造成同一损害，每个人的侵权行为都足以造成全部损害的，行为人承担连带责任
2020年	《民法典》	共同侵权行为	第1168条 二人以上共同实施侵权行为，造成他人损害的，应当承担连带责任
		教唆侵权、帮助侵权行为	第1169条 教唆、帮助他人实施侵权行为的，应当与行为人承担连带责任。 教唆、帮助无民事行为能力人、限制民事行为能力人实施侵权行为的，应当承担侵权责任；该无民事行为能力人、限制民事行为能力人的监护人未尽到监护职责的，应当承担相应的责任
		共同危险行为	第1170条 二人以上实施危及他人人身、财产安全的行为，其中一人或者数人的行为造成他人损害，能够确定具体侵权人的，由侵权人承担责任；不能确定具体侵权人的，行为人承担连带责任
		无意思联络的共同侵权行为	第1171条 二人以上分别实施侵权行为造成同一损害，每个人的侵权行为都足以造成全部损害的，行为人承担连带责任。 第1172条 二人以上分别实施侵权行为造成同一损害，能够确定责任大小的，各自承担相应的责任；难以确定责任大小的，平均承担责任

其中争议最大的就是如何理解《民法典》第1168条（《侵权责任法》第8条）中

的"共同"一词的含义,也即多数人侵权责任的构成是否要以共同过错或意思联络为要件。我国《民法通则》《侵权责任法》和《民法典》侵权责任编均未对此作出明确规定。

二、法理分析

(一) 关于共同侵权行为本质的争论

目前,理论界对数人共同侵权行为的本质,即《民法典》第1168条(《侵权责任法》第8条)中的"共同"并未形成统一认识。对于这个问题,概而言之,有"主观说""客观说"和"折中说"三种观点。❶

1. "主观说"

"主观说"即坚持民法意思自治的传统,认为行为之共同在于意思之共同,其中的"共同故意说"要求行为人之间存在共同的故意;而"共同过错说"则认为意思之共同不仅包含共同故意,还包含共同过失。❷

2. "客观说"

"客观说"也称"共同行为说",强调行为的结果,重视责任的承担和纠纷的解决。该观点认为只要数个行为人的行为造成了一个损害结果,数个行为人的行为就构成共同侵权,需要承担连带责任。

3. "折中说"

"折中说"力图平衡加害人和受害人之间的利益,该观点融合"主观说"和"客观说",认为每个加害行为单独构成侵权行为,而且都是损害发生的原因之一。即主观上不要求共同的过错,但每个行为人都要有过错,或为故意或为过失;客观方面要求数个行为人的行为相互关联,构成一个统一、不可分割的整体,共同造成损害的发生。

(二) 侵权法中归责原则变迁的启示

作为调整平等主体之间的人身和财产关系的私法,近代民法一直奉行意思自治原则,其中侵权责任的认定以"过错责任"为原则。即民事主体应当具有意思能力,仅对其"知其不可为而为之"或"知其不可为因疏忽或放纵而为之"。然而,随着生产力的发展,生产方式的变革,侵权责任的归责原则也经历了从"过错责任原则"到"无过错责任原则"的变迁。

在小农经济时代,以家庭作坊为主的手工业和以依靠个人体力劳动及畜力劳动的农业生产中,侵权行为具有直接性,即加害人和受害人之间鲜有介入其他因素的现象,加害人的主观过错比较容易认定。因此,《法国民法典》《德国民法典》《瑞士民法典》

---

❶ 黄鹏. 我国共同侵权责任制度的分析与完善 [J]. 法制与社会, 2021, 4 (13): 130-132.
❷ 程啸. 中国侵权法四十年 [J]. 法学评论, 2019, 37 (02): 36.

《意大利民法典》《日本民法》等大多数大陆法系的民法典也都采纳主观过错说。❶

到了 20 世纪，机器大工业的发展使得产品制造技术、流程、工艺等日益复杂和烦琐，专业分工日趋细化，科技发展越发高深，消费者和生产者分裂为两大群体。因此，当产品致人损害时，是哪一个环节的哪一个生产者的过错所致，无从查起。证据的偏在、资力和专业知识的巨大差距导致消费者的维权举步维艰，成为弱势群体。因此，过错责任原则的坚固堡垒开始出现裂痕，"严格责任""无过错责任"的主张开始出现。此后，各国都在产品责任中适用"严格责任"或"无过错责任"。

(三) 过错认定的客观化

在过错责任原则下，过错的认定经历了从主观过错到客观过错的变迁。

主观过错强调过错是行为人的应受非难的主观心理状态，在过错的认定中，以行为人主观上是否存在故意或过失为标准进行判定。在早期的资本主义阶段，这更能保证企业家自由地进行经营活动。

而客观过错则主张根据客观外在的行为判断行为人的过错，认为过错是违反了理性人或者善良管理人应当尽到的注意义务或违反了法律确定的作为或不作为义务。❷ 如从《最高人民法院关于适用〈中华人民共和国物权法〉若干问题的解释（一）》（已废止）第 17 条❸中抽出交易的对象、场所或者时机等不符合交易习惯等要素，形成一个动态系统，各个要素协动互补来认定受让人受让动产时具有重大过失。❹

(四) 平台的侵权责任

1. 美国对互联网平台责任的规制

1969 年，互联网起源于美国国防部高级研究计划署 DARPA (Defence Advanced Research Projects Agency) 的前身 ARPAnet，1973 年哈佛大学鲍勃·麦特卡夫 (Bob Metcalfe) 的博士论文首先提出了以太网的概念。之后，互联网蓬勃发展，迅速地普及应用。从传统广告业的数据化，到内容产业的数据化，再到生活服务业的数据化，互联网迅猛地进入一切皆可被数据化的阶段。互联网产业的发展毋庸置疑带来了诸多法律问题。从 20 世纪 90 年代互联网产业兴起之初，美国就开始了对互联网行为进行法律规制。1996 年，主要针对网上色情内容泛滥对未成年人的影响，美国国会通过了《通信规范法案》(Communications Decency Act，CDA，以下简称《法案》)，该《法案》明确

---

❶ 杨立新，梁清. 客观与主观的变奏：原因力与过错——原因力主观化与过错客观化的演变及采纳综合比较说的必然性 [J]. 河南省政法管理干部学院学报，2009，24（02）：10.

❷ 杨立新，梁清. 客观与主观的变奏：原因力与过错——原因力主观化与过错客观化的演变及采纳综合比较说的必然性 [J]. 河南省政法管理干部学院学报，2009，24（02）：10.

❸ 《最高人民法院关于适用〈中华人民共和国物权法〉若干问题的解释（一）》第 17 条　受让人受让动产时，交易的对象、场所或者时机等不符合交易习惯的，应当认定受让人具有重大过失。

❹ [日] 山本敬三. 民法中的动态系统论——有关法律评价及方法的绪论性考察 [C]. 解亘. 译//梁慧星. 民商法论丛（第 23 卷）. 香港：金桥文化出版（香港）有限公司，2002：172；杨立新，李怡雯. 债权侵权责任认定中的知悉规则与过错要件——（2017）最高法民终 181 号民事判决书释评 [J]. 法律适用，2018，4（19）：73.

区分了"交互式计算机服务商"和"内容提供商"。《法案》中将"交互式计算机服务商"定义为任何信息服务、系统或访问软件提供商,它提供或允许多个用户通过计算机访问计算机服务器,具体包括提供对互联网的访问的服务或系统以及运行的此类系统或服务;将"内容提供商"定义为对通过互联网或任何其他交互式计算机服务提供的信息的创建或开发负全部或部分责任的任何个人或实体。❶ 该《法案》规定,对于第三者提供的内容,任何交互式计算机服务商不得被视为出版商或演讲者,❷ 不承担侵犯版权的责任。❸

因此,该《法案》并未规定互联网服务商应该遵守的义务,也没有要求其承担法律责任,这种宽松的法律大大促进了互联网服务的发展。自《法案》创设网络服务避风港以来,法院在判决中针对侵权诉请大量适用该项豁免,如联邦巡回上诉法院一致认为,该《法案》为网络服务提供商提供了联邦法层面上的豁免,使其不管第三方提供何种信息,它都无须承担责任。❹

较之 CDA 的宽松规定,美国 1998 年出台《千禧年数字版权法》(Digital Millennium Copyright Act of 1998,DMCA) 规定,如果服务提供商不知道或不应当知道侵权行为的发生或正在进行,或者在接到声称侵权的通知后,迅速采取行动移除或禁止访问侵权内容的,未获得直接归因于侵权活动的经济利益的,网络服务提供商不承担赔偿责任。❺ 这确

---

❶ Communications Decency Act section 230 (f) Definitions (2) Interactive computer service The term "interactive computer service" means any information service, system, or access software provider that provides or enables computer access by multiple users to a computer server, including specifically a service or system that provides access to the Internet and such systems operated or services offered by libraries or educational institutions. (3) Information content provider The term "information content provider" means any person or entity that is responsible, in whole or in part, for the creation or development of information provided through the Internet or any other interactive computer service.

❷ Communications Decency Act section 230 (1) Treatment of publisher or speaker No provider or user of an interactive computer service shall be treated as the publisher or speaker of any information provided by another information content provider.

❸ Communications Decency Act section 230 (e) Effect on other laws (2) No effect on intellectual property law Nothing in this section shall be construed to limit or expand any law pertaining to intellectual property.

❹ 刘建臣. 美国《通信规范法案》对网络环境中形象权保护的限制 [J]. 知识产权法研究,2017,13 (01): 18.

❺ Digital Millennium Copyright Act of 1998.
§ 512. Limitations on liability relating to material online (c) INFORMATION RESIDING ON SYSTEMS OR NETWORKS AT DIRECTION OF USERS. — (1) IN GENERAL. —A service provider shall not be liable for monetary relief, or, except as provided in subsection (j), for injunctive or other equitable relief, for infringement of copyright by reason of the storage at the direction of a user of material that resides on a system or network controlled or operated by or for the service provider, if the service provider—
(A) (i) does not have actual knowledge that the material or an activity using the material on the system or network is infringing; (ii) in the absence of such actual knowledge, is not aware of facts or circumstances from which infringing activity is apparent; or (iii) upon obtaining such knowledge or awareness, acts expeditiously to remove, or disable access to, the material;
(B) does not receive a financial benefit directly attributable to the infringing activity, in a case in which the service provider has the right and ability to control such activity; and
(C) upon notification of claimed infringement as described in paragraph (3) responds expeditiously to remove, or disable access to, the material that is claimed to be infringing or to be the subject of infringing activity.

立了"通知—删除"规则，确立了基于过错责任归责原则的故意侵权制度。

2. 我国对互联网平台的侵权责任认定

2000年颁布的《最高人民法院关于审理涉及计算机网络著作权纠纷案件适用法律若干问题的解释》在侵权责任的框架内，对在网络上侵犯著作权的侵权行为中的网络服务提供者，即互联网平台的责任进行了较为详细的规定。该司法解释确立了过错责任原则，规定明知/被警告—删除/告知义务，即网络服务提供者只有在明知存在著作权侵权或收到著作权人的警告后才有删除、告知著作权人侵权人真实信息协助其维权的义务；若不履行义务，则被视为实施了帮助侵权行为，和著作权人一起构成共同侵权。❶

2013年1月1日生效实施的《最高人民法院关于审理侵害信息网络传播权民事纠纷案件适用法律若干问题的规定》第1条规定："人民法院审理侵害信息网络传播权民事纠纷案件，在依法行使裁量权时，应当兼顾权利人、网络服务提供者和社会公众的利益。"这明确表达了利益衡量的思想。

《侵权责任法》第36条继受了《最高人民法院关于审理涉及计算机网络著作权纠纷案件适用法律若干问题的解释》的规定，适用过错责任原则，即在被侵权人通知后，网络服务提供者才有义务采取删除、屏蔽、断开链接等必要措施去停止侵害。该条并未要求网络服务提供者主动审查违法内容。《民法典》第1195条一以贯之，采纳了《侵权责任法》对网络服务提供者的责任规定。

这种平台的责任制度反映了我国所秉持的网络中立和平台中立的理念。《中华人民共和国电子商务法》提出，电商平台应承担"公平、公正"的责任，该法对平台的中立性责任作了初步的规定。❷ 2021年发布的《国务院反垄断委员会关于平台经济领域的反垄断指南》禁止具有市场支配地位的平台经营者对交易相对人实施差别待遇。❸

三、类案分析

（一）典型案例

（1）江苏省泰州市人民检察院与被告王某朋等59人生态破坏民事公益诉讼案。❹

被告王某朋等59人非法捕捞、贩卖、收购11万多条长江鳗鱼苗，原告江苏省泰州

---

❶ 《最高人民法院关于审理涉及计算机网络著作权纠纷案件适用法律若干问题的解释》第5条 提供内容服务的网络服务提供者，明知网络用户通过网络实施侵犯他人著作权的行为，或者经著作权人提出确有证据的警告，但仍不采取移除侵权内容等措施以消除侵权后果的，人民法院应当根据民法通则第一百三十条的规定，追究其与该网络用户的共同侵权责任。

❷ 丁晓东. 网络中立与平台中立——中立性视野下的网络架构与平台责任［J］. 法制与社会发展，2021，27（04）：123.

❸ 参见《国务院反垄断委员会关于平台经济领域的反垄断指南》（国反垄发〔2021〕1号）第17条第1款：具有市场支配地位的平台经济领域经营者，可能滥用市场支配地位，无正当理由对交易条件相同的交易相对人实施差别待遇，排除、限制市场竞争。

❹ 参见（2019）苏01民初2005号民事判决书。

市人民检察院以 59 人破坏长江生态环境为由，提起环境公益诉讼，要求被告承担生态损害赔偿的连带责任。

一审判决认为针对鳗鱼苗的大规模的收购导致采用"绝户网"进行大规模非法捕捞，导致生态资源严重破坏。因此，非法捕捞者和非法收购、贩卖鳗鱼苗者构成共同侵权，应当承担连带赔偿责任。

（2）阜阳市颍泉区人民检察院诉阜阳义杰商贸有限公司、张某杰等环境污染责任纠纷案。❶

原告阜阳市颍泉区人民检察院以阜阳义杰商贸有限公司、牛某义、张某杰、张某等人合伙生产灭多威胁，致周边的地表水、地下水和土壤污染为由，提起环境公益诉讼，要求其承担共同侵权的连带责任。

一审法院认为张某杰租赁生产房屋场地，牛某义联系山东省菏泽市的吴某军购置、安装生产设备，吴某军具体负责实施生产，义杰商贸公司以其名义申请、安装了变压器，致使本起环境侵权得以实施，认定其行为构成了共同侵权。

（3）周某诉荆门市明祥物流有限公司（以下简称明祥公司）、重庆铁发遂渝高速公路有限公司（以下简称遂渝高速公司）水污染责任纠纷案。❷

周某以被告明祥公司所有的油罐运输车，在遂渝高速公司管理的高速公路发生意外事故，所载变压器油泄漏，污染了其承包的鱼塘为由，提起诉讼，要求被告明祥公司、遂渝高速公司承担侵权责任，赔偿其损失。

一审法院认为，明祥公司运输车辆所载变压器油泄露，导致周某承包的鱼塘中鱼类死亡，应当承担侵权责任。遂渝高速公司作为事故路段的管理者，未采取措施清理油污，造成进一步损害。因此，双方构成共同侵权，应按照各自过错程度承担侵权责任。

（二）综合分析

在数人环境污染侵权中，共同侵权的认定标准不一，有的判决采用"主观说"，要求行为人具有共同故意或过失；有的采用"客观说"，认为只要有不可分的损害后果就可认定为共同侵权。但鲜有判决直接采用无过错责任。

四、对本案的评释

（一）一般论

1. 关于共同侵权

（1）一审判决。

一审判决分两个部分进行判定，第一部分认定被告速美公司是否是适格的被告，是否和机动车所有人承担共同侵权责任；第二部分判定被告速美公司承担环境污染

---

❶ 参见（2016）皖 1204 民初 2959 号民事判决书。
❷ 参见（2014）渝一中法民终字第 03125 号民事判决书。

责任。

在认定被告速美公司是适格被告时，一审判决先认定机动车所有人违反了《中华人民共和国大气污染防治法》第 30 条的规定，应当承担侵权责任。后依据《侵权责任法》第 9 条的规定，认定被告速美公司宣传涉案产品能通过弄虚作假的方式规避机动车年检，教唆或协助部分机动车主实施侵权行为，存在共同故意，构成共同侵权。在此基础上，依据《最高人民法院关于审理环境民事公益诉讼案件适用法律若干问题的解释》（2015 年版）第 18 条的规定，认定被告速美公司承担环境污染责任。

（2）二审判决。

二审判决没有对共同侵权部分进行认定。

2. 关于平台的责任

（1）一审判决。

一审判决没有明确平台侵权责任的法律依据。该判决认为：①涉案产品不属于禁售品；②被告淘宝公司尽到身份审查、事前提醒等义务；③其在知晓诉讼后采取了删除措施。因此，被告淘宝公司不承担侵权责任。

所以，一审法院认为平台承担侵权责任的情形有二：一是平台怠于监管"明显的违法信息"；二是平台没有尽到"通知—删除"义务。但遗憾的是，一审法院并没有明确判断网络平台责任的法律依据。

（2）二审判决。

二审判决明确了平台侵权责任认定的法律依据是《侵权责任法》第 36 条第 2 款和第 3 款。二审判决认为《侵权责任法》第 36 条第 2 款规定了"通知—删除"义务，而第 3 款规定了故意侵权责任。在此基础上，二审判决认为，首先，本案中被告淘宝公司在收到本案诉状后及时采取删除措施，将包括案涉产品在内的所有类似产品下架，停止了相关平台服务，履行了"通知—删除"义务；其次，案涉产品不属于国务院《互联网信息服务管理办法》第 15 条（该条规定了互联网信息服务提供者不得制作、复制、发布、传播含有规定内容的信息）规定的禁售范围，相关产品及信息描述不属于淘宝公司规定的违禁商品或禁发信息，没有构成故意侵权，不承担侵权责任。

（二）对本案的法理分析

对于共同侵权行为，本案一审判决采用的是"主观说"，认为在机动车弄虚作假通过年检上，车主存在故意的主观心理，加之被告速美公司宣传、售卖作假产品，构成教唆或帮助，因此，机动车主和被告速美公司的行为构成共同侵权。

对于网络平台责任，一审判决似乎是采用了过错责任原则，认为被告淘宝公司只要在明知违法时，删除违法信息就不用承担法律责任。二审判决明确了平台"通知—删除"义务以及平台责任的认定适用过错责任原则。

但环境污染侵权责任是无过错责任，只要行为与结果之间存在因果关系即可认定侵权责任的存在。在本案中，一审和二审判决着重从平台责任的角度，适用过错责任原则，认定被告淘宝公司无须承担侵权责任。如果适用环境污染责任，被告淘宝公司自然难辞其咎。

【思考题】

（1）环境污染侵权责任中，共同侵权行为的构成要件是否包括共同故意或过失？

（2）在环境侵权责任中，网络平台适用无过错责任，还是过错责任原则？网络平台的"通知—删除"义务能适用于环境保护吗？

案例三　韩某春与中国石油天然气股份有限公司吉林油田分公司水污染责任纠纷案

【基本案情】

一、事实概要

2010年9月9日，被告中国石油天然气股份有限公司吉林油田分公司（以下简称吉林分公司）油井发生泄漏，大量原油流入原告韩某春的养鱼池，整个鱼塘受到污染，经有关部门化验得出：因鱼塘内污染水质有害物质含量严重超标，导致大量鱼死亡。为防止再次污染，被告吉林分公司对鱼塘原油进行了打捞，并对鱼塘水进行了排泄，使原告韩某春整个鱼塘水被排入江中，全部鱼流失或死亡。原告韩某春起诉要求法院判令被告吉林分公司赔偿原告2010年养鱼损失、2011年未养鱼损失、鱼塘围坝修复及注水排污费用300多万元。

二、一审判决

吉林省白城市中级人民法院一审认为，原告韩某春未能证明损害事实及因果关系的存在，故判决驳回其诉讼请求。[1]

三、二审判决

吉林省高级人民法院二审认为，原告韩某春未能证明三次注水排污事实的发生，未能证明鱼塘围坝修复费用、2011年未养鱼损失与被告吉林分公司污染行为之间的因果关系，故仅改判支持其2010年养鱼损失1058796.25元。

四、再审判决

最高人民法院再审认为，本案系因原油泄漏使鱼塘遭受污染引发的环境污染侵权责任纠纷。原告韩某春举证证明了被告吉林分公司存在污染行为，鱼塘因污染而遭受损害的事实及原油污染与损害之间具有关联性，完成了举证责任；被告吉林分公司未能证明其排污行为与原告韩某春所受损害之间不存在因果关系，应承担相应的损害赔

---

[1] 参见（2012）白民二初字第24号民事判决书。

偿责任。排放污染物行为，不限于积极地投放或导入污染物质的行为，还包括伴随企业生产活动的消极污染行为。被告吉林分公司是案涉废弃油井的所有者，无论是否因其过错导致废弃油井原油泄漏流入原告韩某春的鱼塘，其均应对污染行为造成的损失承担侵权损害赔偿责任。洪水系本案污染事件发生的重要媒介以及造成原告韩某春2010年养鱼损失的重要原因，可以作为被告吉林分公司减轻责任的考虑因素。综合本案情况，改判被告吉林分公司赔偿原告韩某春经济损失1678391.25元。❶

【主要法律问题】

环境污染侵权诉讼中因果关系如何判断，举证责任由谁承担？

【主要法律依据】

《侵权责任法》

第66条　因污染环境发生纠纷，污染者应当就法律规定的不承担责任或者减轻责任的情形及其行为与损害之间不存在因果关系承担举证责任。

《最高人民法院关于审理环境侵权责任纠纷案件适用法律若干问题的解释》

第6条　被侵权人根据民法典第七编第七章的规定请求赔偿的，应当提供证明以下事实的证据材料：

（一）侵权人排放了污染物或者破坏了生态；

（二）被侵权人的损害；

（三）侵权人排放的污染物或者其次生污染物、破坏生态行为与损害之间具有关联性。

第7条　侵权人举证证明下列情形之一的，人民法院应当认定其污染环境、破坏生态行为与损害之间不存在因果关系：

（一）排放污染物、破坏生态的行为没有造成该损害可能的；

（二）排放的可造成该损害的污染物未到达该损害发生地的；

（三）该损害于排放污染物、破坏生态行为实施之前已发生的；

（四）其他可以认定污染环境、破坏生态行为与损害之间不存在因果关系的情形。

《民法典》

第1230条　因污染环境、破坏生态发生纠纷，行为人应当就法律规定的不承担责任或者减轻责任的情形及其行为与损害之间不存在因果关系承担举证责任。

【理论分析】

一、立法分析

我国立法很早就确立了环境污染侵权诉讼中的因果关系证明责任的倒置制度，关

---

❶ 参见（2018）最高法民再415号民事判决书。

于因果关系的判断结构有两种模式："一阶段判断结构"和"两阶段判断结构"。详述如下。

（一）"一阶段判断结构"

1992年颁布的《最高人民法院关于适用〈中华人民共和国民事诉讼法〉若干问题的意见》第74条第（3）项规定，因环境污染引起的损害赔偿诉讼，对原告提出的侵权事实，被告否认的，由被告负责举证。2001年颁布的《最高人民法院关于民事诉讼证据的若干规定》第4条第（3）项、2009年颁布的《侵权责任法》第66条规定了污染者应对因果关系承担举证责任。另外还有特别法的规定，如《中华人民共和国固体废物污染环境防治法》第86条、《中华人民共和国水污染防治法》第98条等。

从上述法律条文来看，其仅仅规定了如果被告不能证明因果关系不存在，因果关系即被认定存在，由被告承担赔偿责任。即被告只要不能证明因果关系不存在，法院就可认定因果关系存在的因果关系判断结构。❶ 本文称之为"一阶段判断结构"。

这种"一阶段判断结构"遭到了各种批判。首先，受害人无须证明因果关系的存在，起诉就非常容易，诉讼成本大幅降低，这就大大提高了受害人滥用诉权的可能性。❷ 这不仅会加重企业的经营风险，也将影响到我国经济的发展。其次，在此判断结构中，原告受害人会怠于收集证据，一旦被告加害人提出因果关系不存在的证据，原告就无力反证而导致败诉。❸ 最后，若被告不能证明因果关系的不存在，法院即判定因果关系的存在，那么因果关系的判断将完全交由法官自由裁量，❹ 这基本上等同于放弃了对因果关系的判断。❺

（二）"两阶段判断结构"

在对"一阶段判断结构"的批判中，环境污染侵权诉讼中受害人也必须一定程度上对因果关系进行证明的见解逐渐得到认同，形成了"两阶段判断结构"。❻ "两阶段判断结构"，即原告首先应该在一定程度上证明被告加害人的加害行为和原告受害人的损害之间存在因果关系，这是第一阶段。然后，在第二阶段中，因果关系的证明责任倒置给被告，由被告承担因果关系不存在的证明责任。如果被告不能证明其行为和原告受害人的损害之间不存在因果关系就败诉并承担赔偿责任。相反，如果被告能够证

---

❶ 王利明. 论举证责任倒置的若干问题 [J]. 广东社会科学，2003（1）：152.
❷ 谢伟. 环境侵权诉讼举证责任研究 [J]. 中国环境管理丛书，2004（4）：22；陈瑶瑶. "举证责任倒置"在环境侵权诉讼中的理解和适用 [J]. 云南电大学报，2007（2）：87；刘英明. 环境侵权证明责任倒置合理性论证 [J]. 北方法学，2010（2）：105.
❸ 林汉沂. 浅议环境污染侵权案件的举证责任分配制度 [J]. 海峡科学，2007（6）：149.
❹ 许冬琳. 试论我国环境侵权因果关系的认定 [J]. 南平师专学报，2006（3）：46.
❺ 许冬琳. 试论我国环境侵权因果关系的认定 [J]. 南平师专学报，2006（3）：46.
❻ 谢伟. 环境侵权诉讼举证责任研究 [J]. 中国环境管理丛书，2004（4）：22；陈瑶瑶. "举证责任倒置"在环境侵权诉讼中的理解和适用 [J]. 云南电大学报，2007（2）：88.

明其行为和原告受害人的损害之间不存在因果关系就胜诉，无须承担赔偿责任。❶

这种"两阶段判断结构"不仅可以避免在环境污染案件中受害人滥用诉权，而且可以避免受害人大量起诉而给企业带来的不利。另外，"两阶段判断结构"可以促使受害人积极地调查、收集证据。这可以避免受害人因怠于收集证据而使证据湮灭，从而败诉的局面。❷最后，在"两阶段判断结构"下，原告要在一定程度上证明因果关系的存在，这就促使法院重视因果关系的认定。所以，相较于"一阶段判断结构"，在"两阶段判断结构"下判定的因果关系更具体，更具有说服力。

但该结构中对于原告应在何种程度上证明因果关系的存在却并不明确。关于此，我国有的学者提出了"盖然性说"，认为环境污染侵权诉讼中的原告只要证明因果关系存在的盖然性，因果关系的证明责任就倒置给被告。❸

二、法理分析

（一）因果关系理论无法解决环境污染诉讼中因果关系证明困难的问题

关于因果关系理论，我国继受了苏联哲学中的必然因果关系理论，该理论成为通说，获得了广泛的认可并在司法审判中被适用。20世纪80年代末以来，随着我国经济的发展，纷繁复杂的民事纠纷日益增多。特别是以环境污染侵权诉讼为代表的众多现代型侵权诉讼中，用必然因果关系理论为依据判断因果关系，其局限性越来越大。因此，为了救济受害人，不断涌现出对必然因果关系理论进行批判的观点，更加灵活地进行因果关系判断的要求日益紧迫。在此背景下，我国学者开始探讨将大陆法系或英美法系的因果关系理论导入中国。❹其中，以社会通念为基础判断因果关系是否存在的相当因果关系理论获得了广泛的支持。❺另外，也有很多学者认为我国侵权行为法的因果关系理论应该采用美国的因果关系二分论。尽管学界提出了诸多有关侵权行为法的因果关系理论，并对其进行了分析和讨论，但在司法实务中，必然因果关系作为判断因果关系的理论依据仍然被广泛适用。在该理论的影响下，法官为了避免错案的发生，大多要求环境污染诉讼的原告通过司法鉴定来证明被告的污染行为和原告的损害之间存在因果关系。我国虽设定了司法鉴定的费用标准，但是在环境污染等现代型侵权诉讼案件中，鉴定非常复杂，费用也很高，鉴于环境污染等现代型侵权诉讼中的受害人大多是农民、渔民或普通市民，他们无力承担高额的鉴定费用。

（二）对环境污染侵权诉讼中举证责任倒置的见解

1. 对法律要件分类说的批判

第一种见解首先在对法律要件分类说这一证明责任的分配原则进行批判的基础上，

---

❶ 吕忠梅. 环境侵权诉讼证明标准初探 [J]. 政法论坛，2003（5）：32.
❷ 林汉沂. 浅议环境污染侵权案件的举证责任分配制度 [J]. 海峡科学，2007（6）：149.
❸ 吕忠梅. 环境侵权诉讼证明标准初探 [J]. 政法论坛，2003（5）：27-33.
❹ 梁慧星. 雇主承包厂房拆除工程违章施工致雇工受伤感染死亡案评释 [J]. 法学研究，1989（4）：48.
❺ 邱雪娥. 浅析相当因果关系 [J]. 法制与社会，2012（12）：20.

提倡环境侵权诉讼中因果关系证明责任倒置制度的正当性。❶ 法律要件分类说形成于19世纪，该学说并没有考虑到环境污染等现代型侵权诉讼。其次，法律要件分类说着眼于法律规范的形式，完全没有考虑证明的可能性以及双方当事人间的实质的公平和正义。在环境污染侵权诉讼中，与受害人相比，加害人更加接近证据，技术能力也远远优于受害人，更容易证明因果关系是否存在。因此，在此类诉讼中，如果让受害人承担因果关系的证明责任，受害人将陷入证明困难或难以证明的境地，从而得不到救济。不得不说这有损于司法公正。因此，环境污染诉讼中因果关系的证明责任有必要倒置给被告。

2. 经济利益原则

第二种见解认为，在证明责任的分配中应该适用经济利益原则，根据该原则，环境污染侵权诉讼中的因果关系的证明责任应该倒置给被告。❷ 所谓经济利益就是受害人由于侵权行为所遭受的损害的总和与加害人由于侵权行为而获得的利益相比较计算出来的。如果前者大于后者就是不符合经济利益原则，证明责任必须进行倒置。在环境污染侵权诉讼中，环境污染不仅致使众多受害人遭受损害，而且通常会损害受害人的生命和健康，进而损害我国长期的经济利益。所以，环境污染事件所造成的损害远远大于污染企业进行生产而获得的利益。因此，在环境污染侵权诉讼中，因果关系的证明责任应该倒置给被告。

3. 公平和正义原则

第三种见解认为，环境污染诉讼中的证明责任倒置的理论依据是法律公平和正义。❸ 即环境污染的受害人原本就是弱者，应该得到救济，如果不让接近证据的污染企业承担证明责任，就等于拒绝对受害人进行救济。因此，为了维持司法公正，应该由污染企业承担因果关系的证明责任。还有见解认为，由污染企业承担因果关系的证明责任，增加了污染的成本，有利于保护环境。❹

三、类案分析

（一）典型案例

（1）吴某金诉中铁五局（集团）有限公司（以下简称中铁五局）、中铁五局集团路桥工程有限责任公司（以下简称路桥公司）噪声污染责任纠纷案。❺

针对被告中铁五局、路桥公司施工导致距离施工现场约20至30米的吴某金养殖场出现蛋鸡大量死亡、生产软蛋和畸形蛋等情况，吴某金提起诉讼要求赔偿损失。

---

❶ 朱艳艳. 论环境侵权民事诉讼中的举证责任倒置[J]. 江西广播电视大学学报，2005（2）：16.
❷ 陈瑶瑶. "举证责任倒置"在环境侵权诉讼中的理解和运用[J]. 云南电大学报，2007（2）：87.
❸ 袁东，龚桂红. 如何理解环境污染侵权诉讼中的举证责任倒置问题[J]. 江苏环境科技，2005（18）：188.
❹ 胡中华. 环境污染侵权责任成立的举证责任分配[J]. 法学杂志，2005（5）：131.
❺ 参见（2014）清环保民初字第14号一审民事判决书、（2015）筑环保民终字第2号二审民事判决书。

贵州省清镇市人民法院一审认为，吴某金养殖场蛋鸡的损失与被告中铁五局、路桥公司施工产生的噪声之间具有因果关系，被告中铁五局、路桥公司应承担相应的侵权责任。按照举证责任分配规则，吴某金应证明其具体损失数额。虽然吴某金所举证据无法证明其所受损失的具体数额，但被告中铁五局、路桥公司对于施工中产生的噪声造成吴某金损失的事实不持异议，表示愿意承担赔偿责任。在此情况下，一审法院依据公平原则，借助养殖手册、专家证人所提供的基础数据，建立计算模型，计算出吴某金所受损失，并判令被告中铁五局、路桥公司赔偿其35万余元。

贵州省贵阳市中级人民法院二审肯定了一审法院以养殖手册及专家意见确定本案实际损失的做法，终审判令被告中铁五局、路桥公司赔偿吴某金45万余元。

（2）肥东县富鱼水产养殖有限公司（以下简称富鱼公司）与现代牧业（合肥）有限公司（以下简称牧业公司）环境污染责任纠纷案。[1]

原告富鱼公司租用肥东县白龙镇同心社区的280亩土地用于种植莲藕及养殖鱼虾等。被告牧业公司位于原告富鱼公司上游，主要从事奶牛养殖以及玉米等农作物种植活动。被告牧业公司私自排放沼液，污染物顺着河道流入原告的养殖区域，使原告富鱼公司种植的莲藕及养殖的鱼虾受到污染，原告富鱼公司提起诉讼，请求法院依法判决被告赔偿损失70000元，租金损失102400元以及承担鉴定费用、诉讼费用等。

安徽省肥东县人民法院一审认为，依据肥东县环境保护局的行政处罚以及（2017）皖东公证字第2747号公证书，可以确认原告主张的种植莲藕及养殖鱼虾的损害源于被告非法排放造成的水污染的客观事实存在。而被告牧业公司，如果能够证明其侵权行为与损害后果不存在因果关系或者法律规定的免责事由成立的情况下，则可以免除侵权损害赔偿责任。法院判决被告牧业公司赔偿原告富鱼公司因环境污染造成的经济损失60982元；驳回原告富鱼公司的其他诉讼请求。

合肥市中级人民法院二审认为，被告牧业公司向厂区土地排放沼液造成原告富鱼公司种植的莲藕和养殖的鱼虾受损害的事实，有肥东县环境检测站出具的检测报告、肥东县公证处进行证据保全公证的公证书及所拍摄的视频和照片、肥东县环境保护局的调查询问笔录和现场检查（勘察）笔录、肥东县环境保护局的行政处罚决定书等予以证实，足以证明被告牧业公司的排污行为对原告富鱼公司所种植的莲藕和养殖的鱼虾存在一定程度的损害。二审法院驳回原告诉讼请求，维持原判。

（3）湖南省益阳市环境与资源保护志愿者协会（以下简称益阳市环保协会）诉湖南林源纸业有限公司（以下简称林源公司）水污染公益诉讼案。

被告林源公司在修建曝气系统基建改造工程时，由于曝气池与厌氧池液位落差偏大致使隔离钢板出现裂缝，造成部分废水通过曝气池溢入未完全拆除的原㴩湖纸厂废水排放管道进入草尾河。又由于曝气池与厌氧池之间的隔离钢板突然断裂，造成曝气

---

[1] 参见（2018）皖0122民初121号一审民事判决书、（2018）皖01民终7088号二审民事判决书。

池液位上涨，致使大量废水通过原漉湖纸厂废水排放管道直接进入草尾河，流入洞庭湖。原告益阳市环保协会向法院提起公益诉讼，请求判令被告林源公司对污染的水环境进行修复，并承担生态环境修复费用（以司法鉴定为准）、污染检测检验费、评估鉴定费、差旅费、专家咨询费、案件受理费。

湖南省岳阳市君山区人民法院一审认为，被告林源公司利用原漉湖纸厂废水排放管道超标排放工业废水至草尾河，流入洞庭湖。被告排放的废水中悬浮物、化学需氧量、总磷等严重超标，实质上已经对草尾河及洞庭湖造成污染，损害了社会公共利益。因此，被告的行为违反了《中华人民共和国水污染防治法》的规定，应当承担侵权民事责任，消除对草尾河及洞庭湖产生的危害，承担生态环境修复费用。法院判决林源公司支付生态环境修复费用230924.61元，支付益阳市环保协会差旅费4075元，负担本案专家咨询费4000元。

（二）综合分析

环境污染侵权诉讼的因果关系证明非常困难。为了解决这个问题，我国设立了环境污染侵权诉讼中因果关系证明责任倒置制度，由污染者对因果关系的不存在承担举证责任。但该制度在司法实践中被采用的并不多。2015年颁布的《最高人民法院关于审理环境侵权责任纠纷案件适用法律若干问题的解释》中对该制度进行了详细的规定。之后，因果关系证明责任倒置制度被广泛适用在环境污染侵权中。原告需要证明被告的污染行为和其所受损害之间存在关联性，该关联性是指时间和空间上的关联性，而不要求原告去做司法鉴定；被告则需要证明因果关系不存在才能免责。

四、对本案的评释

（一）一般论

1. 一审判决

吉林省白城市中级人民法院一审认为，原告韩某春鱼塘内鱼的流失系因排水并决堤所造成，并非由被告吉林分公司所造成的水污染导致的，因此不属于环境污染侵权。❶

2. 二审判决

在二审判决中，吉林省高级人民法院认为，根据《侵权责任法》第66条的规定，被告吉林分公司应当举证证明因果关系不存在，而原告韩某春无须承担存在因果关系的举证责任。❷ 事实上二审判决适用的是直接因果关系理论。

关于2010年养鱼损失问题，二审判决根据原告提供的捞油清单、鱼塘照片、(2010-177)号监测报告、回收原油记录等证据，认定鱼塘被原油污染的事实，进而认定被告的污染和该损失之间存在因果关系。

---

❶ 参见（2015）白民重字第1号民事判决书。
❷ 参见（2016）吉民终460号民事判决书。

关于围坝修复的费用，二审法院认为原告无法证明吉林分公司要求其挖坝放水，也无法证明该要求与围坝损毁的因果关系，亦无法证明该要求的目的是损毁围坝，因此围坝修复费用与吉林分公司水污染侵权行为没有直接因果关系。

3. 再审判决

最高人民法院认为环境污染纠纷中因果关系的判定，首先，根据《最高人民法院关于审理环境侵权责任纠纷案件适用法律若干问题的解释》第6条的规定，原告证明污染者排放的污染物或者其次生污染物与损害之间具有关联性即可。其次，根据《侵权责任法》第66条的规定，污染者应当就其行为与损害之间不存在因果关系承担举证责任；《最高人民法院关于审理环境侵权责任纠纷案件适用法律若干问题的解释》第7条规定，若认定不存在因果关系，污染者须证明下列情形之一：（1）排放的污染物没有造成该损害可能的；（2）排放的可造成该损害的污染物未到达该损害发生地的；（3）该损害于排放污染物之前已发生的；（4）其他可以认定污染环境、破坏生态行为与损害之间不存在因果关系的情形。

最高人民法院根据韩某春提供的鱼塘石油含量严重超标，水质环境不适合渔业养殖的（2010-177）号监测报告，并综合韩某春提交的证人证言等证据，基于"石油漂浮在水面上会隔绝氧气导致水体缺氧，且石油中所含有毒物质亦会对水中生物造成影响，导致鱼类死亡"的常识，认定原油泄漏与其鱼塘中的鱼死亡之间具有明显的空间、时间关联性。

对于被告的"嫩江涨水超过堤坝导致全部鱼流失"的主张，最高人民法院认为被告提供的《证明》并不能充分证明鱼塘中的鱼系全部被嫩江洪水冲走，无法排除所泄漏的原油造成鱼塘中的鱼死亡的可能性，也无法排除韩某春为清理油污挖坝注水导致鱼塘中的鱼被冲走的可能性，因此认定被告未能证明因果关系不存在，从而认定了因果关系的存在。

对于原告2010年养鱼损失、2011年未养鱼损失、围坝修复费用等损害与被告污染行为之间是否存在因果关系，最高人民法院也是适用因果关系证明责任倒置制度。

（二）对本案的法理分析

本案一审判决不认可本案是环境污染侵权诉讼，因此并未适用因果关系证明的举证责任倒置制度。

二审判决适用了因果关系举证责任倒置制度，认定被告的污染行为和原告的损害之间存在因果关系。但在损害赔偿上，二审判决适用的是直接因果关系理论，要求污染行为和损害之间必须存在直接因果关系，才能获得赔偿。这事实上使得被告污染行为和原告损害之间因果关系认定上的举证责任倒置制度的适用失去了原有的意义。

而在再审判决中，最高人民法院贯彻了因果关系举证责任倒置制度，不仅体现在对被告污染行为和原告损害之间的因果关系的认定上，而且在被告污染行为和原告每项损害的因果关系上都适用的是因果关系的举证责任倒置制度。

【思考题】

（1）环境污染侵权诉讼中因果关系为什么难以证明？

（2）侵权责任法中的因果关系理论是否能解决环境污染侵权诉讼中因果关系的证明困难问题？

（3）因果关系证明责任倒置和证明责任的分配是什么关系？

第三节　环境侵权的赔偿范围

案例四　中国生物多样性保护与绿色发展基金会诉新郑市薛店镇花庄村民委员会、新郑市薛店镇人民政府、新郑市教育体育局、新郑市林业局、新郑市文化和旅游局环境侵权案[1]

【基本案情】

一、事实概要

被告新郑市薛店镇花庄村民委员会（以下简称花庄村委会）和采伐施工队非法砍伐了花庄村大量的百年树龄以上的古枣树，新郑市教育体育局非法占用了古枣树林地。原告中国生物多样性保护与绿色发展基金会（以下简称绿发会）以此为由向郑州市中级人民法院提起环境侵权公益诉讼，要求被告花庄村委会、新郑市薛店镇人民政府、新郑市教育体育局、新郑市林业局、新郑市文化和旅游局恢复原状或支付生态修复费用，赔偿因此造成的自然环境及人文损失，在古枣树移植地现场建立古枣树展示园作为对生态环境保护的宣传、教育、警示基地，追回古枣树干及制品，并要求其在国家级媒体上赔礼道歉。

二、一审判决

郑州市中级人民法院判决，被告新郑市薛店镇人民政府及花庄村委会停止侵权行为，于判决生效后十个月内补种死亡枣树数量 5 倍的林木，并对补种的林木抚育管护三年；二被告共同赔偿生态环境受到损害至恢复原状期间服务功能损失 361 万余元，用于生态环境修复；建立宣传、教育和警示基地；在国家级媒体上向公众赔礼道歉等。

三、二审判决

被告新郑市薛店镇人民政府、花庄村委会不服一审判决，向河南省高级人民法院

---

[1] 参见（2016）豫 01 民初 705 号民事判决书、（2018）豫民终 344 号民事判决书。

提起上诉。河南省高级人民法院二审判决基本维持了一审判决，但将警示基地的存续时间缩短为一年。

【主要法律问题】

古枣树的生态服务功能的损失怎么计算？

【主要法律依据】

《最高人民法院关于审理环境民事公益诉讼案件适用法律若干问题的解释》

第21条　原告请求被告赔偿生态环境受到损害至修复完成期间服务功能丧失导致的损失、生态环境功能永久性损害造成的损失的，人民法院可以依法予以支持。

《中华人民共和国民法典》

第1235条　违反国家规定造成生态环境损害的，国家规定的机关或者法律规定的组织有权请求侵权人赔偿下列损失和费用：

（一）生态环境受到损害至修复完成期间服务功能丧失导致的损失；

（二）生态环境功能永久性损害造成的损失；

（三）生态环境损害调查、鉴定评估等费用；

（四）清除污染、修复生态环境费用；

（五）防止损害的发生和扩大所支出的合理费用。

《环境损害鉴定评估推荐方法（第Ⅱ版）》

8.3.1.3.1　优先选择替代等值分析方法中的资源等值分析方法和服务等值分析方法。如果受损的环境以提供资源为主，采用资源等值分析方法；如果受损的环境以提供生态系统服务为主，或兼具资源与生态系统服务，采用服务等值分析方法。采用资源等值分析方法或服务等值分析方法应满足以下两个基本条件：

a）恢复的环境及其生态系统服务与受损的环境及其生态系统服务具有同等或可比的类型和质量；

b）恢复行动符合成本有效性原则。

【理论分析】

一、立法分析

1. 生态服务功能损失的性质

在我国，生态服务功能损失首先规定在司法解释中，之后由《中华人民共和国民法典》（以下简称《民法典》）这一民事基本法进行了规定。关于生态服务功能损失的性质，我国司法解释和《民法典》都将其作为生态环境损害的类型之一。

2. 生态服务功能损失的请求权基础

《最高人民法院关于审理环境民事公益诉讼案件适用法律若干问题的解释》规定，

在环境民事公益诉讼中，环境公益组织可以请求生态服务功能损失的赔偿。《民法典》规定生态服务功能损失只有在违反国家规定造成生态环境损害的情况下，国家规定的机关或者法律规定的组织才有权提出赔偿请求。我国的立法目前不允许在环境污染侵权之诉等私益诉讼中主张生态服务功能损失的赔偿。可以认为，我国立法视生态服务功能损失的请求权基础是公众环境权。

3. 生态服务功能损失的评估

我国立法并没有对生态服务功能损失的评估作出规定，但原环境保护部为贯彻落实党的十八大报告和十八届三中全会关于"实行最严格的损害赔偿制度、责任追究制度"的精神，积极推进环境损害鉴定评估技术规范体系建设，于2014年对《环境污染损害数额计算推荐方法（第Ⅰ版）》进行了修订，发布了《环境损害鉴定评估推荐方法（第Ⅱ版）》。《环境损害鉴定评估推荐方法（第Ⅱ版）》为可以恢复的生态环境提供了资源等值分析法、服务等值分析法等损害评估方法。

二、法理分析

（一）生态服务功能的性质：环境物权说

1970 年，Ehrlich 在 *Man's Impact on the Global Environment* 一书中，首次使用了"生态系统服务功能"一词；1991 年，国际科学联合会环境问题科学委员会（SCOPE）讨论了生态系统服务功能与生物多样性之间的关系以及不同生态系统的服务功能经济价值的评价方法。[1] 对于生态服务功能的论述，我国早在 20 世纪末就展开了研究。但生态服务功能进入法律视野却是 2015 年之后。

1. "公众环境权说"

我国《宪法》并没有规定环境权。《民法典》《中华人民共和国环境保护法》（以下简称《环境保护法》）中也没有规定环境权。《环境保护公众参与办法》规定了"获取环境信息、参与和监督环境保护的权利"。近些年来，《中华人民共和国民事诉讼法》（以下简称《民事诉讼法》）增设了公益诉讼制度，为公众环境权的保障提供了司法救济途径。[2] 而正是关于环境民事公益诉讼的司法解释中首次规定了生态服务功能损失的赔偿。

2. "环境物权说"

传统的物权法重视发挥物之效用，近代民法奉行"所有权绝对"的原则，保证物权人行使所有权、用益物权和担保物权时不受他人干涉，充分利用物的经济价值。为防止权利人滥用物权损害他人利益或公共利益，传统物权法设置了不动产相邻关系制度和权利不得滥用原则来规范物权的行使，这也是物权的社会化。

然而，传统的物权法并没有考虑物的生态环境价值。当环境污染和生态破坏日益

---

[1] 侯思琰，徐鹤，刘德文. 七里海湿地生态服务功能价值评估 [J]. 海河水利，2021（03）：24.
[2] 蔡守秋. 从环境权到国家环境保护义务和环境公益诉讼 [J]. 现代法学，2013（6）：20.

严重,成为社会问题,物的生态环境属性逐步走进公众的视野,受到重视。有不少学者提出了"环境物权"的概念。环境物权是通过功能定义法将物的生态功能与经济功能进行整合的新型物权。❶ 环境物权是一种无体物权或是一种无形物权,其客体是环境容量或自然景观等无体功能或价值,环境物权具有从属性,依附于环境资源的实物形态。❷

生态服务功能就是环境物权客体,环境物权将成为生态服务功能损害的请求权基础。❸

(二)生态服务功能的评估

由于生态价值,即生态系统服务功能不具备完备的市场评价体系,其评估方法备受争议。❹ 依据市场化程度,可以采用的评估方法有直接市场法、替代市场法和意愿调查法三大类。具体而言,直接市场法主要有成本法、生产率变动法、恢复费用法或重置成本法、影子项目法,替代市场法主要有旅行成本法、内涵价格法、防护费用法或规避行为法,意愿调查法主要有投标博弈法、权衡博弈法、优先性评价法、Delph法等。❺

我国当前古树交易市场发育不是十分充分、活跃,专家、学者们根据评价的侧重点,选择几个最能体现古树价值的经济指标,应用乘积法或加权法、加权平均法建立评估模型,评估古树价值,具有很强的操作性,评估的结果也较为客观。❻ 这种采用直接市场法评估古树的价值的公式有以下三种:

公式1: $M = A \times B \times (1+a+b+c+d+e+f) + T + R$ ❼

公式1中 M 指古树评估价值; A 指每平方厘米树木横截面的工程造价,工程造价包括现行苗木指导价、施工费用(按苗木指导价的70%计)和一年的养护费用; B 指树木胸径或头径处的横截面积; a 指树木所处地段的调整系数; b 是树木生产立地环境调整指数; c 指树木生长状况调整系数; d 指树龄调整系数; e 指树木的保护级别调整系数; f 指树木的景观价值调整系数; T 为已投入的保护费用; R 是调查取证费用。

---

❶ 吕忠梅. 论环境物权 [A]. 国家环境保护总局武汉大学环境法研究所,福州大学法学院. 探索·创新·发展·收获——2001年环境资源法学国际研讨会论文集(上册)[C]. 国家环境保护总局武汉大学环境法研究所,福州大学法学院:中国法学会环境资源法学研究会,2001:171.

❷ 吕忠梅. 论环境物权 [A]. 国家环境保护总局武汉大学环境法研究所,福州大学法学院. 探索·创新·发展·收获——2001年环境资源法学国际研讨会论文集(上册)[C]. 国家环境保护总局武汉大学环境法研究所,福州大学法学院:中国法学会环境资源法学研究会,2001:172.

❸ 吴宇. 生态系统服务功能的物权客体属性及实现路径 [J]. 南京工业大学学报(社会科学版),2021,20(3):59-63.

❹ 陈琳,欧阳志云,王效科,等. 条件价值评估法在非市场价值评估中的应用 [J]. 生态学报,2006,26(02):610-619.

❺ 黄如良. 生态产品价值评估问题探讨 [J]. 中国人口·资源与环境,2015,25(03):26-33.

❻ 徐炜. 古树名木价值评估标准的探讨 [J]. 华南热带农业大学学报,2005,11(01):66-69.

❼ 徐炜. 古树名木价值评估标准的探讨 [J]. 华南热带农业大学学报,2005,11(01):66-69.

公式 2：古树的总价值=古树的树种价值×生长势价值系数×古树树龄价值调整系数(实际树龄除以100)×树木场所价值系数+养护投入❶

公式 2 是温州市林业局的计算公式。

公式 3：$M = T \times \dfrac{(P-D/100-A/100)}{n} \times p \times g \times n - m - a - \Delta C$

公式 3 中 M 表示古树评估价值，T 表示树种价值（Tree value），P 表示保护等级（Protection level），D 表示胸径（DBH），A 表示年龄（Age），n 表示参与调整项数，p 表示政策赋值（policy assignment），g 表示生长态势调整值（growth situation adjustment value），m 表示养护管理成本（maintenance and management costs），a 表示评估服务费（appraise service charge），ΔC 表示较正常情况额外增加的采集成本（collect cost）。

上述三个公式中，公式 2 虽然最简单，易于计算，但考虑的因素较少，不足以反映古树的生态价值。公式 1 和公式 3 考虑的项目都比较全面而众多，但公式 1 将树木生产环境和景观价值调整数考虑在内，更适合用来计算古树的生态价值。

本案中如果被告们不能将生态环境恢复原状，应以公式 1 计算出来的古枣树价值来确定生态修复费用。如果被告们能将生态环境恢复原状，但达不到侵权行为之前的状态，按照公式 1 计算出来的差额作为损害赔偿额。

三、类案分析

（一）典型案例

（1）吉林省人民检察院长春林区分院（以下简称长林检察院）与徐某宾财产损害赔偿纠纷。❷

被告徐某宾未经林业行政主管部门批准开垦林地，非法开垦林地总计 104.889 亩，造成林地原有植被严重毁坏，其中有林地为 61.689 亩。原告长林检察院提起公益诉讼，要求判令徐某宾赔偿生态环境受到损害至恢复原状期间服务功能损失 149583.12 元。

一审判决认为，根据《最高人民法院关于审理环境民事公益诉讼案件适用法律若干问题的解释》第 21 条的规定，徐某宾非法破坏 61.689 亩林地的森林植被，对当地的生态环境造成严重的后果，应当承担生态环境受到损害至恢复原状期间的服务功能损失。在此基础上，一审判决根据原告长林检察院提供的评估报告书，判定徐某宾赔偿涵养水源、水土保持、碳氮平衡等生态服务功能损失 149583.12 元。

---

❶ 温州给古树挂标价 破坏千年古银杏者赔偿 400 万［Z/OL］.（2017-05-25）［2022-05-07］. http://news.sohu.com/20080103/n254426623.shtml.

❷ 参见（2018）吉 76 民初 2 号民事判决书。

一审判决认可评估报告书中的表述：本报告中的生态效益是指被毁坏的人工造林成林后具有的生态功能，生态效益的评价为该林地恢复生态功能的经济价值体现。根据《不同营造林方式成林年限表》，成林晋级年限取值为 6 年，生态效益价值计算以人工造林成林晋级年限为时间终点。

（2）山东环境保护基金会与郑州新力电力有限公司（以下简称新力公司）大气污染责任纠纷。❶

山东环境保护基金会以被告新力公司超标排污，导致大气污染为由，请求判令被告赔偿生态环境受到损害至恢复原状期间因其违法超标排放污染物造成的生态环境的服务功能损失。

一审法院采用了生态环境部南京环境科学研究所司法鉴定所作出的《司法鉴定意见书》。该《司法鉴定意见书》认为，根据《生态环境损害鉴定评估技术指南总纲》及《环境损害鉴定评估推荐方法（第Ⅱ版）》，大气污染发生在过去，且大气环境具有气体交换量大、环境容量大以及自净功能弱等特点，无法计算基本恢复费用和期间服务功能损失费用。因此，一审法院没有认定生态服务功能损失的赔偿。

二审法院认可了一审法院关于生态服务功能损失赔偿的判定。❷

（3）中国生物多样性保护与绿色发展基金会（以下简称绿发会）、浙江富邦集团有限公司（以下简称富邦公司）环境污染责任纠纷。❸

原告绿发会以被告富邦公司长期未采取任何防护措施，擅自填埋制革污泥，使填埋场地内土壤受到严重的重金属污染为由，提起环境民事公益诉讼，要求被告修复生态环境并承担生态服务功能损失等。

一审判决根据《最高人民法院关于审理环境民事公益诉讼案件适用法律若干问题的解释》第 21 条的规定，认定被告应当承担生态服务功能损失的赔偿责任。此外，一审判决对生态服务功能损失进行定义，认为"生态系统服务指人类或其他生态系统直接或间接地从生态系统获取的收益，主要包括供给服务、调节服务、支持服务、文化服务和存在价值等，应当根据被污染的具体环境要素进行分析"。在此基础上，一审判决认为涉案 30 亩农田无法恢复至农田状态，其服务功能损失当然可以按照农作物产值确定。关于赔偿年限，根据管控方案的建设和运行时间，确定为 10 年。因此，参照 2017 年嘉兴地区主要粮食平均亩产值 1728 元，以每年递增 3%（参考《环境损害鉴定评估推荐方法（第Ⅱ版）》推荐系数范围），按 30 亩土地计算 10 年，确定本案服务功能损失为 594270 元。❹

二审判决认可了一审判决的判定，但依据 2014 年国家环境保护部规划院修订出台的《环境损害鉴定评估推荐方法（第Ⅱ版）》，明确了生态服务功能损失的定义为

---

❶ 参见（2018）豫 01 民初 1260 号民事判决书。
❷ 参见（2019）豫民终 1592 号民事判决书。
❸ 参见（2018）浙民终 1015 号民事判决书。
❹ 参见（2015）浙嘉民初字第 7 号民事判决书。

"期间损害指生态环境损害发生至生态环境恢复到基线状态期间,生态环境因其物理、化学或生物特性改变而导致向公众或其他生态系统提供服务的丧失或减少,即受损生态环境从损害发生到其恢复至基线状态期间提供生态系统服务的损失量。永久性损害指受损生态环境及其服务难以恢复,其向公众或其它生态系统提供服务能力的完全丧失"❶。

(二) 综合分析

在环境公益诉讼中,多数判决依据《最高人民法院关于审理环境民事公益诉讼案件适用法律若干问题的解释》第 21 条的规定,支持原告检察院或环境公益组织要求生态服务功能损失赔偿的主张。

但我国无论立法还是司法解释,目前对生态服务功能损失的定义、类型、赔偿期限、标准、数额等都没有具体的规定。对于生态服务功能的内涵,在司法实践中,各地法院的做法不一,比较混乱。如上所述,关于生态服务功能的定义,有的法院认为是指"人类或其他生态系统直接或间接地从生态系统获取的收益",有的法院认为是指"生态环境向公众或其他生态系统提供服务"。对于生态服务功能的内涵,有的法院认为包括"供给服务、调节服务、支持服务、文化服务和存在价值等",而更多的法院则没有言及。对于生态服务功能损失的赔偿数额,各个法院判断标准不一。如上所述,有的法院认为大气污染所导致的生态服务功能损失难以计算,无须赔偿;而大多数判决最终则是按照生态系统的经济价值来计算生态服务功能损失的赔偿数额。

四、对本案的评释

(一) 一般论

1. 一审判决

郑州市中级人民法院根据《最高人民法院关于审理环境民事公益诉讼案件适用法律若干问题的解释》第 21 条的规定作出一审判决,认为生态环境受到损害至恢复原状期间服务功能的损失应予赔偿,但没有明确生态服务功能损失赔偿期间以及生态服务功能损失的计算标准。

2. 二审判决

河南省高级人民法院在二审判决中对生态服务功能损失的赔偿从立法目的到司法解释的规定论述得比较详细。对于立法目的,二审判决认为,《环境保护法》第 1 条、第 4 条规定的保护和改善环境、防治污染和其他公害是环境保护法的立法目的,因此,环境公益诉讼应作出有利于环境修复、治理的裁判,推进生态文明建设,促进经济社会可持续发展,那么司法实践中,判令损害环境者承担生态环境服务功能损失赔偿责任,用于修复被损害的生态环境,是贯彻落实环境保护法立法目的的重要方式,也是环境保护司法的重大进展。二审判决还明确指出,承担生态服务功能损失赔偿责任的

---

❶ 参见 (2018) 浙民终 1015 号民事判决书。

法律依据是《最高人民法院关于审理环境民事公益诉讼案件适用法律若干问题的解释》第 21 条之规定。但二审判决和一审判决一样,也没有明确生态服务功能损失赔偿期间以及生态服务功能损失的计算标准。

(二) 对本案的法理分析

1. 一审判决

郑州市中级人民法院根据《最高人民法院关于审理环境民事公益诉讼案件适用法律若干问题的解释》第 21 条的规定,先判定被告花庄村委会在未办理移栽手续的情况下违法移栽枣树,该行为对社会公共利益造成了损害,在此基础上判定两被告应当赔偿生态环境受到损害至恢复原状期间服务功能损失。

对于生态服务功能损失的计算标准,一审判决并没有明确,依据《第八次全国森林资源清查河南省森林资源清查成果》及《河南林业生态省及提升工程建设绩效评估报告》,河南省 2016 年平均每亩林地森林生态价值为 3644.15 元(森林生态价值包括涵养水源、保育土壤、固碳释氧、营养物质积累、净化环境、生物多样性、农田防护、森林休憩等价值),参照这一数据,本案涉及的 198.5 亩枣林地一年的森林生态价值为 723363.78 元。

对于生态服务功能损失的赔偿期限,一审判决根据本案侵权责任人破坏生态的范围和程度、生态环境的稀缺性、生态环境恢复的难易程度、侵权责任人过错程度因素,认定应当赔偿五年的生态服务功能损失 3616818.9 元。对于这四个因素,一审判决并没有明确其依据。并且,一审判决仅仅是列举,并没有进行定量或定性的详细说明,也没有对这四个因素在比重上进行分析。因此,为何一审法院判决赔偿五年的生态服务功能损失,而不是原告所主张的五十年,并没有明确的依据。该判决也没有提及《环境损害鉴定评估推荐方法(第Ⅱ版)》。

2. 二审判决

河南省高级人民法院在二审判决中认为,涉案枣树具有生态价值,主要有以下三方面的原因:(1) 历史人文资源;(2) 生态文明的标志;(3) 维持生态平衡和保护环境。在此基础上根据《最高人民法院关于审理环境民事公益诉讼案件适用法律若干问题的解释》第 21 条之规定,认定了两上诉人应当赔偿生态环境受到损害至恢复原状期间服务功能损失。

但对于生态服务功能损失的赔偿数额,二审判决维持了一审判决的认定,并指出了一审判决自由裁量认定五年的生态服务功能损失的依据是《最高人民法院关于审理环境民事公益诉讼案件适用法律若干问题的解释》第 23 条之规定。

【思考题】

(1) 生态服务功能损失的性质和作用是什么?
(2) 生态服务功能损失赔偿额的计算标准和期限如何判断?

案例五　佛山市金业金属制品有限公司与被上诉人佛山市人民检察院环境民事公益纠纷案

【基本案情】

一、事实概要

原告佛山市人民检察院（以下简称佛山检察院）以被告佛山市金业金属制品有限公司（以下简称金业公司）排放含有高浓度的有害重金属镍、铬的废水致使汾江河的水质遭受破坏，损害社会公共利益为由提起环境民事公益诉讼，请求广东省佛山市中级人民法院判决被告停止污染环境的行为，赔礼道歉，赔偿生态服务功能损失费用，承担环境修复费用等。

二、一审判决

广东省佛山市中级人民法院判决被告金业公司停止污染，赔礼道歉，赔偿环境修复费用 1811263.39 元，赔偿生态服务功能损失 5433790.18 元等。❶

三、二审判决

被告金业公司不服一审判决，提出上诉。广东省高级人民法院二审认为一审判决认定事实清楚，适用法律正确，判决驳回上诉，维持原判。❷

【主要法律问题】

（1）当被污染的生态环境无法修复时，生态环境损失费和环境修复费用能否同时主张？

（2）当被告污染环境的行为造成永久损害，生态环境无法修复时，被告是否应该承担生态环境修复费用？赔偿额如何计算？

【主要法律依据】

《关于生态环境损害鉴定评估虚拟治理成本法运用有关问题的复函》

（一）符合下列情形之一的，可以适用虚拟治理成本法：

1. 排放污染物的事实存在，由于生态环境损害观测或应急监测不及时等原因导致损害事实不明确或生态环境已自然恢复；

2. 不能通过恢复工程完全恢复的生态环境损害；

3. 实施恢复工程的成本远远大于其收益的情形。

---

❶ 参见（2017）粤 01 民初 413 号民事判决书。
❷ 参见（2018）粤民终 2366 号民事判决书。

《环境损害鉴定评估推荐方法（第Ⅱ版）》

8.3.3 永久性生态环境损害的评估在进行生态环境损害评估时，如果既无法将受损的环境恢复至基线，也没有可行的补偿性恢复方案弥补期间损害，或只能恢复部分受损的环境，则应采用环境价值评估方法对受损环境或未得以恢复的环境进行价值评估。

《附录A（资料性附录）常用的环境价值评估方法》

A.2.3 虚拟治理成本法是按照现行的治理技术和水平治理排放到环境中的污染物所需要的支出。虚拟治理成本法适用于环境污染所致生态环境损害无法通过恢复工程完全恢复、恢复成本远远大于其收益或缺乏生态环境损害恢复评价指标的情形。虚拟治理成本法的具体计算方法见《突发环境事件应急处置阶段环境损害评估技术规范》。

【理论分析】

一、立法分析

自2011年起，我国原环境保护部就发布了一些技术性文件，对生态环境损害的评估进行具体的规定，逐步建立了生态环境损害的评估体系。2017年12月，中共中央办公厅、国务院办公厅印发的《生态环境损害赔偿制度改革方案》中明确规定："国家建立健全统一的生态环境损害鉴定评估技术标准体系。"

1. 《环境污染损害数额计算推荐方法（第Ⅰ版）》

对于无法确定实际的修复工程费用的环境污染，该文件首次推荐采用虚拟治理成本法或修复费用法，并确定了环境功能敏感系数来限制修复费用的上、下限值。

对于虚拟治理成本法，《环境污染损害数额计算推荐方法（第Ⅰ版）》定义为"治理所有已排放的污染物应该花费的成本，即污染物排放量与单位污染物虚拟治理成本的乘积"，"单位污染物虚拟治理成本按该事故或事件所在地前三年单位污染物实际治理平均成本计算"。在此基础上，该文件给出了污染物虚拟治理成本的计算公式：

虚拟污染治理成本 = $\sum$（污染物排放量 × 单位虚拟治理成本）

2. 《环境损害鉴定评估推荐方法（第Ⅱ版）》

《环境损害鉴定评估推荐方法（第Ⅱ版）》相较于《环境污染损害数据计算推荐方法（第Ⅰ版）》，对虚拟成本治理法有了更系统的规定。该文件指出虚拟成本治理法是环境价值评估方法之一，适用于永久性生态环境损害的评估。

对于虚拟治理成本的定义，该文件指出"虚拟治理成本是按照现行的治理技术和水平治理排放到环境中的污染物所需要的支出"。

3. 《突发环境事件应急处置阶段环境损害评估推荐方法》

该规范规定了虚拟治理成本法的具体计算方法，该计算方法基本上和《环境污染损害数额计算推荐方法（第Ⅰ版）》一样，但环境空气污染、地表污染等的环境功能敏感系数有所不同。

二、法理分析

（一）"损害"的概念

从《中华人民共和国民法通则》（已废止）到《中华人民共和国侵权责任法》（已废止），再到《中华人民共和国民法典》（以下简称《民法典》），这些法律都没有对"损害"进行定义。损害被认为是受害人所遭受到的不利益，包括应当获得而未获得的利益（积极利益）以及不应当失去却失去的利益（消极利益）。在世界各国民法典中鲜有对损害进行定义。《奥地利民法典》第1923条罕见地将损害定义为"一个人在其财产、权利和人身上遭受的一切不利侵害"❶。

侵权责任法上的损害不是事实损害，而是法律意义上的损害，是法律利益的损失，属于法律调整的范围。

（二）生态损害计算的简单化

我国立法对损害的类型以及计算方法多有规定，如《民法典》第1179对人身损害的赔偿范围进行了详细的规定;❷ 再如各个省出台的交通事故人身损害赔偿项目计算标准。❸

而对于生态损害，原环境保护部出台的《环境损害鉴定评估推荐方法（第Ⅱ版）》中推荐了虚拟治理成本法，这是对生态损害赔偿额计算方法的规定。因为生态损害非常复杂，有的是无法恢复的永久损害，有的是独特的生态系统，没有市场价格，无法准确地计算出污染企业所排放的污染物所造成的生态损害的价值。为了确定污染企业的生态损害赔偿额，法律上采用了这种简化的计算方法，即虚拟治理成本法。该方法的特点就在于计算简单、使用参数较少、不确定性较小，鉴定评估结果易于被生态损害赔偿权利人、责任方及司法机关所接受。❹

（三）虚拟治理成本法存在的问题

1. 单位虚拟治理成本尚未得到实际运用

单位虚拟治理成本的计算在生态损害赔偿额的计算中至关重要，但目前多数法院认可的是污染物未排出之前的治理成本，甚至还要低于这个成本。也就是说法院所选取的并非虚拟治理的成本，而是实际治理的成本。所以，单位虚拟治理成本如何计算，

---

❶ 李新天，许玉祥. 侵权行为法上的损害概念研究［J］. 时代法学，2005（01）：23.
❷ 《民法典》第1179条　侵害他人造成人身损害的，应当赔偿医疗费、护理费、交通费、营养费、住院伙食补助费等为治疗和康复支出的合理费用，以及因误工减少的收入。造成残疾的，还应当赔偿辅助器具费和残疾赔偿金；造成死亡的，还应当赔偿丧葬费和死亡赔偿金。
❸ 如《2020年度广西道路交通事故人身损害赔偿项目计算标准》。
❹ 张衍燊，徐伟攀，齐霁，等. 基于国内实践和国外经验优化生态环境损害简化评估方法［J］. 环境保护，2020，48（24）：27.

是现在亟需解决的问题。

2. 环境功能敏感系数的选取偏低

目前多数法院在选择环境功能敏感系数上，往往倾向于最低的系数，计算出来的是所谓的生态损害赔偿额的下限。而且，法院并没有给出如此选择的理由。那么，环境功能敏感系数如何从区间值中合理选择？仅仅按照大气、地表水、地下水等的分类去选择是否合适？是否要考虑环境受众的因素？这些都是目前存在的难题。

三、类案分析

（一）典型案例

（1）泰州市环保联合会与江苏常隆农化有限公司（以下简称常隆公司）、泰兴锦汇化工有限公司（以下简称锦汇公司）等环境污染责任纠纷案。❶

原告泰州市环保联合会以被告常隆公司、锦汇公司等违反国家环境保护法律和危险废物管理规定，将其生产过程中所产生的巨量的废盐酸、废硫酸等危险废物交给无危险废物处理资质的主体偷排进泰兴市如泰运河、泰州市高港区古马干河，导致水体严重污染，造成重大环境损害，需要进行污染修复为由提起环境民事公益诉讼，要求被告们承担污染修复等费用。

一审法院认为虽倾倒点水质已经恢复，但污染源已经随着河水的流动移动到下游，生态环境并未修复。因此，一审判决按照《环境污染损害数额计算推荐方法（第Ⅰ版）》第4.5条规定的虚拟治理成本的4.5倍计算环境污染损害赔偿。

二审法院认为由于河水流动，污染物扩散到下游，难以计算污染修复费用，应当采用《环境污染损害数额计算推荐方法（第Ⅰ版）》的推荐即虚拟治理成本法计算污染修复费用。

一审判决对修复费用的计算方法是适当的。最高人民法院再审裁定明确指出了被告们的污染行为对生态环境所造成的损害：（1）对河流的水质、水体动植物、河床、河岸以及河流下游的生态环境造成严重破坏；（2）污染的累积必然会超出环境承载能力，最终造成不可逆转的环境损害。因此，最高人民法院认定，不能以部分水域的水质得到恢复为由免除污染者应当承担的环境修复责任，并认定了一审、二审判决中的虚拟治理成本的计算方法。

（2）北京市丰台区源头爱好者环境研究所与深圳市长园特发科技有限公司环境污染民事公益诉讼案。❷

被告深圳市长园特发科技有限公司在投产之后八年内，为谋求高额经济利益，没有按要求治理废气，故意向大气直接偷排非甲烷总烃等污染物，实际排污量及生态损害已经难以准确认定。

---

❶ 参见（2015）民申字第1366号民事裁定书。
❷ 参见（2019）粤03民初3510号民事裁定书。

一审法院采用虚拟治理成本法确定了被告所造成的生态损害赔偿额。一审法院认可了本案的虚拟治理成本的计算公式为：活性炭吸附法的成本（活性炭的购买成本、设备折旧维护成本、人工成本、活性炭失效后的废物处理成本的总和）×排放总量×3（本案非法排污地所在区域的空气环境功能区类别为Ⅱ类，环境功能区敏感系数）。

（3）江苏省徐州市人民检察院诉徐州市鸿顺造纸有限公司水污染民事公益诉讼案。[1]

江苏省徐州市人民检察院以徐州市鸿顺造纸有限公司多次被环境保护主管机关查获以私设暗管方式向连通京杭运河的苏北堤河排放化学需氧量、氨氮、总磷等污染物均超标的生产废水 2600 吨为由，提起环境民事公益诉讼，要求被告恢复被污染河流的原状或承担生态修复费用，并赔偿生态服务功能损失。

一审法院按照《环境保护部关于开展环境污染损害鉴定评估工作的若干意见》和《环境损害鉴定评估推荐方法（第Ⅱ版）》"虚拟治理成本法"，综合考虑本次污染行为的污染物成分、被破坏的生态环境状况等因素，判决决定取双方申请的技术专家意见关于倍数取值的平均值（1.5~3倍），即 2.035 倍作为生态环境损害数额的倍数取值，计算出被告 2014 年和 2015 年两次排污造成的生态环境损害额为 26.91 万元。二审判决维持了一审判决关于生态环境损害额的判定。

（二）综合分析

在原告泰州市环保联合会与被告常隆公司、锦汇公司等环境污染责任纠纷案，又称"泰州 1.6 亿天价环境公益诉讼案"一审判决中，虚拟治理成本法被首次适用于生态修复费用的计算。最高人民法院在对该案进行再审的裁定中支持了虚拟治理成本法的适用。[2] 虚拟治理成本法因其简便易行，逐渐在环境公益诉讼的生态修复费用计算中占据主导性地位，目前已经成为实践中应用最多的生态环境损害评估方法，[3] 有成为普适性的万能计算法之趋势。[4]

四、对本案的评释

（一）一般论

1. 一审判决

一审法院适用《环境损害鉴定评估推荐方法（第Ⅱ版）》规定和原环境保护部办公厅《关于生态环境损害鉴定评估虚拟治理成本法运用有关问题的复函》明确了虚拟治理成本法的适用条件是"不能通过恢复工程完全恢复的生态环境损害"。

---

[1] 参见（2015）徐环公民初字第 6 号民事判决书。
[2] 参见（2015）民申字第 1366 号民事裁定书。
[3] 张衍燊，徐伟攀，齐霁，等. 基于国内实践和国外经验优化生态环境损害简化评估方法 [J]. 环境保护，2020，48（24）：27.
[4] 陈幸欢. 生态环境损害赔偿司法认定的规则厘定与规范进路——以第 24 批环境审判指导性案例为样本 [J]. 法学评论，2021，39（01）：159.

对于生态修复费用，一审法院认为虽然本案的生态环境损害不能通过恢复工程完全恢复，但不能因此免除被告金业公司的修复责任，也应当用虚拟治理成本法计算生态修复费用。

2. 二审判决

关于生态环境损失费和环境修复费用在本案应否被同时支持的问题，二审判决适用《最高人民法院关于审理环境民事公益诉讼案件适用法律若干问题的解释》第 20 条第 2 款、第 21 条规定，认定原告可以同时请求被告赔偿生态环境受到损害至恢复原状期间服务功能损失和承担生态环境修复费用。

对于生态服务功能损失的计算，二审判决维持了一审判决。

(二) 对本案的法理分析

1. 一审判决

对于本案，一审判决首先判定本案属于适用虚拟治理成本法的情形，其次适用虚拟治理成本法对生态服务功能损失的金额进行了计算。

(1) 一审判决认为本案生产废水与生活污水混合稀释后经东南污水处理厂处理后汇入汾江河，属于"不能通过恢复工程完全恢复的生态环境损害"的情形，故对于生态服务功能损失的计算，可以适用虚拟治理成本法。

(2) 关于具体金额的计算问题，一审法院根据《突发环境事件应急处置阶段环境损害评估推荐方法》的规定，采用了如下的计算公式：

生态服务功能损失金额＝废水总排放量×废水治理单价×环境功能敏感系数

在此基础上，一审法院认可了鉴定机构华南环科所按照较低的废水治理单价和最低的环境敏感系数计算出来的本案生态服务功能损失的数额 5433790.18 元。

(3) 对于环境修复费用，一审法院认为，虚拟治理成本是对未排入到外部水体环境废水的治理成本，远低于废水排放到外部水体环境后的环境修复成本，故废水总排放量×废水治理单价所得到的 1811263.39 元是被告金业公司应赔偿环境修复费用的最低限度。

2. 二审判决

二审法院认为，虽然本案的生态环境损害不能通过恢复工程完全恢复，但不能因此免除被告金业公司的修复责任，金业公司仍然应当支付环境修复费用，并认可了一审判决的计算方法。

【思考题】

(1) 如何理解虚拟治理成本法的定义、计算公式、功能？

(2) 环境民事公益诉讼中，生态不能修复或者不能完全修复时，原告能否同时请求被告赔偿生态服务功能损失和承担生态环境修复费用？

案例六　北京市朝阳区自然之友环境研究所、中国生物多样性保护与绿色发展基金会诉江苏常隆化工有限公司、常州市常宇化工有限公司、江苏华达化工集团有限公司环境侵权案

【基本案情】

一、事实概要

被告江苏常隆化工有限公司（以下简称常隆公司）、常州市常宇化工有限公司（以下简称常宇公司）、江苏华达化工集团有限公司（以下简称华达公司）是生产农药、硫酸等化工产品的厂家，在生产经营期间对于案涉地块土壤及地下水造成了污染。案涉地块于2009年由常州市新北国土储备中心协议收储并实际交付。2011年，常州市新北区政府拟利用"常隆地块"进行商业住宅开发。2014年3月，一期污染土壤修复工程正式实施。至2015年12月底，已完成一期修复区域95%污染土壤的异位资源化利用。2016年，涉案地块旁边的常州外国语学校的600多名学生体检查出血液指标异常、白细胞减少等症状和皮炎、湿疹、支气管炎等疾病。

之后，修复工程全面停止，剩余5%的污染土壤未修复，地下水修复工程亦未开展。2016年初，"常隆地块"由商业开发转变用地性质为公共绿化用地。常州市政府及常州市新北区政府在诉讼开始前即对案涉污染地块实施应急处置，并组织开展相应的环境修复。

二、一审判决

原告北京市朝阳区自然之友环境研究所（以下简称自然之友研究所）和中国生物多样性保护与绿色发展基金会（以下简称绿发会）以造成污染侵害公共利益为由，对被告常隆公司、常宇公司、华达公司提起环境民事公益诉讼，要求三家公司承担污染土壤和地下水的环境修复费用，向公众赔礼道歉，承担原告因本诉讼支出的相关费用。

江苏省常州市中级人民法院驳回原告自然之友研究所、绿发会的诉讼请求，并判令两原告自然之友研究所、绿发会共同负担案件受理费1891800元，两原告一审败诉。

三、二审判决

原告自然之友研究所与绿发会上诉至江苏省高级人民法院，请求撤销一审判决；责令被上诉人消除其原厂址污染物对原厂址及周边区域土壤、地下水等生态环境的影响，将原厂址生态环境恢复原状；责令被上诉人就其生态环境损害行为，在国家级、江苏省级和常州市级媒体上向公众赔礼道歉；由被上诉人承担上诉人一审、二审律师费、差旅费、案件受理费等费用。

江苏省高级人民法院终审判决撤销一审判决，判令三被告在判决生效后十五日内，在国家级媒体上就其污染行为向社会公众赔礼道歉；三被告共同向原告自然之友研究所和绿发会各支付律师费、差旅费 230000 元；驳回原告的其他诉讼请求。

【主要法律问题】

被告常隆公司、常宇公司、华达公司是否要就其污染行为向社会公众赔礼道歉？

【主要法律依据】

《中华人民共和国民法典》

第 179 条　承担民事责任的方式主要有：

（一）停止侵害；

（二）排除妨碍；

（三）消除危险；

（四）返还财产；

（五）恢复原状；

（六）修理、重作、更换；

（七）继续履行；

（八）赔偿损失；

（九）支付违约金；

（十）消除影响、恢复名誉；

（十一）赔礼道歉。

法律规定惩罚性赔偿的，依照其规定。

本条规定的承担民事责任的方式，可以单独适用，也可以合并适用。

第 995 条　人格权受到侵害的，受害人有权依照本法和其他法律的规定请求行为人承担民事责任。受害人的停止侵害、排除妨碍、消除危险、消除影响、恢复名誉、赔礼道歉请求权，不适用诉讼时效的规定。

第 1000 条第 1 款　行为人因侵害人格权承担消除影响、恢复名誉、赔礼道歉等民事责任的，应当与行为的具体方式和造成的影响范围相当。

《最高人民法院关于审理环境民事公益诉讼案件适用法律若干问题的解释》

第 18 条　对污染环境、破坏生态，已经损害社会公共利益或者具有损害社会公共利益重大风险的行为，原告可以请求被告承担停止侵害、排除妨碍、消除危险、修复生态环境、赔偿损失、赔礼道歉等民事责任。

【理论分析】

一、立法分析

(一) 民法中的赔礼道歉

1. 《中华人民共和国民法典》之前的规定

《中华人民共和国民法通则》（以下简称《民法通则》，已废止）第134条❶、《中华人民共和国侵权责任法》（以下简称《侵权责任法》，已废止）第15条❷、《中华人民共和国民法总则》（以下简称《民法总则》，已废止）第179条❸规定赔礼道歉作为民事责任的承担方式。关于赔礼道歉的构成要件，《民法通则》第120条❹规定赔礼道歉的要件是公民的姓名权、肖像权、名誉权、荣誉权受到侵害。《最高人民法院关于确定民事侵权精神损害赔偿责任若干问题的解释》（2001年版）第8条❺规定，法院可以判令赔礼道歉的要件是存在因侵权致人精神损害的事实。

2. 《中华人民共和国民法典》的规定

从《中华人民共和国民法典》（以下简称《民法典》）第995条、1000条的规定来看，只要人格权受到侵害都可以请求加害人赔礼道歉。根据《民法典》第990条的规定，具体人格权是指生命权、身体权、健康权、姓名权、名称权、肖像权、名誉权、

---

❶ 《中华人民共和国民法通则》第134条　承担民事责任的方式主要有：（一）停止侵害；（二）排除妨碍；（三）消除危险；（四）返还财产；（五）恢复原状；（六）修理、重作、更换；（七）赔偿损失；（八）支付违约金；（九）消除影响、恢复名誉；（十）赔礼道歉。

以上承担民事责任的方式，可以单独适用，也可以合并适用。

人民法院审理民事案件，除适用上述规定外，还可以予以训诫、责令具结悔过、收缴进行非法活动的财物和非法所得，并可以依照法律规定处以罚款、拘留。

❷ 《中华人民共和国侵权责任法》第15条　承担侵权责任的方式主要有：（一）停止侵害；（二）排除妨碍；（三）消除危险；（四）返还财产；（五）恢复原状；（六）赔偿损失；（七）赔礼道歉；（八）消除影响、恢复名誉。

以上承担侵权责任的方式，可以单独适用，也可以合并适用。

❸ 《中华人民共和国民法总则》第179条　承担民事责任的方式主要有：（一）停止侵害；（二）排除妨碍；（三）消除危险；（四）返还财产；（五）恢复原状；（六）修理、重作、更换；（七）继续履行；（八）赔偿损失；（九）支付违约金；（十）消除影响、恢复名誉；（十一）赔礼道歉。

法律规定惩罚性赔偿的，依照其规定。

本条规定的承担民事责任的方式，可以单独适用，也可以合并适用。

❹ 《中华人民共和国民法通则》第120条　公民的姓名权、肖像权、名誉权、荣誉权受到侵害的，有权要求停止侵害，恢复名誉，消除影响，赔礼道歉，并可以要求赔偿损失。

法人的名称权、名誉权、荣誉权受到侵害的，适用前款规定。

❺ 《最高人民法院关于确定民事侵权精神损害赔偿责任若干问题的解释》（2001年版）第8条　因侵权致人精神损害，但未造成严重后果，受害人请求赔偿精神损害的，一般不予支持，人民法院可以根据情形判令侵权人停止侵害、恢复名誉、消除影响、赔礼道歉。

因侵权致人精神损害，造成严重后果的，人民法院除判令侵权人承担停止侵害、恢复名誉、消除影响、赔礼道歉等民事责任外，可以根据受害人一方的请求判令其赔偿相应的精神损害抚慰金。

荣誉权、隐私权等权利。一般人格权是指自然人享有基于人身自由、人格尊严产生的其他人格权益。因此，不管具体人格权被侵害还是一般人格权被侵害，受害人都可以请求加害人赔礼道歉。《民法典》还规定了赔礼道歉的方式和范围，并规定其不受诉讼时效的限制。

(二) 环境民事公益诉讼司法解释的规定

《民法典》颁布之后，《最高人民法院关于审理环境民事公益诉讼案件适用法律若干问题的解释》进行了修正，但第18条关于赔礼道歉的规定保持不变。根据该条的规定，赔礼道歉的要件有二：(1) 存在污染环境、破坏生态的行为；(2) 该行为损害社会公共利益或者具有损害社会公共利益重大风险。该规定并不要求侵权行为的违法性、过错以及人格权受到侵害，也没有明确环境、生态方面的社会公共利益和一般人格权的关系。

关于社会公共利益的准确定义，立法中未有界定。最高人民法院在（2015）民二终字第129号判决书中认定："社会公共利益一般是指关系到全体社会成员或者社会不特定多数人的利益，主要包括社会公共秩序以及社会善良风俗等。"

二、法理分析

关于在环境民事公益诉讼中能否适用赔礼道歉这种责任承担方式，存在肯定说和否定说两种观点。

1. 肯定说

"精神价值财产说"认为，赔礼道歉涵盖多种人格权和具有精神价值的财产、生态环境受损害的情形，而且不应仅适用于特定民事主体，还适用于不特定社会公众，随着损害类型的多元化，赔礼道歉的适用范围也需扩大。❶

"生态环境的精神利益说"认为，在环境民事公益诉讼中，被侵权人是不特定的社会公众，侵权人的环境污染侵权行为无疑会破坏社会公众对于环境的美好期待。❷

"赔礼道歉的社会功能说"认为，从赔礼道歉的社会功能来看，一方面其对社会具有道德整合、法律权威再建、惩罚和教育功能，这与环境民事公益诉讼具有的公益性、补救恢复性和惩罚性等特征具有高度的一致性。❸另一方面其可以保护弱势群体，维护公平和谐。良好生态环境是最公平的公共产品和最普惠的民生福祉，一切单位和个人都有保护环境的法定义务，都有维护代内公平和代际公平的社会责任，赔礼道歉是当代人向后代人昭示惩恶扬善、培养良知的决心。❹

2. 否定说

反对意见认为，赔礼道歉适用于自然人的人格、精神损害的恢复，而环境民事公

---

❶ 万挺. 环境民事公益诉讼民事责任承担方式探析 [N]. 人民法院报，2014-12-31（008）.
❷ 周中举. 论我国精神损害赔偿责任方式之完善 [J]. 社会科学研究，2010（02）：119-124.
❸ 张辉. 论环境民事公益诉讼的责任承担方式 [J]. 法学论坛，2014, 29（06）：58-67.
❹ 唐芒花. 民事公益诉讼中赔礼道歉的适用方式 [J]. 社会科学家，2016, 10（10）（总第234期）.

益诉讼涉及的是社会公共利益,而非人格权。❶另外,赔礼道歉难以让侵权人反省,不能触动公众的环境意识情结,也无法实现生态环境修复这一目的,并且以赔礼道歉来弥补精神痛苦的过度适用带来的是法律的高度不确定性。❷

其中,"肯定说"占主流地位,其中的"生态环境的精神利益说"广为判决所接受。

三、类案分析

(一) 典型案例

(1) 中华环保联合会与德州晶华集团振华有限公司(以下简称振华公司)大气污染责任纠纷案。❸

原告中华环保联合会在被告振华公司因长期超标向外排放污染物,造成严重的大气污染,致使周边居民的利益遭受损害,在被环境保护主管部门多次处罚后仍未整改的情况下,向山东省德州市中级人民法院提起环境民事公益诉讼,其中要求被告在省级及以上媒体向社会公开赔礼道歉。一审法院支持了原告的该项诉讼请求。

法院认为,根据《最高人民法院关于审理环境民事公益诉讼案件适用法律若干问题的解释》18条的规定,环境民事公益诉讼案件承担责任的方式包括赔礼道歉。环境权益具有公共权益的属性,从经济学角度而言,环境资源是一种综合性的财产,在美学层面上,优良的环境可以成为人的精神活动的对象,因被告振华公司超标向大气排放污染物,其行为侵害了社会公共的精神性环境权益,应当承担赔礼道歉的民事责任。

(2) 重庆绿色志愿者联合会诉恩施自治州建始磺厂坪矿业有限责任公司(以下简称建始公司)水污染责任纠纷案。❹

原告重庆绿色志愿者联合会就被告建始公司违规试生产直排废水,导致重庆巫山千丈岩饮用水水源严重污染一案于2014年11月13日向重庆市万州区人民法院提起环境民事公益诉讼。一审法院判决被告建始公司在国家级媒体上赔礼道歉。建始公司不服重庆市万州区人民法院作出的一审判决,向重庆市第二中级人民法院提起上诉。重庆市第二中级人民法院最终维持了一审判决。

一审法院认为,虽然建始公司积极配合政府采取应急措施,并当庭道歉,但其污染行为破坏了生态环境,严重影响了当地居民的生产生活,损害了社会公共利益,应当在国家级媒体上向公众作出正式道歉。

二审法院认为,赔礼道歉是一种人格恢复性责任方式,不仅适用于人格权和具有精神价值的财产遭受损害的情形,同样也适用于生态环境遭受损害的情形。在环境民事公益诉讼中,污染环境、破坏生态的行为导致损害发生后到恢复原状前生态环境服

---

❶ 万挺. 环境民事公益诉讼民事责任承担方式探析 [N]. 人民法院报,2014-12-31 (008).
❷ 陈学敏. 环境侵权诉讼应慎用赔礼道歉责任承担方式 [J]. 环境经济,2017 (12):52-55.
❸ 参见 (2015) 德中环公民初字第 1 号民事判决书。
❹ 参见 (2016) 渝 02 民终 772 号民事判决书。

务功能的损害，该损害包含了社会公众享有美好生态环境精神利益的损失。本案中，上诉人明知相关环保设施未建成，而擅自投入生产，过错明显。上诉人违法生产造成环境污染，其行为侵害了社会公众的精神性环境权益，应当承担赔礼道歉的民事责任。本次污染事故属于跨省级行政区域的重大突发环境事件，污染后果严重，社会影响较大，一审判令上诉人在国家级媒体上赔礼道歉并无不当。上诉人虽在一审庭审过程中进行了道歉，但这种道歉形式不能等同也无法替代在媒体上的正式道歉，故上诉人的该项上诉理由不能成立。

（二）综合分析

在中国裁判文书网上收集了 20 个争议焦点为被告是否要承担赔礼道歉责任的环境民事公益诉讼判决，只有常州毒地案一审判决❶否定了被告的赔礼道歉责任。该案中，法院认为案涉地块环境污染系数十年来化工生产积累叠加造成，但两原告未提交可以清晰界定三被告与改制前各个阶段生产企业各自环境污染的证据。并且，案涉地块环境污染损害修复工作已由常州市新北区政府依法组织开展，环境污染风险已得到有效控制。在自然之友环境研究所与中国石油天然气股份有限公司吉林石化分公司环境民事公益诉讼判决中，吉林省吉林市中级人民法院允许原告撤回了赔礼道歉的诉讼请求。❷

肯定的判决中都提到了《最高人民法院关于审理环境民事公益诉讼案件适用法律若干问题的解释》第 18 条的规定，然而不同判决对该条的理解不尽相同。

第一类认为，只要造成环境污染或生态破坏就应当赔礼道歉，如：马鞍山市玉江机械化工有限责任公司与中国生物多样性保护与绿色发展基金会环境污染责任纠纷一审、二审民事判决书❸；中国生物多样性保护与绿色发展基金会诉马鞍山国翔环保科技有限公司环境污染责任纠纷一审、二审民事判决书❹；中华环保联合会、江西龙天勇有色金属有限公司环境污染责任纠纷一审、二审民事判决书❺；重庆市人民检察院第三分院与张某环境损害赔偿公益诉讼一审民事判决书❻。

第二类认为，赔礼道歉的责任要件有二：一是污染环境造成生态环境服务功能的损失，二是环境污染导致社会公众享有美好生态环境的精神利益的损失。如：重庆绿色志愿者联合会诉恩施自治州建始磺厂坪矿业有限责任公司水污染责任纠纷案一审民

---

❶ 参见（2016）吉 02 民初 146 号民事判决书。

❷ 参见（2016）吉 02 民初 146 号民事判决书。该案中，法院认为公益诉讼案件中撤回赔礼道歉的诉讼请求不违反法律规定，也不损害公共利益；同时，被告能够积极主动地改造工程，治理污染，履行社会责任，应该予以支持和肯定。

❸ 参见（2016）皖 05 民初 113 号民事判决书、（2017）皖民终 679 号民事判决书。

❹ 参见（2017）皖 05 民初 143 号民事判决书、（2018）皖民终 826 号民事判决书。

❺ 参见（2017）赣 05 民初 23 号民事裁定书、（2018）赣民终 189 号民事判决书。

❻ 参见（2018）渝 03 民初 433 号民事判决书。

事判决书❶；中国生物多样性保护与绿色发展基金会、秦皇岛方圆包装玻璃有限公司大气环境污染责任纠纷公益诉讼案一审民事判决书❷；中国生物多样性保护与绿色发展基金会与卜某果、卜某全等环境污染责任纠纷一审民事判决书❸。

第三类认为，只要环境污染或生态破坏影响社会公众享有美好生态环境的精神利益，就应当承担赔礼道歉责任。如：安徽省环保联合会与王某杰、高某环境污染责任纠纷一审民事判决书❹；重庆绿色志愿者联合会诉恩施自治州建始磺厂坪矿业有限责任公司水污染责任纠纷案二审民事判决书❺等。

另外，重庆市人民政府、重庆两江志愿服务发展中心诉重庆藏金阁物业管理有限公司、重庆首旭环保科技有限公司生态环境损害赔偿、环境民事公益诉讼案民事判决书❻中明确要求被告承担赔礼道歉的理由还包括对其他类似行为的警示，促使两被告深刻认识自身过错和真诚悔过。

很明显，上述案件中所体现出的社会公共利益是生态环境的服务功能以及公众享受美好生活环境的精神利益，而不是社会公共秩序和善良风俗，并没有和最高人民法院在（2015）民二终字第129号民事判决书中的判定保持一致。

四、对本案的评释

1. 一般论

本案一审判决并没有明确赔礼道歉的法律依据，也没有考虑环境民事公益诉讼的特殊性。一审判决基于以下事实否认了三被告的赔礼道歉责任：（1）案涉地块于2009年由常州市新北国土储备中心协议收储，并由常州市政府及常州市新北区政府依法进行修复和治理；（2）案涉地块环境污染系数十年来化工生产积累叠加造成，前期的污染并不违法，而三被告与改制前各个阶段生产企业各自应当承担的环境污染侵权责任范围、责任形式、责任份额以及责任金额无法确定。显然一审法院认定污染企业承担赔礼道歉责任的要件有三：（1）环境污染行为存在违法性；（2）被污染的环境存在可修复性；（3）侵权责任具有确定性。

江苏省高级人民法院在二审判决中虽然明确了法律依据《最高人民法院关于审理环境民事公益诉讼案件适用法律若干问题的解释》第18条，但首先指出赔礼道歉需要违法性和过错。江苏省高级人民法院在提出三被上诉人无须对全部历史污染承担赔礼道歉责任之后，指出被上诉人常隆公司于2006年8月—2009年8月期间受到行政处罚的环境违法行为和三被上诉人在案涉地块生产时发生的工业固废填埋行为、搬迁中对

---

❶ 参见（2014）万法环公初字第00001号民事判决书。
❷ 参见（2016）冀03民初40号民事判决书。
❸ 参见（2015）徐环公民初字第4号民事判决书。
❹ 参见（2016）皖04民初73号民事判决书。
❺ 参见（2016）渝02民终772号民事判决书。
❻ 参见（2017）渝01民初773号民事判决书。

工业固废不当处置行为，明显违反了当时就已经生效的《环境保护法》和《中华人民共和国固体废物污染环境防治法》等法律规定，过错明显。另外，江苏省高级人民法院认定"案涉地块环境污染已经导致社会公众对于自身健康的担忧和焦虑，对生活于优良生态环境的满足感、获得感的降低，造成了社会公众精神利益上的损失，被上诉人应当向社会公众赔礼道歉"。但江苏省高级人民法院并没有说明为什么判定被上诉人应当在国家级媒体上就其污染行为向社会公众赔礼道歉。

江苏省高级人民法院虽然在判决中明确法律依据为《最高人民法院关于审理环境民事公益诉讼案件适用法律若干问题的解释》第18条，但并没有适用该法条，而是认为赔礼道歉的要件有二：第一，环境污染行为过错和违法性；第二，环境污染行为造成社会公众精神利益的损失。因此，毫无疑问，江苏省高级人民法院认为只有环境污染构成一般侵权，污染企业才承担赔礼道歉的民事责任，而且采用的是"违法""过错"二元论。

2. 对本案的法理分析

本案判决采纳的是"肯定说"中的"生态环境的精神利益说"。本案判决认为，案涉地块环境污染已经破坏了社会公众对于美好环境的期待，甚至导致社会公众对于自身健康产生担忧和焦虑，造成精神损害。

很显然，本案判决中如此认定达到了限制被上诉人赔礼道歉所涉及的环境污染行为范围的目的。"生态环境的精神利益说"认为只有在污染企业构成环境污染侵权时，才承担赔礼道歉的民事责任。如依据《最高人民法院关于审理环境民事公益诉讼案件适用法律若干问题的解释》第18条的规定，被上诉人必须为其所有的污染环境、破坏生态、损害社会公共利益的行为赔礼道歉，即应对"整个历史阶段中全部污染行为"进行赔礼道歉。

然而本案判决独辟蹊径，没有适用上述解释中关于赔礼道歉责任的规定。而是将需要赔礼道歉的行为限制在被上诉人常隆公司于2006年8月至2009年8月期间受到行政处罚的环境违法行为和三被上诉人在案涉地块生产时发生的工业固废填埋行为、搬迁中对工业固废不当处置行为，而排除了其他历史污染行为。更是通过适用了人格权侵权中赔礼道歉责任的构成要件，排除被告企业的生产行为。认定生产行为虽然客观上污染了环境、破坏了生态，但并不是违反法律规定的行为，被告企业不应对合法生产行为承担赔礼道歉责任。

【思考题】

（1）《民法典》和《最高人民法院关于审理环境民事公益诉讼案件适用法律若干问题的解释》中关于赔礼道歉规定的关系如何？一般人格权和环境侵权中的社会公共利益的关系如何？

（2）赔礼道歉的本质是什么？赔礼道歉在环境民事公益诉讼中适用的法理是什么？

第四节 环境民事公益诉讼的原告主体资格

案例七 中国生物多样性保护与绿色发展基金会诉宁夏瑞泰科技股份有限公司环境污染案[1]

【基本案情】

一、事实概要

原告中国生物多样性保护与绿色发展基金会（以下简称绿发会）以被告宁夏瑞泰科技股份有限公司（以下简称瑞泰公司）在生产氯甲酸甲酯、邻苯二胺以及农药的过程中，为节约成本，违规将超标废水直接排入蒸发池，造成腾格里沙漠严重污染为由，向宁夏回族自治区中卫市中级人民法院提起环境民事公益诉讼，请求判令被告停止侵害、消除危险、赔偿损失、修复生态、赔礼道歉等。

二、诉讼过程

宁夏回族自治区中卫市中级人民法院以原告绿发会不属于《中华人民共和国环境保护法》（以下简称《环境保护法》）第58条规定的"专门从事环境保护公益活动"社会组织为由，裁定对绿发会的起诉不予受理。[2]

原告绿发会不服，向宁夏回族自治区高级人民法院提起上诉，但该法院裁定驳回上诉，维持原裁定。[3] 原告绿发会向最高人民法院申请再审。最高人民法院裁定本案由宁夏回族自治区中卫市中级人民法院立案受理。[4] 在宁夏回族自治区中卫市中级人民法院的主持下，原被告之间签署了和解协议。

【主要法律问题】

何种环境公益组织才是环境民事公益诉讼的适格原告？"专门从事环境保护公益活动"如何认定？

【主要法律依据】

《中华人民共和国环境保护法》

第58条 对污染环境、破坏生态，损害社会公共利益的行为，符合下列条件的社

---

[1] 最高人民法院审判委员会讨论通过 2016 年 12 月 28 日发布指导性案例 75 号。
[2] 参见（2015）卫民公立字第 6 号民事裁定书。
[3] 参见（2015）宁民公立终字第 6 号民事裁定书。
[4] 参见（2016）最高法民再 47 号民事裁定书。

会组织可以向人民法院提起诉讼：

（一）依法在设区的市级以上人民政府民政部门登记；

（二）专门从事环境保护公益活动连续五年以上且无违法记录。

符合前款规定的社会组织向人民法院提起诉讼，人民法院应当依法受理。

提起诉讼的社会组织不得通过诉讼牟取经济利益。

《最高人民法院关于审理环境民事公益诉讼案件适用法律若干问题的解释》（2015年版）

第2条 依照法律、法规的规定，在设区的市级以上人民政府民政部门登记的社会团体、民办非企业单位以及基金会等，可以认定为环境保护法第五十八条规定的社会组织。

第3条 设区的市、自治州、盟、地区，不设区的地级市，直辖市的区以上人民政府民政部门，可以认定为环境保护法第五十八条规定的"设区的市级以上人民政府民政部门"。

第4条 社会组织章程确定的宗旨和主要业务范围是维护社会公共利益，且从事环境保护公益活动的，可以认定为环境保护法第五十八条规定的"专门从事环境保护公益活动"。

社会组织提起的诉讼所涉及的社会公共利益，应与其宗旨和业务范围具有关联性。

第5条 社会组织在提起诉讼前五年内未因从事业务活动违反法律、法规的规定受过行政、刑事处罚的，可以认定为环境保护法第五十八条规定的"无违法记录"。

【理论分析】

一、立法分析

1. 《中华人民共和国民事诉讼法》抽象的规定

2012年修正的《中华人民共和国民事诉讼法》（以下简称《民事诉讼法》）第55条规定了法律规定的机关和有关组织可以就环境污染行为向人民法院提起诉讼，但对环境公益诉讼原告主体资格并没有明确予以规定。

2. 《环境保护法》规定的四个条件

2014年修订的《环境保护法》第58条对环境民事公益诉讼的原告资格规定了四个条件：（1）身份合法；（2）宗旨：专门从事环境保护公益活动；（3）存续期限：5年以上；（4）合法存续：无违法记录。

3. 《最高人民法院关于审理环境民事公益诉讼案件适用法律若干问题的解释》（2015年版）的具体规定

《最高人民法院关于审理环境民事公益诉讼案件适用法律若干问题的解释》（2015年版）对环境民事公益诉讼的原告资格进行了详细的规定，主要包括以下几个方面。

（1）类型：在设区的市级以上人民政府民政部门登记的社会团体、民办非企业单位以及基金会等。

（2）登记机关：设区的市，自治州、盟、地区，不设区的地级市，直辖市的区以上人民政府民政部门。

（3）专业性要求：①社会组织章程确定的宗旨和主要业务范围是维护社会公共利益；②专门从事环境保护公益活动；③提起的诉讼所涉及的社会公共利益与其宗旨和业务范围有关联性。

但对于"社会组织章程确定的宗旨和主要业务范围是维护社会公共利益，且从事环境保护公益活动的"可以有两种理解：一是认为只要社会组织章程确定的宗旨和主要业务范围中有维护社会公共利益和专门从事环境保护公益活动即可，其内容是通过从事环保活动来维护公共利益；二是认为既要在章程中明确规定"维护社会公共利益"，又要实际从事环境保护公益活动。[1]

（4）合法性要求：五年内无违法记录。

但对于"环境保护公益活动"的内涵和外延，法律法规和司法解释都没有给出具体的规定。

二、法理分析

为什么要求社会组织"从事环境保护公益活动"呢？因为环境公益诉讼的理论基础是公众的环境权或公共信托理论，详述如下。

1. 公众环境权

1972年《联合国人类环境会议宣言》中指出："人类有权在一种能够过尊严和福利的生活环境中，享有自由、平等和充足的生活条件的基本权利"，这被称为"环境权"。我国《环境影响评价法》中规定了"公众的环境权益"。有学者认为环境民事公益诉讼是基于公众的环境权而产生的诉讼，环境公益组织代表公众提起诉讼来保护公众的环境权。[2]

公众的环境权益乃是一种实体上的利益，而不是程序上的利益，因此环境民事公益诉讼所追求的目的，乃是保护实体利益，而不是保护程序利益；环境民事公益诉讼所要保护的公众环境权益是完整的、不可分割的、为众多民事主体共同享有的公共利益，而不是一般民事主体各自可以分别享有的私法上利益。[3]

2. 公共信托理论

美国于20世纪70年代首次将公共信托理论应用于环境保护领域。公共信托理论认为，人类生产的环境是全人类的共同财产，不允许任何社会组织和个人以任何目的非

---

[1] 巩固. 2015年中国环境民事公益诉讼的实证分析 [J]. 法学, 2016（09）: 27.
[2] 孙海涛, 张志祥. 论我国环境公益诉讼原告主体资格的拓展与抑制 [J]. 河海大学学报（哲学社会科学版）, 2020, 22（04）: 97.
[3] 段厚省. 环境民事公益诉讼基本理论思考 [J]. 中外法学, 2016, 28（04）: 891.

法破坏人类共同拥有的生态环境，影响人类的生存和发展。❶ 因个人能力有限，为了保护生态环境的可持续性，社会公众可以将其委托给国家、政府或其他组织进行管理和保护。❷

三、类案分析

（一）典型案例

（1）湖南省生态保护志愿服务联合会（以下简称湖南志愿联合会）与臧某侵权责任纠纷案。❸

原告湖南志愿联合会以被告臧某购买国家二级保护动物、濒危野生鹦鹉为由，提起环境民事公益诉讼，要求被告赔偿损失、赔礼道歉等。原告湖南志愿联合会是否具有提起环境民事公益诉讼的主体资格是本案的争议焦点之一。

一审判决认为，原告湖南志愿联合会章程确定的宗旨和主要业务范围是维护社会公共利益，且从事环境保护公益活动，依法可以被认定为专门从事环境保护公益活动的社会组织，据此认可了其原告资格。

（2）北京市昌平区多元智能环境研究所与山东绿丰农药有限公司环境污染责任纠纷案。❹

北京市昌平区多元智能环境研究所以被告山东绿丰农药有限公司将生产中产生的危险废物未依法处置，造成土壤污染为由，提起环境民事公益诉讼，要求其停止侵害、消除危险、修复生态、赔礼道歉等。

关于北京市昌平区多元智能环境研究所是否具备环境民事公益诉讼的原告资格，一审判决认定该研究所章程内容和主要业务范围涉及环境污染治理、环保知识推广等公益内容，其提起的本案诉讼所涉及的社会公共利益与其业务范围相关联，在此基础上认可了该研究所的原告资格。

（二）综合分析

由于"环境保护"概念的抽象性和开放性，司法实践中，法院逐案判断，变数颇多。❺ 虽然随着我国对环境保护的重视，以及生态文明建设的大力推进，环境民事公益诉讼的功能和作用日益被社会所认可，但从 2015 年至今，在环境民事公益诉讼中，社会组织的原告资格大都遭到质疑，成为案件的争议焦点之一。法院的判决大致分为下列三类。

1. 严苛的文意解释

某些判决通过要求环境公益组织章程或业务范围中含有"从事环境保护活动"来

---

❶ 李恩补哈莫. 环境民事公益诉讼与私益诉讼的融合 [J]. 法制与社会，2021（17）：71.
❷ 段厚省. 环境民事公益诉讼基本理论思考 [J]. 中外法学，2016，28（04）：889-901.
❸ 参见（2021）湘 0105 民初 3397 号民事判决书。
❹ 参见（2020）鲁 07 民初 1179 号民事判决书。
❺ 巩固. 2015 年中国环境民事公益诉讼的实证分析 [J]. 法学，2016（09）：26.

严格限制环境公益诉讼的提起。

如本案一审裁定和二审裁定。再如在自然之友起诉的江苏废酸倾倒案中，2015年1月15日，泰州市中级人民法院认为自然之友并非专门从事环境保护公益的社会组织，而是从事环境研究的研究机构，依据《民事诉讼法》第55条之规定，裁定不予受理。

2. 有限地扩大解释

有的判决认为环境民事公益诉讼的原告——社会组织的章程或业务范围必须包含环境保护公益内容，并且必须从事环境保护活动，但这个活动可以多种多样，既可以包括环境保护活动，又可以包括环境保护宣传、环境保护方面的研究等。

3. 最大限度的解释

有的判决认为社会组织的章程中有保护社会公共利益的宗旨和业务内容即可，不要求明确载明"保护环境、保护公共利益、从事与环境保护有关的活动"。这就最大限度地认定了环境民事公益诉讼的原告主体资格。

四、对本案的评释

（一）一般论

1. 一审、二审裁定

一审、二审裁定认为，社会组织的章程中或业务范围中必须具备《最高人民法院关于审理环境民事公益诉讼案件适用法律若干问题的解释》（2015年版）第4条规定的"从事环境保护公益活动"这一要件才能提起环境民事公益诉讼。

2. 再审裁定

最高人民法院再审裁定认为，《环境保护法》第58条规定"专门从事环境保护公益活动"的立法目的在于，基于"环境公共利益具有普惠性和共享性，没有特定的法律上直接利害关系人"这一特点，"专门从事环境保护公益活动"要件可以"鼓励、引导和规范社会组织依法提起环境公益诉讼，以充分发挥环境公益诉讼功能"。

对于"专门从事环境保护公益活动"这一要件，最高人民法院认为，依据《最高人民法院关于审理环境民事公益诉讼案件适用法律若干问题的解释》（2015年版）第4条的规定，可从以下三个方面进行判断：（1）社会组织章程确定的宗旨和主要业务范围是维护社会公共利益；（2）社会组织从事环境保护公益活动；（3）社会组织提起的诉讼所涉及的社会公共利益，应与其宗旨和业务范围具有关联性。

（二）对本案的法理分析

1. 一审、二审裁定

一审、二审裁定判定原告绿发会章程中并未载明"从事环境保护公益活动"，且绿发会的登记证书确定的业务范围也没有从事环境保护，故绿发会不能被认定为《环境保护法》第58条规定的"专门从事环境保护公益活动"的社会组织。

一审二审裁定采用严苛的文义解释,认为章程或业务范围中必须载明"从事环境保护公益活动",这大大限制了可以提起环境民事公益诉讼的社会组织的范围。

2. 再审裁定

最高人民法院从原告绿发会章程规定的宗旨和业务范围是否包含维护环境公共利益,是否实际从事环境保护公益活动,以及所维护的环境公共利益是否与其宗旨和业务范围具有关联性三个方面来判断原告是否从事环境保护公益活动。

(1) 关于原告章程规定的宗旨和业务范围是否包含维护环境公共利益的问题。

环境公共利益具有多样性,只要是对环境要素及其生态系统的保护,都是维护环境公共利益。根据我国签署的《生物多样性公约》的规定,生物多样性也是环境公共利益的重要组成部分。因此,原告章程中的"支持生物多样性保护"属于维护环境公共利益。同时,章程中"促进生态文明建设""人与自然和谐""构建人类美好家园"等内容契合绿色发展理念,亦与环境保护密切相关,属于维护环境公共利益的范畴。故应认定绿发会章程规定的宗旨和业务范围包含维护环境公共利益内容。

(2) 关于原告是否实际从事环境保护公益活动的问题。

环境保护公益活动多种多样,既包括直接改善生态环境的行为,还包括有利于完善环境治理体系,提高环境治理能力,促进全社会形成环境保护广泛共识的活动。原告举办环境保护研讨会、组织生态考察、开展环境保护宣传教育、提起环境民事公益诉讼等也属于环境保护活动。

(3) 关于本案与原告宗旨和业务范围的关联性问题。

最高人民法院认为关联性旨在保证社会组织具有相应的诉讼能力,起诉事项与环境公益组织所保护的环境要素或生态系统具有一定的联系即可。原告所提起的公益诉讼所保护的是由沙漠生活群落及其环境相互作用所形成的沙漠生态系统,属于绿发会章程规定的宗旨和业务范围。

综上所述,再审裁定采用了"社会组织章程确定的宗旨和主要业务范围是维护社会公共利益,且从事环境保护公益活动的"的"有意地扩大解释",并进一步将"社会公共利益"限缩解释为环境公共利益,这进一步缩小了可提起环境民事公益诉讼的社会组织的范围。

【思考题】

(1) 为什么要限制环境民事公益诉讼的原告主体资格?

(2) "专门从事环境保护公益活动"如何判断?

第五节　生态环境损害赔偿磋商制度

案例八　河南省濮阳市人民政府诉聊城德丰化工有限公司生态环境损害赔偿诉讼案[1]

【基本案情】

一、事实概要

被告聊城德丰化工有限公司（以下简称德丰公司）是生产三氯乙酰氯的化工企业，副产酸为盐酸。2017年12月至2018年3月，被告德丰公司采取补贴销售的手段将副产酸交给不具有处置资质的徐某华、徐某超等人，再由不具有处置资质的吴某勋、翟某花等人从德丰公司运输酸液共27车，每车装载约13吨，其中21车废酸液直接排放到濮阳县回木沟，致使回木沟及金堤河岳辛庄段严重污染。濮阳县环境保护局委托濮阳天地人环保科技股份有限公司进行应急处置，应急处置费用138.90万元。经评估，确定回木沟和金堤河环境损害价值量化数额为404.74万元，评估费8万元。原告河南省濮阳市人民政府（以下简称濮阳市政府）先后两次召开会议，与被告德丰公司就生态环境损害赔偿进行磋商，都未达成一致意见，遂提起诉讼，请求被告德丰公司赔偿应急处置费用、环境损害价值和评估费用共计551.64万元。

二、一审判决

濮阳市中级人民法院一审认为，被告德丰公司所造成的污染在濮阳市境内，属于濮阳市区域内的污染，不属于跨区域污染，且依据濮阳市政府提供的磋商意见书可以证明双方进行了磋商程序，法院不需要对磋商的实体内容进行审查。一审法院判决原告濮阳市政府是生态损害赔偿磋商权利人，有权启动磋商程序，是本案适格的原告。

三、二审判决

上诉人德丰公司因与被上诉人濮阳市政府环境污染责任纠纷一案，不服濮阳市中级人民法院作出的民事裁定，向河南省高级人民法院提起上诉，最终河南省高级人民法院维持了原判。

【主要法律问题】

本案中的生态环境损害赔偿磋商程序的主体是否合法？

---

[1] 参见（2020）豫09民初9号民事裁定书。

【主要法律依据】

《最高人民法院关于审理生态环境损害案件的若干规定（试行）》（2019 年版）

第 1 条　具有下列情形之一，省级、市地级人民政府及其指定的相关部门、机构，或者受国务院委托使全民所有自然资源资产所有权的部门，因与造成生态环境损害的自然人、法人或者其他组织经磋商未达成一致或者无法进行磋商的，可以作为原告提起生态环境损害赔偿诉讼：

（一）发生较大、重大、特别重大突发环境事件的；

（二）在国家和省级主体功能区规划中划定的重点生态功能区、禁止开发区发生环境污染、生态破坏事件的；

（三）发生其他严重影响生态环境后果的。

第 5 条　原告提起生态环境损害赔偿诉讼，符合民事诉讼法和本规定并提交下列材料的，人民法院应当登记立案：

（一）证明具备提起生态环境损害赔偿诉讼原告资格的材料；

（二）符合本规定第一条规定情形之一的证明材料；

（三）与被告进行磋商但未达成一致或者因客观原因无法与被告进行磋商的说明；

（四）符合法律规定的起诉状，并按照被告人数提出副本。

第 18 条　生态环境损害赔偿诉讼案件的裁判生效后，有权提起民事公益诉讼的机关或者社会组织就同一损害生态环境行为有证据证明存在前案审理时未发现的损害，并提起民事公益诉讼的，人民法院应予受理。

民事公益诉讼案件的裁判生效后，有权提起生态环境损害赔偿诉讼的主体就同一损害生态环境行为有证据证明存在前案审理时未发现的损害，并提起生态环境损害赔偿诉讼的，人民法院应予受理。

《河南省生态环境损害赔偿制度改革实施方案》

第三部分第（三）项　省政府、省辖市政府是本行政区域内生态环境损害权利人。跨省辖市的生态环境损害，由省政府管辖。跨省域的生态环境损害，由省政府协商相关省政府开展生态环境损害工作。

【理论分析】

一、立法分析

1. 关于磋商程序的启动权利人

《最高人民法院关于审理生态环境损害案件的若干规定（试行）》（2019 年版）第 1 条规定了省级、市地级人民政府及其指定的相关部门、机构，或者受国务院委托行使全民所有自然资源资产所有权的部门与造成生态环境损害的自然人、法人或者其他组织经磋商未达成一致或者无法进行磋商的，可以作为原告提起生态环境损害赔偿诉讼。

同时，中共中央办公厅、国务院办公厅印发的《生态环境损害赔偿制度改革方案》以及中共河南省委办公厅、省人民政府办公厅印发的《河南省生态环境损害制度改革实施方案》等均规定"发生较大及以上突发环境事件的""发生其他严重影响生态环境后果的"相关行政区域的人民政府可以作为生态环境损害权利人。《河南省生态环境损害赔偿制度改革实施方案》第 3 条亦明确规定："省政府、省辖市政府是本行政区域内生态环境损害权利人。跨省辖市的生态环境损害，由省政府管辖。跨省域的生态环境损害，由省政府协商相关省政府开展生态环境损害工作。"

2. 磋商小组的组成人员以及磋商时是否必须到场的问题

《河南省生态环境损害赔偿磋商办法》（征求意见稿）第 7 条第三款规定："赔偿义务人同意磋商的，赔偿权利人指定的部门或机构应当在 7 日内牵头成立生态环境损害赔偿磋商小组，确定磋商时间，通知赔偿义务人参加磋商会议。生态环境损害赔偿小组由赔偿权利人指定的部门或机构有关人员、生态环境损害鉴定评估专家、律师以及人民检察院派出人员等组成。其中，专家从河南省生态环境损害鉴定评估专家库中抽取，律师由省、省辖市律师自律性组织推荐。鉴定评估机构有关人员作为第三人参加磋商。"可以看出，磋商小组的组成不必通知赔偿义务人，磋商小组的组成人员包括赔偿权利人指定的人员、生态环境损害鉴定评估专家、律师以及人民检察院派出人员等。关于开展磋商会议时上诉人员是否需要全部到场，法条中并无明确规定。

3. 对磋商主体的审查

《最高人民法院关于审理生态环境损害案件的若干规定（试行）》（2019 年版）第 5 条明确 "与被告进行磋商但未达成一致或者因客观原因无法与被告进行磋商的说明" 作为原告起诉要提交的材料之一，说明原告仅需提交未达成一致或者因客观原因无法磋商的相关材料，即完成了磋商程序的举证责任。关于法院是否需要对原被告磋商的实体内容和磋商程序是否合法进行审查，并无明文规定。在实际的司法案例中，法院对磋商程序的审查仅限于双方是否进行了磋商，并且认定生态环境损害赔偿磋商程序是否合法的关键在于审查赔偿权利人和赔偿义务人是否进行了磋商的事实，对磋商的实体性内容不予审查。

二、法理分析

生态环境损害赔偿磋商的法律性质关系到赔偿权利人和赔偿义务人的主体地位。若认定生态环境损害赔偿磋商为民事行为，则说明赔偿权利人与赔偿义务人属于平等的民事主体；若认定生态环境损害赔偿磋商为行政行为，则说明赔偿权利人与赔偿义务人处于不平等的地位。

在现有的各种规范性文件中并未明确生态环境损害赔偿磋商（磋商）的性质，学术界也存在较多的争论，但在司法实践中，各部门更倾向于将磋商划分到民事私法的范畴。在多个磋商案件中，为了赋予磋商协议强制执行力，赔偿权利人往往会申请司法确认，而该磋商协议在实务中通常被定性为 "调解协议"。

此外，由于我国各相关文件对于磋商行为的性质并无具体规定，结合实务界的相关做法，学术界对于该行为法律性质的认定亦存在较大分歧。目前主流的三个学说分别为：民事行为说、行政行为说和混合行为说。

民事行为说认为，行政机关在与赔偿义务人磋商时放弃了命令式的行政权力，而是作为民事行为中的一方主体与赔偿义务人就受损的生态环境进行平等协商，这是民事行为，属于私法范畴。该学说的理论依据为自然资源国家所有权。在磋商中，赔偿义务人不是被动的行政责任承担者，其所承担的是因造成生态环境破坏而产生的民事责任。在整个磋商过程中，双方始终处于平等地位，因此协议经过司法机关在法律层面确认后才具有法律强制性。❶

行政行为说认为，行政机关的磋商行为其实是行政权力的外延，❷其在整个磋商过程中始终都代表着公共环境利益。认同该学说的学者认为，磋商的整个过程都具有浓厚的公权力色彩，行政机关参与磋商的整个过程中，一直处于绝对主导地位，公权力机关的身份并未受到影响或改变。依据《关于推进生态环境损害赔偿制度改革若干具体问题的意见》的第二部分关于案件线索与第三部分关于索赔的启动规定可知：生态环境损害案件线索的发现及索赔是由赔偿权利人及其指定的部门为主导的。❸可见，磋商双方在磋商过程中的地位不平等，因此磋商行为属于公法范畴。❹

混合行为说认为，公权力的事先介入是磋商的必要环节，比如磋商前进行证据收集以及启动索赔环节是必要的法律调查前置，该种行为混合之处在于兼具公私法的双重特征。❺在磋商过程中，行政机关与赔偿义务人地位平等，可以通过平等的交流方式进行协商沟通，进而确认受损环境赔偿金额以及环境修复计划，旨在共同商讨如何尽快修复受损环境。在磋商前、中、后三阶段中，行政机关的角色并非一成不变，而是随着其所做行为改变。因此，在整个磋商过程中，随着行政机关角色的不断改变，实则出现了两种法律关系：行政法律关系与民事法律关系。

---

❶ 唐绍均，杜霞，蒋云飞. 论生态环境损害赔偿行政磋商协议的性质 [J]. 理论导刊，2019（09）：92-97.

❷ 韩英夫，黄锡生. 生态损害行政协商与司法救济的衔接困境与出路 [J]. 中国地质大学学报（社会科学版），2018，18（01）：30-39.

❸ 《关于推进生态环境损害赔偿制度改革若干具体问题的意见》 二、关于案件线索 赔偿权利人及其指定的部门或机构，根据本地区实施方案规定的职责分工，可以重点通过以下渠道发现案件线索：（一）中央和省级生态环境保护督察发现需要开展生态环境损害赔偿工作的；（二）突发生态环境事件；（三）发生生态环境损害的资源与环境行政处罚案件；（四）涉嫌构成破坏环境资源保护犯罪的案件；（五）在国土空间规划中确定的重点生态功能区、禁止开发区发生的环境污染、生态破坏事件；（六）各项资源与环境专项行动、执法巡查发现的案件线索；（七）信访投诉、举报和媒体曝光涉及的案件线索。赔偿权利人及其指定的部门或机构应当定期组织筛查生态环境损害赔偿案件线索，形成案例数据库，并建立案件办理台账，实行跟踪管理，积极推进生态环境索赔工作。三、关于索赔的启动 赔偿权利人指定的部门或机构，对拟提起索赔的案件线索及时开展调查。经过调查发现符合索赔启动情形的，报本部门或机构负责人同意后，开展索赔。索赔工作情况应当向赔偿权利人报告。对未及时启动索赔的，赔偿权利人应当要求具体开展索赔工作的部门或机构及时启动索赔。

❹ 彭中遥. 生态环境损害赔偿磋商性质定位省思 [J]. 宁夏社会科学，2019（05）：73-80.

❺ 程雨燕. 生态环境损害赔偿磋商制度构想 [J]. 北方法学，2017，11（05）：81-90.

三、类案分析

（一）典型案例[1]

（1）贵州息烽大鹰田 2 企业非法倾倒废渣生态环境损害赔偿案。

2012 年 6 月，开磷化肥公司委托息烽劳务公司承担废石膏渣的清运工作。按要求，污泥渣应被运送至正规磷石膏渣场集中处置。但从 2012 年底开始，息烽劳务公司便将污泥渣运往大鹰田地块内非法倾倒，堆存量约 8 万立方米的堆场。环境保护主管部门在检查时发现上述情况。贵州省环境保护厅委托相关机构进行评估并出具的《环境污染损害评估报告》显示，此次事件前期产生应急处置费用 134.2 万元，后期废渣开挖转运及生态环境修复费用约为 757.42 万元。2017 年 1 月，贵州省人民政府指定贵州省环境保护厅作为代表人，在贵州省律师协会指定律师的主持下，就大鹰田废渣倾倒造成生态环境损害事宜，与息烽劳务公司、开磷化肥公司进行磋商并达成《生态环境损害赔偿协议》。2017 年 1 月 22 日，上述各方向清镇市人民法院申请对该协议进行司法确认。

本案的争议焦点在于贵州省律师协会作为第三方参与磋商是否合法。本案赔偿权利人贵州省人民政府指定贵州省环境保护厅与息烽劳务公司、开磷化肥公司开展磋商，并且提起磋商前进行了损害评估，与案例八不同之处在于，案例八中濮阳市政府作为赔偿权利人直接与德丰公司展开了磋商，而本案赔偿权利人贵州省人民政府并没有与损害人进行磋商，而是指定贵州省环境保护厅与息烽劳务公司、开磷化肥公司展开了磋商。

（2）山东济南章丘区 6 企业非法倾倒危险废物生态环境损害赔偿案。

2015 年 10 月，山东省济南市章丘区普集镇上皋村废弃 3 号煤井发生重大非法倾倒危险废物事件，废酸液和废碱液被先后倾倒入废弃煤井内，混合后产生有毒气体，造成 4 人当场死亡。该事件为重大突发环境事件，造成了土壤及地下水污染。经调查与鉴定评估，该案件涉及 6 家企业非法处置危险废物，对济南市章丘区 3 个街道造成生态环境污染，生态环境损害数额约 2.4 亿元。赔偿权利人指定的部门原山东省环境保护厅与赔偿义务人涉案 6 企业开展了 4 轮磋商。磋商过程中，原山东省环境保护厅与涉案的 4 家企业达成一致，签订了 4 份共计 1357.5 万余元的生态环境损害赔偿协议。其中 3 家企业已实际履行，1 家企业在按照赔偿协议履行了一期 100 万元后反悔，原山东省环境保护厅将其诉至法院，法院判决该企业继续履约。其他 2 家企业对排放污染物的时间、种类、数量不能达成共识，原山东省环境保护厅提起生态环境损害赔偿诉讼。法院判决其中 1 家企业承担 20% 的赔偿责任，另 1 家企业承担 80% 的赔偿责任。

本案的争议焦点为赔偿义务人为多人时，某个主体不履行赔偿协议，是否影响其他主体已经履行过的协议内容的效力。本案与案例八的磋商主体的不同之处在于，赔

---

[1] 以下案例均来自 2020 年生态环境部发布的生态环境损害赔偿磋商十大典型案例。

偿权利人指定原山东省环境保护厅与涉案企业进行磋商，而案例八赔偿权利人濮阳市政府是直接与赔偿义务人展开的磋商。本案涉案 1 企业在履行赔偿协议时反悔，进而案件转为诉讼程序审理，起诉人则是赔偿权利人指定的部门原山东省环境保护厅。

（3）湖南郴州屋场坪锡矿"11·16"尾矿库水毁灾害事件生态环境损害赔偿案。

2015 年 11 月 16 日 23 时许，因受连日强降雨影响，位于郴州市北湖区芙蓉乡屋场坪村的某矿冶有限公司屋场坪锡矿尾矿库排水竖井上部坍塌，尾矿库内积水及部分尾矿经排水涵洞下泄，事件造成杨家河部分河堤被洪水冲塌，沿岸 1377 亩农田菜地、林地和荒地被洪水尾矿淹没，部分居民饮水安全受到影响，下游部分重金属治理工程被冲毁，杨家河和武水河砷浓度超标。郴州市人民政府迅速成立处置工作组，并委托第三方机构开展鉴定评估。处置工作组多次与赔偿义务人涉案企业磋商，就赔偿金分配和修复工作达成一致，赔偿金总额为 1568.7 万元。

本案的争议焦点在于赔偿权利人成立磋商小组是否要通知赔偿义务人。本案与案例八相似之处在于，赔偿权利人都没有指定其他政府机关而是直接与赔偿义务人展开磋商，并且磋商前都自行成立了工作组，委托第三方机构对涉案环境损害开展了鉴定评估。法律并没有规定赔偿权利人成立磋商小组时要告知赔偿义务人，因此本案中磋商小组的成立是合法的。

（二）综合分析

自生态环境损害赔偿制度实施以来，已经取得了阶段性的成效，初步实现了其社会功能，运用生态环境损害赔偿磋商程序成功处理案件的例子有很多，不能一一列举。下面主要选取 13 个具有典型性的案例进行分析，具体见表 1-4。

表 1-4　磋商成功典型性案例

序号	案例名称	实际磋商部门	按磋商主体分类
1	贵州息烽大鹰田 2 企业非法倾倒废渣生态环境损害赔偿案	贵州省环境保护厅	赔偿权利人指定其他政府机关与赔偿义务人展开磋商
2	浙江诸暨某企业大气污染生态环境损害赔偿案	原绍兴市环境保护局	赔偿权利人指定其他政府机关与赔偿义务人展开磋商
3	安徽池州月亮湖某企业水污染生态环境损害赔偿案	池州市生态环境局	赔偿权利人指定其他政府机关与赔偿义务人展开磋商
4	山东济南章丘区 6 企业非法倾倒危险废物生态环境损害赔偿案	原山东省环境保护厅	赔偿权利人指定其他政府机关与赔偿义务人展开磋商
5	江西正鹏环保科技有限公司等非法倾倒污泥生态环境损害赔偿案	九江市人民政府	赔偿权利人直接与赔偿义务人展开磋商
6	浙江绍兴市新昌江水污染案	绍兴市环保局	赔偿权利人指定其他政府机关与赔偿义务人展开磋商

续表

序号	案例名称	实际磋商部门	按磋商主体分类
7	福建厦门汀溪水库饮用水源保护区交通事故导致水污染事故索赔案	厦门市人民政府	赔偿权利人直接与赔偿义务人展开磋商
8	江苏苏州高新区某企业渗排电镀废水生态环境损害赔偿案	苏州国家高新技术产业开发区管理委员会	赔偿权利人直接与赔偿义务人展开磋商
9	湖南郴州屋场坪锡矿"11·16"尾矿库水毁灾害事件生态环境损害赔偿案	郴州市人民政府	赔偿权利人直接与赔偿义务人展开磋商
10	深圳某企业电镀液渗漏生态环境损害赔偿案	深圳市生态环境局	赔偿权利人指定其他政府机关与赔偿义务人展开磋商
11	上海奉贤区张某等5人非法倾倒垃圾生态环境损害赔偿案	原奉贤区环境保护局	赔偿权利人指定其他政府机关与赔偿义务人展开磋商
12	重庆两江新区某企业非法倾倒混凝土泥浆生态环境损害赔偿案	重庆市生态环境局两江新区分局	赔偿权利人指定其他政府机关与赔偿义务人展开磋商
13	天津经开区某企业非法倾倒废切削液和废矿物油生态环境损害赔偿案	原天津经济技术开发区环境保护局	赔偿权利人指定其他政府机关与赔偿义务人展开磋商

上述案例都是经过生态损害赔偿磋商程序的案例,与案例八既有相似之处又有不同之处,下面将进行详细分析。

首先,案例5、案例7、案例8、案例9都是赔偿权利人与赔偿义务人直接展开磋商的案件,其中案例5、案例7磋商未果转为了诉讼程序,赔偿权利人一般是指污染发生地的地方人民政府。其次,案例1、案例2、案例3、案例4、案例6、案例10、案例12、案例13都是赔偿权利人指定其他政府机关与赔偿义务人展开磋商的案件,这8个案例赔偿权利人指定的部门分别为:贵州省环境保护厅、原绍兴市环境保护局、池州市生态环境局、原山东省环境保护厅、绍兴市环保局、深圳市生态环境局、重庆市生态环境局两江新区分局、原天津经济技术开发区环境保护局。可以看出,大部分案例的赔偿权利人,也就是污染损害发生地的人民政府都倾向于选择指定行政区域内的环境保护厅或者环境保护局与赔偿义务人展开磋商。各地方政府工作繁忙,指定环境保护专业部门去处理这些案件更能发挥环保部门的专业性,提高办事效率。

上诉案件中磋商成功的当事人达成赔偿协议后一般都会去法院申请司法确认。当事人司法确认制度是指针对涉及民事权利义务的纠纷,经行政机关、人民调解组织、商事调解组织、行业调解组织或者其他具有调解职能的组织调解达成的具有民事合同性质的协议,在调解组织和调解员签字盖章后,或双方当事人签署之后,如果双方认为有必要,共同到人民法院申请确认其法律效力的制度。[1] 司法确认是针对民事权利义

---

[1] 孙佑海,闫妍. 如何建立生态环境损害赔偿磋商协议的司法确认制度[J]. 环境保护,2018,46(05):31-34.

务纠纷进行的,可见实际司法实践中,对于磋商的性质基本采用的是"民事行为说"。

四、对本案的评释

1. 一般论

首先,在磋商赔偿权利主体的认定方面,本案法院认为认定跨省域污染不仅要考虑河流是否跨省域,更要考虑污染行为是否跨省域,即污染行为实施地和损害结果发生地是否跨省域,最终判定污染发生在濮阳市内,濮阳市政府是其行政区划内生态环境损害权利人,是磋商赔偿的权利主体。

其次,在提起诉讼前磋商主体的举证责任方面,法院认为原告提起生态环境损害诉讼,只要提交与被告进行磋商但未达成一致或者因客观原因无法与被告进行磋商的说明就完成了举证责任,因此判定原告尽到了举证责任。

最后,在磋商小组的组成以及参加情况方面,法院认为磋商小组组成时,并没有法律规定赔偿权利人要向赔偿义务人告知小组组成情况,也没有法律规定磋商小组成员必须全部到场,因此判定赔偿主体所进行的磋商程序是合法的。

2. 本案的法理分析

在本案中,濮阳市中级人民法院以及河南省高级人民法院适用的是"混合行为说",即在不同阶段,磋商赔偿权利人与赔偿义务人的主体地位不同。首先,在磋商启动前,行政机关作为公共利益维护者使用行政手段对环境损害案件进行调查,启动索赔。该阶段中,有检察院派出人员、律师等人员参与行政机关主要使用其行政权力对相关案件进行调查并形成调查报告,若在调查过程中请求鉴定机关、检察院予以协助,则代表其行使了行政权力。因此,这个过程具备公权力色彩。其次,在磋商谈判的过程中,磋商双方只是赔偿权利人与赔偿义务人之间的民事协商,针对受损环境的修复和赔偿等具体问题达成合意。该阶段中,并没有检察院、鉴定机构等其他第三方参与双方的磋商,属于民事行为。而到了磋商后阶段,在磋商协议达成后申请司法确认,而司法确认制度实则为民事调解领域的解纷机制,此时法院参与到其中,作为赔偿协议的确认者,法院进行司法确认属于民事行为。

综上所述,生态环境损害赔偿磋商程序的主体在不同磋商阶段的参与者不同,要在不同阶段进行区别对待。厘清磋商制度不同阶段具体的参与人员,并据此明确行政机关作为赔偿权利人在各阶段与赔偿义务人所形成的法律关系及其角色定位,理顺其权利义务,有利于更好地实现生态修复之目标。

【思考题】

(1) 生态环境损害赔偿磋商程序是不是当事人提起诉讼的前置程序?
(2) 磋商双方当事人的法律地位如何?
(3) 赔偿权利人是否可以指定或者委托第三方机构参与磋商?

第六节　生态环境修复责任方式

案例九　陕西省西安市人民检察院与肖某红、周某工土壤污染责任纠纷环境民事公益诉讼案[1]

【基本案情】

一、事实概要

公益诉讼起诉人陕西省西安市人民检察院（以下简称西安检察院）与被告肖某红、周某工土壤污染责任纠纷环境民事公益诉讼一案中，西安检察院以两被告违法排放电镀废水，造成土壤严重污染，损害了社会公共利益为由，起诉至西安铁路运输中级人民法院，请求法院判令两被告限期修复因其违法排污行为被污染的土壤，恢复原状；如两被告不能修复被污染土壤，则判令两被告承担土壤修复治理费用。

二、一审判决

本案一审终审，西安铁路运输中级人民法院判决被告肖某红于判决生效后十日内赔偿生态环境修复费用3659200元；被告周某工对548880元生态环境修复费用承担连带赔偿责任。

【主要法律问题】

该案的争议焦点是：确定由被告承担恢复原状的责任还是直接判决被告承担生态环境修复费用。该案争议焦点涉及的主要法律问题是生态环境修复责任实现方式的适用顺位问题。

【主要法律依据】

《最高人民法院关于审理环境民事公益诉讼案件适用法律若干问题的解释》

第18条　对污染环境、破坏生态，已经损害社会公共利益或者具有损害社会公共利益重大风险的行为，原告可以请求被告承担停止侵害、排除妨碍、消除危险、修复生态环境、赔偿损失、赔礼道歉等民事责任。

第20条　原告请求修复生态环境的，人民法院可以依法判决被告将生态环境修复到损害发生之前的状态和功能。无法完全修复的，可以准许采用替代性修复方式。

---

[1] 参见（2017）陕71民初3号民事判决书。

人民法院可以在判决被告修复生态环境的同时，确定被告不履行修复义务时应承担的生态环境修复费用；也可以直接判决被告承担生态环境修复费用。

生态环境修复费用包括制定、实施修复方案的费用，修复期间的监测、监管费用，以及修复完成后的验收费用、修复效果后评估费用等。

【理论分析】

一、立法分析

（一）法律规定

在我国法律体系中，有关生态环境修复责任制度的立法最早是《中华人民共和国环境保护法》，相关规定为第5条中的"损害担责原则"❶，以及该法第32条中的国家通过建立和完善修复制度，加强对大气、水、土壤等的保护，❷ 这为生态修复责任提供了顶层设计指南，并指明了方向。《中华人民共和国水污染防治法》第76条规定了政府和有关部门的恢复责任，《中华人民共和国森林法》也有类似规定。《中华人民共和国土壤污染防治法》以专章的形式规定了"风险管控和修复"，这说明立法者逐渐意识到生态修复责任的重要性。《中华人民共和国民法典》第1234条和第1235条为生态修复责任提供了基本的实体法依据。这标志着我国在民事环境保护立法领域中将工作关注重点由经济赔偿转变为生态环境治理，改变了以往把经济赔偿作为环境保护工作重心的局面，极大地推动了我国生态环境保护工作的现代化。❸

（二）司法解释

《最高人民法院关于审理环境民事公益诉讼案件适用法律若干问题的解释》规定，法院可以判决被告承担对破坏的生态环境修复至受损前的状态和功能的法律责任，如果无法修复或者无法完全修复的，可以采取替代性修复方式。《最高人民法院关于审理环境侵权责任纠纷案件适用法律若干问题的解释》以及《最高人民法院关于审理生态环境损害赔偿案件的若干规定（试行）》也作出了相类似的规定。

近年来，为了解决由环境破坏引起的一系列问题，在若干法律文件中已经多次提出了修复生态环境的责任。但是由于法规的含糊性和普遍性，司法实践中通常难以实施。比如，当生态环境损害达到何种程度时才适用生态修复责任的判断标准不明确；当责任人要承担生态环境修复责任时应如何选择适用责任承担方式。这也导致在司法实践中，适用生态环境修复责任的判决非常不明确，可以笼统地概括为：责令相关责任人对其损害的生态环境进行生态修复，而没有明确地判决其将责任履行到什么程度、

---

❶ 《中华人民共和国环境保护法》第5条　环境保护坚持保护优先、预防为主、综合治理、公众参与、损害担责的原则。

❷ 《中华人民共和国环境保护法》第32条　国家加强对大气、水、土壤等的保护，建立和完善相应的调查、监测、评估和修复制度。

❸ 刘士国.民法典"环境污染和生态破坏责任"评析[J].东方法学，2020(04)：198.

什么状态以及如何认定履行完毕；或者直接责令相关责任人支付生态环境修复费用，但是也没有明确支付至哪个账户、后续修复工作由谁来主导进行。

二、法理分析

在环境民事公益诉讼中，需要根据污染情况和污染者的履行能力等因素综合考虑，以确定生态环境修复责任的实现方式，实质上就是在多种实现方式中进行选择，将污染者的生态环境修复责任转变为具体可行的执行措施。而修复责任实现方式的替代性、多样化和适用顺位不明也导致了环境修复责任在司法实践中选择适用的难题。学界目前对于生态环境修复责任实现方式的适用顺位问题主要有以下观点：

履行修复行为优先说。❶ 持此种观点的学者认为应以承担修复行为责任为首选的本位责任。❷ 修复行为本质是在生态环境损害责任实现的方式上尽可能地对义务人施加金钱赔偿以外的责任承担方式，生态环境的自然属性和社会属性都需要通过一种有效的修复方式来实现利益的平衡。❸ 还有学者认为，优先适用履行修复行为的责任方式，既免除了环境修复成本核算等实践难题，又可以避免单一适用经济赔偿责任致使社会产生"花钱了事"的误读。❹ 从目的性角度看，环境修复责任司法适用的目的是对环境损害进行救济，当损害发生后，旨在通过司法裁判和执行的方式对受损的环境予以最大可能的修复，并恢复环境的原有功能，具有非常鲜明的公益性质。而实施修复行为是对受损环境进行救济最直接、最彻底的责任方式。从环境司法的目的出发，环境破坏造成的损害并不是单纯依靠金钱就可以弥补的，而应当以修复、重建的方式恢复环境对人类生活的功能或价值，❺ 环境公益诉讼不能像私益诉讼那样，当事人可以基于个人利益的最大化而选择经济赔偿，修复责任的适用最终应落脚于对受损环境最大可能的恢复和对公众利益最大程度的保护。从修复行为的类型多元化角度出发，依据修复对象的不同，修复行为可分为直接修复和替代修复。❻ 直接修复是指能够直接原地、原体进行修复，使生态环境损害恢复至受损害之前的状态或水平，其侧重于尊重自然规律，旨在恢复被损害的环境要素，重建被损害的环境利益，从而实现环境法益的完整。但囿于直接修复的技术难度过大或所需修复费用过高等现实因素，可以采取替代性修复的方式，替代性修复的具体修复方式主要包括同地区异地点、同功能异种类、同质量异数量等多种生态修复情形，其目的是尽可能使生态环境恢复到受损害之前的状态和

---

❶ 徐本鑫. 民事司法中环境修复责任的选择性适用 [J]. 安徽师范大学学报（人文社会科学版），2019 (05)：7.

❷ 竺效. 民法典为环境公益损害救济提供实体法依据 [EB/OL]. (2020-06-10) [2021-10-04]. https://mp.weixin.qq.com/s/XQGYUlUQDwl8AisIaz8iqw.

❸ 胡桂林. 司法案例视角下的生态环境损害修复方式探究 [J]. 黑龙江生态工程职业学院学报，2020 (01)：5-7.

❹ 徐本鑫. 生态恢复法律责任的设定与实现问题思考——从福建南平生态破坏案说起 [J]. 环境保护，2016 (09)：56-59.

❺ 王枫. 民事救济中恢复原状之辨 [J]. 武汉大学学报（哲学社会科学版），2012 (04)：82-87.

❻ 吴一冉. 生态环境损害赔偿诉讼中修复生态环境责任及其承担 [J]. 法律适用，2019 (02)：34-43.

功能，主要适用于被损害的生态环境确实无法复原的情形。❶ 选择替代性修复方式有利于个案灵活变通，同时也满足生态修复的要求。可见，修复行为的类型多元化也为修复行为的实际履行提供了更大的可能性和可操作性。因此，当生态环境能够修复时，行为责任应在多元化的责任方式中优先适用，即要求侵权人在合理期限内履行修复行为。

支付修复费用优先说。❷ 持此种观点的学者认为，支付生态修复费用既体现了对受损环境的救济，又把行为责任转化为货币责任，方便执行。❸ 也有学者认为，基于环境修复的专业性和长期性，在大多数情况下由责任人直接实施修复行为难以达到相应的修复标准，而支付修复生态环境费用的方式代替实施修复行为，能够及时修复受损环境。❹ 从实效性角度出发，环境修复责任的适用应当是有效的，不能一味追求对违法者的违法行为进行惩罚而忽视环境修复的实效性。一方面，污染者虽然实施了污染环境、破坏生态的行为，对生态环境和社会公共利益都造成了严重损害，但是生态环境修复的复杂性、长期性、技术性和专业性已是普遍共识，鉴于污染者大都自身专业知识匮乏、技术能力水平有限，由污染者自行修复在实际操作中往往存在一定的局限性。因此为了让污染者更好地承担损害生态环境的民事责任，由污染者缴纳生态环境修复费用，不仅能够抵补其对环境造成的损害，也能够保证修复工作及时开展，环境损害可以得到有效的治理和修复。另一方面，在污染者怠于履行修复行为时，督促污染者自行采取修复措施不仅耗时耗力，而且难以保证修复质量，因此通过要求污染者直接提供修复费用，不但可以省去督促污染者履行责任的烦琐环节，方便对污染者进行监管，而且可以为生态环境修复工作的尽快开展提供必要的资金支持，避免因为污染者故意拖沓造成不良环境影响持续扩大，能够更好地实现法律效果、社会效果和生态效果的有机统一。

三、类案分析

（一）典型案例

（1）江苏省常州市人民检察院（以下简称常州检察院）诉许某惠、许某仙环境公益诉讼纠纷案。❺

本案中，被告许某惠、许某仙在常州市武进区遥观镇东方村民委员会东方村租用他人厂房，在无营业执照、无危险废物经营许可证的情况下，擅自从事废树脂桶和废油桶清洗业务，并将清洗废桶过程中产生的废水、废渣违法处置，造成了严重的环境

---

❶ 王小钢. 生态环境修复和替代性修复的概念辨正——基于生态环境恢复的目标 [J]. 南京工业大学学报（社会科学版），2019（01）：35-43.
❷ 吕忠梅，窦海阳. 修复生态环境责任的实证解析 [J]. 法学研究，2017（03）：125-142.
❸ 巩固. 2015年中国环境民事公益诉讼的实证分析 [J]. 法学，2016（09）：16-33.
❹ 张辉. 论环境民事公益诉讼的责任承担方式 [J]. 法学论坛，2014（06）：58-67.
❺ 参见（2015）常环公民初字第1号民事判决书。

污染，两被告的行为已经构成污染环境罪被依法追究刑事责任。但现场留存的废桶、残渣与污水池里的污水、污泥尚未清除，污水池里的污水仍在继续渗透，对土壤和地下水造成了严重污染。公益诉讼起诉人常州检察院以许某惠、许某仙违法处置废水、废渣造成地下水和土壤污染为由，将两人起诉至江苏省常州市中级人民法院，请求法院判令两被告对被污染的土壤依法进行修复。

经审理，法院最终判决两被告在判决生效之日起三十日内，委托有土壤处理资质的单位制定土壤修复方案，提交常州市环境保护局审核通过后，六十日内实施。

本案与所分析案例九相同之处在于，被告都是自然人，且被告实施的违法行为都造成了严重的土壤污染，原告都请求法院判令被告修复被污染的土壤。不同之处在于，该案中虽然两被告未提交生态环境修复方案，两被告的生态环境修复能力也不明确，但法院最终判决两被告委托有土壤处理资质的单位制定土壤修复方案，在方案提交常州市环境保护局审核通过后开始实施。而在所分析案例九中，法院认为两被告未提出生态修复方案，无自行修复的能力，最终直接判决两被告承担生态环境修复费用。

（2）郑州市人民检察院与被告刘某民环境污染公益诉讼案。❶

本案中，被告刘某民在未取得《危险化学品经营许可证》《危险化学品安全使用许可证》的情况下，违法生产、经营危化品，且未建立任何专门储存场所和保护、隔离设施，导致有毒有害液体通过渗漏、泄漏进入地表，造成涉案土地的土壤环境受到污染损害。公益诉讼起诉人郑州市人民检察院以违法生产、经营危险化学品，造成饮用水源保护区的土壤污染，已经严重侵害了公共利益为由，将被告起诉至郑州市中级人民法院，请求判令被告将被污染土壤恢复至基线水平，或给付被污染土壤的治理、修复费用。

经审理，法院判决被告刘某民赔偿土壤修复费用1193500元，该款项用于涉案场地土壤环境损害的修复。

本案与所分析案例九相似之处在于，法院都认为被告个人能力有限，所以直接判决被告承担修复费用。不同之处在于，本案中被污染的土壤位于饮用水源二级保护区，为了保证被污染土壤能够尽快得到修复，修复工作由政府主导来完成，被告负责承担相应费用；在所分析案例九中，法院并没有明确具体进行修复土壤工作的主体。

（3）铜仁市铜鑫汞业有限公司（以下简称铜鑫公司）、内蒙古伊东集团东兴化工有限责任公司（以下简称东兴公司）环境污染责任纠纷案。❷

本案中，被告铜鑫公司与伊东公司签订合同，约定被告铜鑫公司作为危险废物的产生单位，委托被告东兴公司进行危险废物的处置。被告东兴公司在运输危险货物途中，行至洛宁县时将危险废物倾倒至碧水源公司院内。在倾倒、存放过程中，部分废

---

❶ 参见（2018）豫01民初4131号民事判决书。
❷ 参见（2017）豫民终232号民事判决书。

物包装破损，危险废物散落在地，现场未采取防护措施。原告河南省企业社会责任促进中心以倾倒事件给当地的土壤等生态环境造成严重威胁为由诉至法院，请求判令被告将受损环境恢复原状。

经审理，法院判决被告铜鑫公司在判决生效后三个月内将损害区域恢复原状，消除影响；对受污染土壤采用客土法修复方式完成，即将污染土壤铲除后，从周边区域取未污染土壤进行回填。

本案与所分析案例九相似之处在于，被告的行为都造成了环境污染和生态破坏的结果，且二者之间存在因果关系，应该承担修复生态环境的法律责任。不同之处在于，本案中法院判决被告先履行修复受污染土壤的义务，如不履行修复义务，再承担环境修复费用；而在所分析案例九中，法院并没有判决两被告先修复受污染土壤，而是直接判决两被告承担环境修复费用。

（4）铜仁市人民检察院（以下简称铜仁检察院）诉贵州玉屏湘盛化工有限公司（以下简称湘盛公司）等土壤污染责任纠纷案。[1]

本案中，被告湘盛公司在未取得处置危险废物资质的情况下，非法处置危险废物，并将生产过程中产生的废水直接向外排放，导致厂区排污口周围土壤受到污染。环保部门多次对其进行查处，但被告仍未进行有效整改，也未对其违法行为造成的环境污染进行有效修复，社会公共利益仍然处于持续受损状态，公益诉讼起诉人铜仁检察院以被告非法处置危险废物，违法排放生产废水，造成土壤环境严重污染为由诉至法院，请求法院判令被告及时修复被污染的土壤。

经审理，法院判决被告聘请有技术资质的第三方对涉案土壤进行修复。逾期应向铜仁市人民政府专项账户支付修复费用230万元，用以聘请第三方进行修复。

本案与所分析案例九相似之处在于，法院都认为土壤修复难度大、周期长，并没有判决被告直接对受污染土壤进行修复。不同之处在于，本案中法院虽没有判决被告对受污染土壤直接进行修复，但是判决被告聘请第三方修复，修复费用作为备选的替代责任；而在所分析案例九中，法院没有考虑第三方修复，而是直接判决被告承担修复费用。

（二）综合分析

司法实践中，选择合理的修复方式是落实修复责任的前提。《最高人民法院关于审理环境民事公益诉讼案件适用法律若干问题的解释》中对具体的修复方式以及各修复方式之间的适用顺位都没有明确的规定。在中国裁判文书网上，共筛选出92份环境民事公益诉讼裁判文书作为分析样本，通过分析发现法院的判决中生态修复责任的适用

---

[1] 参见（2016）黔03民初520号民事判决书。

方式也不明确，多以"进行生态修复"❶"支付修复费用"❷或"恢复原状"❸的形式出现，存在"以承担生态修复费用为主，以履行修复行为为辅"的情形，具体统计数据见表1-5。此外部分案件具体的生态修复方式也不明确，只规定了责任人须在几个月或多少日内进行修复，❹ 这种模糊的判决方式不利于生态修复责任的实际履行。

表1-5 生态环境修复责任实现方式统计表

责任实现方式	履行修复行为		支付修复费用	总计
	直接修复	替代性修复		
数量（件）	10	15	67	92

上述共选取了5个案例进行详细分析，且都是土壤污染责任纠纷案件。其中西安检察院与肖某红、周某工土壤污染责任纠纷环境民事公益诉讼案，常州检察院诉许某惠、许某仙环境公益诉讼纠纷案和郑州市人民检察院与被告刘某民环境污染公益诉讼案，被告都是自然人；铜鑫公司、东兴公司环境污染责任纠纷案和铜仁检察院诉湘盛公司等土壤污染责任纠纷案，被告都是法人。但是即使被告类型一致、案由一致，不同法院在实际判决中却不尽相同。

在西安检察院与肖某红、周某工土壤污染责任纠纷环境民事公益诉讼案中，两被告违法排放电镀废水，造成土壤严重污染，需要承担修复责任。在确定两被告修复责任的实现方式时，法院采用的是"支付修复费用优先说"，认为虽然专家出具意见确认涉案被污染土壤可以修复到《土壤环境质量标准》二级标准要求，但是土壤修复周期长、成本高、难度大，且两被告无自行修复生态环境的能力，亦未能提出修复方案，为确保生态环境损害尽快得到修复，所以直接判决两被告承担生态环境修复费用。

在常州检察院诉许某惠、许某仙环境公益诉讼纠纷案中，法院在审理时认为，两被告长期实施的违法排污行为对地下水和周边环境造成了严重污染，且两被告的行为与环境损害后果之间具有因果关系，应当依法承担相应的民事责任。本案中法院在确定被告承担修复责任的方式时，采用的是"履行修复行为优先说"，认为虽然两被告需要对被污染的土壤依法进行修复，但是考虑到土壤修复难度大、周期长、专业化程度高，所以判决两被告委托有土壤处理资质的单位制定土壤修复方案，在提交常州市环

---

❶ 如重庆市人民检察院第二分院与谭某祥侵权责任纠纷案中，法院判决被告自行按照《恢复方案》就地进行生态修复。参见（2019）渝02民初3614号民事判决书。

❷ 如中华环保联合会与阳城县富宁化工有限责任公司环境污染责任纠纷案中，法院判决被告支付环境修复费用855000元。参见（2017）晋05民初35号民事判决书。

❸ 如贵州省毕节市人民检察院诉大方绿塘煤矿有限责任公司环境污染责任纠纷案中，法院判决被告委托具有专业资质的第三方机构着手实施对大方岔河水库下游河流水体和底泥造成的污染恢复原状。参见（2020）黔05民初148号民事判决书。

❹ 如福建省三明市人民检察院诉苏某和等环境污染责任纠纷案中，法院判决被告在判决生效之日起六个月内对受污染环境进行修复。参见（2016）闽04民初124号民事判决书。

境保护局审核通过后实施。法院在选择以履行修复行为作为承担生态环境修复责任方式的基础上，同时也兼顾了两被告的修复行为能力，在满足受损环境利益恢复的同时，也充分考虑了当事人的实际情况。

在郑州市人民检察院与被告刘某民环境污染公益诉讼案中，法院认为被告刘某民未获得相关行政许可，生产、经营过程中也未采取必要的防护措施，导致危险化学品液体泄漏，对涉案场地的土壤造成污染。对此，被告应当承担相应的侵权责任。本案中，在确认被告的责任形式时，法院采用的是"支付修复费用优先说"，认为被告并未提供证据证明其已经采取了土壤修复工作的措施，也未能证明其具有将被污染土壤恢复至基线水平的能力，考虑到被告个人能力有限，同时鉴于被污染的土壤位于饮用水源二级保护区，为了保证被污染土壤能够尽快得到修复，所以判决被告承担生态环境修复费用。

通过对上述三个自然人土壤污染责任纠纷案进行分析梳理，其中只有一个案例法院最终判决被告履行生态环境修复行为，但也不是由被告直接履行。实践中，法院通常考虑到行为人修复能力有限以及土壤污染修复难度大的问题，而直接适用支付生态环境修复费用的责任方式。但是承担生态修复费用看似简单，实则涉及制定、实施修复方案的费用，修复期间的监测、监管费用，以及修复完成后验收修复结果的费用、评估生态修复成果的费用等各种复杂的问题。而且责任人承担生态修复费用后，如果还需要行政机关进行生态环境修复，无疑增加了隐形的行政成本支出。

在铜鑫公司、东兴公司环境污染责任纠纷案中，法院认为被告非法处置危险废物，造成了环境污染和生态破坏的结果，且二者之间存在因果关系，应该承担修复生态环境的法律责任。本案中法院在确定被告承担修复责任的方式时，采用的是"履行修复行为优先说"，认为涉案土壤具有修复的可能性，所以判决被告对受污染土壤自行修复，在规定期限内不履行的，支付环境修复费用。这样不仅能够对环境公益进行最直接的救济，而且可以使行为人认识到环境破坏造成的损害并不是仅靠金钱就可以填补的，从而达到环境保护宣传教育的作用。

在铜仁检察院诉湘盛公司等土壤污染责任纠纷案中，法院认为被告违法排放生产废水，造成土壤环境严重污染，应当承担修复责任。本案中，在确认被告的责任形式时，法院采用的是"履行修复行为优先说"，认为受损土壤有必要进行修复，但是考虑到土壤修复周期长、成本高、难度大，所以判决被告聘请专业机构开展修复土壤工作。本案中，法院并没有判决被告直接进行土壤修复，而是考虑到受污染土壤的修复难度，选择了聘请专业机构进行修复，既能够保障生态修复工作的开展，也兼顾了环境修复责任实现的可能性。

通过对上述两个法人土壤污染责任纠纷案进行总结梳理，法院都选择了履行修复行为的责任方式，但其中一个案例，法院考虑到由被告直接修复难度太大，所以选择了由被告委托第三方修复机构进行修复的方式。选择适用履行修复行为的责任实现方式，不仅有利于完成修复生态环境，达到维护环境公共利益的目的，还符合环境司法

四、对本案的评释

（一）一般论

针对生态环境修复责任实现方式的适用顺位问题，本案法院认为虽然受损土壤有修复可能性，但是被告没有提供修复方案，也没有证明自己有修复能力。因此，法院直接采取了"支付修复费用优先说"，判决责任人承担生态环境修复费用。

（二）对本案的法理分析

本案中，法院在认为被污染土壤修复难度大以及被告修复能力有限的情况下，直接判决被告承担生态环境修复费用。虽然看似是为了让受损环境能够尽快得到修复，但是法院在判决书中并没有明确修复费用到底支付至哪一账户，后续修复工作到底由谁来主导进行，这种模糊的判决方式实际上并不利于生态环境的修复。

面对环境保护的舆论压力和环境司法的快速发展，如何合理地适用环境修复责任，是理论研究和司法实践都亟待解决的问题。在司法实践中，应坚持"以生态修复行为为主，以承担生态修复费用为辅"的基本原则，在条件允许的情况下，让责任人承担生态修复行为责任，既有利于及时修复受损的生态环境，维护环境公共利益，也符合生态系统的运行规律。

【思考题】

（1）生态环境修复费用责任如何适用才能更有利于修复生态环境？
（2）生态环境修复行为优先适用的意义是什么？

第七节 诉讼时效

案例十 北京市朝阳区自然之友环境研究所、中国生物多样性保护与绿色发展基金会与江苏常隆化工有限公司、常州市常宇化工有限公司、江苏华达化工集团有限公司环境污染责任纠纷案

【基本案情】

一、事实概要

见案件六。

二、一审判决[1]

江苏省常州市中级人民法院认为，案涉地块环境污染损害修复工作已由常州市新北区政府依法组织开展，环境污染风险已得到有效控制，后续的环境污染监测、环境修复工作仍然正在实施，在这种情况下，两原告北京市朝阳区自然之友环境研究所（以下简称自然之友研究所）、中国生物多样性保护与绿色发展基金会（以下简称绿发会）提起本案公益诉讼维护社会环境公共利益的诉讼目的已在逐步实现。因此，法院驳回了原告自然之友研究所、绿发会的诉讼请求。

三、二审判决[2]

原告自然之友研究所与绿发会上诉至江苏省高级人民法院。江苏省高级人民法院认为案件起诉未超过诉讼时效。《中华人民共和国环境保护法》（以下简称《环境保护法》）第66条规定，提起环境损害赔偿诉讼的时效期间为三年，从当事人知道或者应当知道其受到损害时起计算。被告常隆公司、常宇公司、华达公司认为，在2011年5月相关环境调查技术报告形成之日，原告自然之友研究所、绿发会即应当知晓案涉地块环境损害的事实，但未提供证据证明该信息已经通过适当方式向社会公众公开并为社会公众所知悉。本案环境污染问题系修复过程中的异味对周边敏感人群产生影响，2016年初经媒体报道后而为社会公众所知。因此，原告自然之友研究所、绿发会于2016年5月提起本案诉讼，并未超过三年的诉讼时效。而且案涉地块环境污染一直处于持续状态，《最高人民法院关于审理环境侵权责任纠纷案件适用法律若干问题的解释》（2015年版）第17条规定："被侵权人提起诉讼，请求污染者停止侵害、排除妨碍、消除危险的，不受环境保护法第六十六条规定的时效期间的限制"。因此，被告常隆公司、常宇公司、华达公司主张本案已超过诉讼时效期间的观点不能成立。

江苏省高级人民法院终审判决撤销一审判决。

【主要法律问题】

原告自然之友研究所、绿发会提起本案诉讼时是否超过诉讼时效。

【主要法律依据】

《中华人民共和国民法典》

第188条　向人民法院请求保护民事权利的诉讼时效期间为三年。法律另有规定的，依照其规定。

诉讼时效期间自权利人知道或者应当知道权利受到损害以及义务人之日起计算。法律另有规定的，依照其规定。但是，自权利受到损害之日起超过二十年的，人民法院不予保护，有特殊情况的，人民法院可以根据权利人的申请决定延长。

---

[1] 参见（2016）苏04民初214号民事判决书。
[2] 参见（2017）苏民终232号民事判决书。

第 192 条　诉讼时效期间届满的，义务人可以提出不履行义务的抗辩。

诉讼时效期间届满后，义务人同意履行的，不得以诉讼时效期间届满为由抗辩；义务人已经自愿履行的，不得请求返还。

第 193 条　人民法院不得主动适用诉讼时效的规定。

第 196 条　下列请求权不适用诉讼时效的规定：（一）请求停止侵害、排除妨碍、消除危险；……

《中华人民共和国环境保护法》

第 66 条　提起环境损害赔偿诉讼的时效期间为三年，从当事人知道或者应当知道其受到损害时起计算。

《最高人民法院关于审理环境侵权责任纠纷案件适用法律若干问题的解释》（2015 年版）

第 17 条　被侵权人提起诉讼，请求污染者停止侵害、排除妨碍、消除危险的，不受环境保护法第六十六条规定的时效期间的限制。

【理论分析】

一、立法分析

（一）民法中的诉讼时效

我国《民法典》第 188 条、第 192 条、第 193 条和第 196 条是关于诉讼时效的规定。一般民事诉讼时效期间为三年，起算点为权利人知道或者应当知道权利受到损害以及义务人之日起，但最长不超过二十年。第 188 条中出现了"保护民事权利"这一术语，而民事权利是私主体之权利，由此不难看出该条款也是规定民事私益诉讼时效的条款。[1] 另外第 196 条规定，请求停止侵害、排除妨碍、消除危险的，不适用诉讼时效的规定。

（二）环境法中的诉讼时效

《环境保护法》第 66 条规定了环境损害赔偿受三年诉讼时效期间的限制，起算点为当事人知道或者应当知道其受到损害时。该条规定出现了"当事人"和"其"的用语，表明该条中所谓的"环境损害"属于私益损害。故此，本条是关于环境民事私益诉讼时效的规定。[2]

二、法理分析

（一）环境民事公益诉讼的诉讼时效起算标准分析

关于环境民事公益诉讼中诉讼时效的起算，各地法院认定标准不统一。学界关于环境民事公益诉讼时效起算时间的主要观点有"知道说"和"行为说"两种学说。

---

[1] 李庆保. 论环境公益诉讼的起诉期限 [J]. 中国政法大学学报，2020（02）：29-38+206.
[2] 李庆保. 论环境公益诉讼的起诉期限 [J]. 中国政法大学学报，2020（02）：29-38+206.

1. "知道说"

以"知道或者应当知道"的时间点作为诉讼时效的起算点是相对常见的立法惯例，然而在具体法律规范中仍存在内容上的差异。《环境保护法》规定的期间起始于"知道或者应当知道其受到损害时"，而《民法典》第 188 条则将"知道义务人"纳入刚性条件之一，即"权利人知道或者应当知道权利受到损害以及义务人之日起计算"。这种方法实为不妥。除"知道"固有的主观性难以判定之外，尚有多重客观上的障碍。我国环境污染现象存在主体多元和行为交叉的特质，常表现为多因一果的损害样式，尤其是在大气、河流、地下水等公共领域，重叠复合型污染更是常态。在部分环境要素（如矿产资源、林地等）产权确定的基础上，加害主体明确，不存在辨识和证明的事实阻碍，在此之外，欲确认损害事实和义务人远非易事。生态环境损害的复杂程度不同于传统侵权损害。在一般侵权纠纷中，因受害者己身的亲历性，对于侵害行为发生路线一目了然。而环境污染事件通常为多种原因合力作用的结果，加上观察距离、认知能力、信息渠道等方面存在较大束缚和限制，对于环保组织而言，准确分辨行为主体和各自责任几乎不可能。

此外，环境民事公益诉讼的适格主体具有多类，究竟以"谁"（利害关系人、环保机关、检察院和环保组织）为"知道或者应当知道"的判断标准尚需要另外一番论证。实际上，"知道"环境污染事实存在多种路径：(1) 污染源附近群众；(2) 检察执法；(3) 环保整治；(4) 政府开发；(5) 媒体报道；(6) 环保组织调查。不同的起诉主体获知信息的方式和发现损害的时间难以保持完全同步，必然会因此导致确定时效起算点的不便。在环境民事公益诉讼中，如果继续沿用主观标准——"知道损害以及义务人"难免会增加问题的复杂程度。❶

综合而言，《民法典》和《环境保护法》以"知道或者应当知道"的时间点为时效起算点的私权逻辑并非完全适合环境民事公益诉讼。

2. "行为说"

"行为说"是指以行为存在的时间为诉讼时效的起算点。"行为说"可以继续划分为"行为发生说"和"行为终止说"两种情形。行为发生说即以破坏或污染生态环境的行为发生之日为诉讼时效的起算点。行为终止说即以破坏或污染生态环境的行为结束之时为诉讼时效的起算点。这两种观点均在一定程度上保证了起算的客观性，但不足之处同样显著。

依据《中华人民共和国民事诉讼法》（2017 年版）第 119 条❷关于起诉条件的规

---

❶ 李树训，冷罗生. 论环境民事公益诉讼的诉讼时效 [J]. 中国地质大学学报（社会科学版），2019，19(04)：19-29.

❷《中华人民共和国民事诉讼法》（2017 年版）第 119 条　起诉必须符合下列条件：（一）原告是与本案有直接利害关系的公民、法人和其他组织；（二）有明确的被告；（三）有具体的诉讼请求和事实、理由；（四）属于人民法院受理民事诉讼的范围和受诉人民法院管辖。

定,即使环境民事公益诉讼也须符合"有明确的被告"的要求。环境污染案件,不似普通的侵权诉讼,被告相对容易确定,若权利人疏于及时起诉,则要承担不利责任。如果在环境民事公益诉讼案件中沿用"行为"标准,会间接强制权利人(环保组织等)承担监察环境质量的义务,如不时刻"盯紧",就不能了解"污染环境或者破坏生态的行为是否已经开始或终了",任凭时间流逝直至"过期",同时也为行为人增加了逃避赔偿责任的可能。与之相对,如果损害人因超过诉讼时效而不再承担司法责任,其留下的"烂摊子"如何收拾,被污染的环境或者被破坏的生态由谁去负责改善,这也是非常麻烦的事。此外,这与环境民事公益诉讼的宗旨、理念是相悖的,也不利于生态环境的保护与修复。是否可因其疏忽而归责于环保组织,如此,显然违背权利自由的本质。❶

目前,虽法律没有明确的规定,但环境民事公益诉讼实践中,法院多以"知道说"判断是否超过诉讼时效。

(二) 环境民事公益诉讼的诉讼时效期间分析

《环境保护法》规定环境损害赔偿受三年诉讼时效期间的限制,但在众多的侵权责任承担方式中仅有"赔偿损失"一项受到了三年诉讼时效的限制。也就是说,如果被侵权人要求污染者承担除"赔偿损失"以外的其他侵权责任则不必受三年诉讼时效的限制。并且此规定是针对私益诉讼的,环境民事公益诉讼能否适用尚需考虑。

关于环境民事公益诉讼中诉讼时效的期间,学界也有不同的观点,主要包括"取消说(完全不受限制说)""弹性时效说""延长说""延长时效或不受限制均可说"四种观点。

1. "取消说(完全不受限制说)"

该观点依据《中华人民共和国民法通则》(已废止)的有关司法解释❷的规定,认为根据该司法解释出于保护国家利益所需而不受诉讼时效限制的精神,同样作为保护环境公益的环境公益诉讼也不应受诉讼时效限制,使侵害环境公益的违法行为在任何时候均能受到法律追究。❸ 可见,该学说主张环境公益诉讼完全不受时效限制或取消时效限制,在环境民事公益诉讼中不用考虑诉讼时效问题。对于环境公益诉讼而言,即使《中华人民共和国民法总则》(已失效)所规定的二十年最长诉讼时效期间也可能远远不够。例如震惊世界的日本富士山骨痛病事件,附近的众多公民几十年后才被确诊,如果适用目前我国立法关于民事环境侵权的诉讼时效期间和侵权行为起算点的规定,权利人将无法得到法律的保护与救济。❹ 社会公共的环境权益具有连带性,每个人

---

❶ 李树训,冷罗生. 论环境民事公益诉讼的诉讼时效 [J]. 中国地质大学学报(社会科学版),2019,19(04):19-29.
❷ 《最高人民法院关于贯彻执行〈中华人民共和国民法通则〉若干问题的意见(试行)》(已失效)第170条.
❸ 李艳芳,李斌. 论我国环境民事公益诉讼制度的构建与创新 [J]. 法学家,2006(05):101-109.
❹ 王刘怡新. 环境公益诉讼新探 [J]. 经济师,2018(01):91-93.

都可以共享,所以不应该受到诉讼时效限制。❶

2."弹性时效说"

该学说也认为,为了保护环境公益,环境公益诉讼不应当有诉讼时效的限制,但是主张实行由审判者依据实际情况来判定的弹性时效制度。❷ 显然,与完全不受限制或取消说有所不同,该学说只是主张环境公益诉讼不受确定的诉讼时效限制,在实践中根据案件情况实行弹性时效制度。

3."延长说"

该学说认为,现行三年的诉讼时效期限对于环境民事公益诉讼而言过短,主张应予以延长。❸ 根据主张延长期限长度的差别,该学说又可以分为五年❹、十年❺、十到三十年❻时效说等。可见该学说认为,环境公益诉讼应该有一个比现行诉讼时效更长的确定期限。

4."延长时效或不受限制均可说"

该学说认为,当前关于私益诉讼时效期限的规定不适合公益诉讼,法律不宜规定严格的公益诉讼时效期限,主张法律要么规定在损害结果发生后的五年或十年里或者损害结果消失前任何时间都可以提起公益诉讼,要么规定公益诉讼不受诉讼时效限制。❼ 显然,该学说主张要么环境民事公益诉讼不受时效限制,要么在时效起算点上往后推迟并对时效期限加以延长。

其中,"取消说(完全不受限制说)"被多数学者认可。

三、类案分析

(一)典型案例

(1)公益诉讼起诉人江苏省无锡市人民检察院与被告江阴市海隆汽车销售服务有限公司(以下简称海隆公司)环境民事公益诉讼案。❽

在本案中,被告海隆公司将该公司维修车间汽车保养环节产生的废机油用作烤漆房的燃料进行焚烧,焚烧废机油过程中产生的废气直接通过管道排放至外环境,造成了环境污染,损害了社会公共利益。公益诉讼起诉人江苏省无锡市人民检察院以此为由起诉,请求无锡市中级人民法院判令海隆公司承担环境侵权的法律责任。

---

❶ 周鑫. 我国环境公益诉讼法律问题探析[J]. 法制博览, 2019 (12): 268.
❷ 郑莉. 环境司法中的公众参与法律问题探析[J]. 生态经济, 2013 (12): 187-191.
❸ 王灿发. 环境损害赔偿立法框架和内容的思考[J]. 法学论坛, 2005 (05): 32-36.
❹ 陈文华. 我国检察机关提起民事公益诉讼的实务评析与程序设计[J]. 法学杂志, 2010, 31 (12): 110-113.
❺ 齐喜三. 检察机关提起公益诉讼若干问题研究[J]. 甘肃行政学院学报, 2004 (04): 77-79.
❻ 梅宏. 由新《民事诉讼法》第55条反思检察机关公益诉讼的法律保障[J]. 中国海洋大学学报(社会科学版), 2013 (02): 72-78.
❼ 邓思清. 公益诉讼制度的程序构想[J]. 当代法学, 2008 (02): 88-93.
❽ 参见(2019)苏02民初281号民事判决书。

本案的争论焦点之一是本案起诉是否已超过诉讼时效。无锡市中级人民法院认为，损害赔偿请求权的诉讼时效期间从权利人知道或应当知道侵权行为发生之日起计算。环境污染侵权行为具有持续性、连续性的，诉讼时效从侵权行为实施终了之日起重新起算。本案中，被告在 2014 年 7 月至 2016 年 2 月期间，持续不间断地焚烧废机油，故对其侵权行为提起诉讼寻求公权力保护的诉讼时效应从侵权行为即焚烧废机油实施终了之日起算。无锡市中级人民法院认为，针对海隆公司的环境污染行为，江阴市环保局于 2016 年 9 月 18 日依法作出行政处罚，无锡市人民检察院最早于该日知晓海隆公司的侵权行为。故本案诉讼时效最早应从 2016 年 9 月 18 日起算，至 2019 年 6 月无锡市人民检察院起诉之时，未超出三年的诉讼时效。故无锡市中级人民法院依照《中华人民共和国侵权责任法》（已废止）第 65 条之规定，判决海隆公司承担侵权赔偿责任。

本案与所分析案例十相同之处在于，至案发时环境污染损害后果均存在，但侵权行为已经结束；不同之处在于，本案法院以环保局作出行政处罚之日为诉讼时效起算点，而所分析案例十法院以媒体报道之日起算诉讼时效。

（2）公益诉讼起诉人广西壮族自治区玉林市人民检察院与被告衢州迅通物流有限公司（以下简称迅通公司）、中国平安财产保险股份有限公司衢州中心支公司（以下简称衢州支公司）环境污染公益诉讼案。❶

在本案中，被告迅通公司、衢州支公司单位所属司机驾驶重型罐式半挂车发生侧翻，车上的氢氟酸发生泄漏，大部分流入农田。另由于事发地突降暴雨，部分氢氟酸随雨水流入附近农田排水沟，造成周边农田、植被和排水沟等严重污染。广西壮族自治区玉林市人民检察院以此为由起诉至玉林市中级人民法院，请求法院判令被告迅通公司、衢州支公司赔偿生态环境损害修复费用。

本案的争议焦点之一是本案是否已过法定诉讼时效。玉林市中级人民法院认为原告请求被告支付因被告迅通公司、衢州支公司未对受污染的环境进行修复而产生的修复费用，本质上仍属于消除危险的范畴，且对事发区域环境的污染持续存在，故根据司法解释的规定，本案不受三年诉讼时效期间的限制。本案系损害不特定社会公众利益的环境污染公益诉讼。2017 年修正后的《民事诉讼法》规定，自 2017 年 7 月 1 日起，人民检察院在履行职责中发现破坏生态环境，损害社会公共利益的行为，可以向人民法院提起诉讼。因此，本案起诉人玉林市检察院自 2017 年 7 月 1 日起才有权提起环境公益诉讼。即使本案存在三年诉讼时效期间，本案诉讼时效亦应从 2017 年 7 月 1 日起计算，至玉林市中级人民法院受理之日 2019 年 8 月 15 日，并未超过三年的诉讼时效期间。

本案与所分析案例十的不同之处在于，一方面，本案法院将环境修复费用归为消除危险的范畴，认为不受三年诉讼时效期间的限制；另一方面，本案法院认为诉讼时效应从检察院有权起诉之日起算。

---

❶ 参见（2019）桂 09 民初 90 号民事判决书。

（3）公益诉讼起诉人广东省汕头市人民检察院与被告汕头市金平区升平杏花屠宰场（以下简称杏花屠宰场）、陈某新环境污染责任纠纷公益诉讼案。❶

在本案中，被告杏花屠宰场没有办理环评等相关手续，没有配备污染防治设施，其屠宰及饲养过程中产生的废水，直接向外排放于城市地下下水道，流入梅溪河。汕头市人民检察院以此为由起诉杏花屠宰场、陈某新至广东省潮州市中级人民法院，请求判令被告杏花屠宰场、陈某新赔偿环境污染损失，停止侵权行为。

本案的争议焦点之一是起诉是否超过诉讼时效期间。潮州市中级人民法院认为，针对停止侵害的诉讼请求应坚持"有侵害就有救济"的自然法原则，不受诉讼时效期间的限制。此外，直至本案诉讼发生之时，被告杏花屠宰场仍处于持续经营状态，屠宰过程中产生的废水继续对外排放，对环境造成的侵害仍是不断持续的，也没有停止的迹象。当侵权行为持续存在时，如果简单机械适用"知道或者应当知道权利被侵害时起"的诉讼时效计算规则，将不利于制止侵权行为。法院认为，环境污染行为有其特殊性。即使排污行为已经结束，对环境造成的损害仍然可能持续较长时间，甚至可能损害结果在排污行为结束一段时间后才能显现出来。汕头市人民检察院直至2017年12月委托专家作出咨询意见之时，方明确被告杏花屠宰场对环境造成的具体损害，至此才"知道权利被侵害"。因此本案未超过诉讼时效。

本案与所分析案例十不同之处在于，直至本案诉讼发生之时，被告杏花屠宰场仍存在环境侵权行为。本案法院以具体损害确定之时为诉讼时效起算点，而所分析案例十以媒体报道之日为起算点。

（4）重庆两江志愿服务发展中心（以下简称两江中心）与萍乡萍钢安源钢铁有限公司（以下简称安源公司）环境污染责任纠纷案。❷

被告安源公司成立于2012年1月16日，主要经营范围为：黑色金属冶炼及压延加工，金属制品生产、销售；氧气、氮气、氩气生产、销售，矿产品的购销等。2014年至2018年期间，被告安源公司因厂区内烧结机机头外排废气颗粒物浓度超标、烧结机机头外排废气中烟尘浓度超标等，多次被萍乡市环境保护局行政处罚，处罚金额共计1700余万元。

一审法院江西省萍乡市中级人民法院经审查认为，本案一审争议焦点之一为两江中心关于要求被告安源公司对其2015年8月15日以前的超排行为承担责任的诉讼请求，是否已超诉讼时效。安源公司超标排放污染物的行为是持续性的，从整体上看是不可分割的，并非因其特定的某一日排放是否达标而影响其整个违法超标排放行为导致的法律后果，本案中并无证据证明安源公司截止到具体某一日已经完全实现停止超标排放污染物，故两江中心的起诉并未超过三年诉讼时效。

二审江西省高级人民法院认为，被告安源公司排放的污染物对生态环境及社会民

---

❶ 参见（2018）粤民终2224号民事判决书。
❷ 参见（2020）赣民终737号民事判决书。

众所造成的侵权持续发生。据江西省环境保护科学研究院于 2020 年 2 月作出的《评估意见》，2014 年 9 月至 2018 年 6 月期间，被告安源公司超标排放烟尘和废气，一审对这一事实亦予以认定。在持续侵权行为中，诉讼时效应从侵权行为实施终了之日起计算。两江中心于 2018 年 7 月 9 日提起本案诉讼，并未超出诉讼时效。

（5）原告北京市朝阳区环友科学技术研究中心（以下简称北京环友中心）与被告大连清本再生水有限公司（以下简称清本公司）环境污染责任纠纷案。❶

本案被告清本公司系 2009 年 3 月 17 日成立的有限责任公司（外国法人独资），经营范围为：污水处理、再生水制造。大连市环境保护局分别于 2016 年 4 月 25 日、2016 年 8 月 19 日、2016 年 9 月 20 日、2016 年 11 月 16 日作出四份行政处罚决定书，认定被告存在持续水污染物超标排放行为，并被要求立即停止该排放行为。后被告清本公司经积极整改，生态环境部在 2019 年 3 月 27 日解除对被告的挂牌督办。原告北京环友中心向大连市中级人民法院提起诉讼。❷

大连市中级人民法院认为，本案的争议焦点之一是原告北京环友中心提起本案诉讼是否超过诉讼时效。根据《民法典》第 196 条第（一）项的规定，提出停止侵害、排出妨碍、消除危险等诉讼请求不适用诉讼时效的规定，本案虽然是环境污染责任纠纷，但应属于民事侵权范畴的纠纷，且被告清本公司长期存在超标排放污水的问题。被告清本公司于 2017 年被列入主要污染排放严重超标的国家监控企业，生态环境部在 2019 年 3 月 27 日解除对被告的挂牌督办。故，原告北京环友中心在 2020 年 10 月对被告清本公司提起诉讼亦未超过三年诉讼时效，被告清本公司的该主张没有法律依据，不予支持。

（二）综合分析

在实践中，法院均认为环境民事公益诉讼时效为三年，但具体起算标准不统一，存在"知道说"和"行为说"。依前文所述，"知道说"即以"知道或者应当知道"作为诉讼时效的起算点，"行为说"即以行为发生或终止之日作为诉讼时效的起算点。如前所述，两种观点各有利弊，在环境民事公益诉讼案件当中采用"知道说"或"行为说"均非妥当。一方面，对于有些污染行为，不具有专业知识的人很难找到真正的违法行为主体或者根本就发现不了自身的权益已经受到损害。另一方面，环境污染损害

---

❶ 参见（2020）辽 02 民初 937 号民事判决书。

❷ 《最高人民法院关于审理民事案件适用诉讼时效制度若干问题的规定（2008 年版）》：

第 12 条　当事人一方向人民法院提交起诉状或者口头起诉的，诉讼时效从提交起诉状或者口头起诉之日起中断。

第 14 条　权利人向人民调解委员会以及其他依法有权解决相关民事纠纷的国家机关、事业单位、社会团体等社会组织提出保护相应民事权利的请求，诉讼时效从提出请求之日起中断。

第 15 条　权利人向公安机关、人民检察院、人民法院报案或者控告，请求保护其民事权利的，诉讼时效从其报案或者控告之日起中断。上述机关决定不立案、撤销案件、不起诉的，诉讼时效期间从权利人知道或者应当知道不立案、撤销案件或者不起诉之日起重新计算；刑事案件进入审理阶段，诉讼时效期间从刑事裁判文书生效之日起重新计算。

的结果大都不会立刻显现，它具有长期潜伏的特性，这是由环境自身的特征所决定的。所以，在现实的司法实践过程中，三年的诉讼时效在环境诉讼中往往不足以保护受害者的权益。然而诉讼时效并非越长越好，主要在于执行力，故应调动社会力量共同保护生态环境，争取早日发现，早日治理。❶

在公益诉讼起诉人江苏省无锡市人民检察院与被告海隆公司环境民事公益诉讼案中，被告海隆公司辩称根据《环境保护法》，本案的诉讼时效应为三年，其焚烧废机油的行为始于 2014 年 7 月，本案诉请已过诉讼时效。可知其采用的是"行为发生论"。无锡市中级人民法院认为，被告海隆公司自 2014 年 7 月至 2016 年 2 月期间，持续不间断地焚烧废机油，故对其侵权行为提起诉讼寻求公权力保护的诉讼时效应从侵权行为即焚烧废机油实施终了之日起算。无锡市中级人民法院认为，江阴市环保局于 2016 年 9 月 18 日依法作出行政处罚，无锡市人民检察院最早于该日知晓被告海隆公司的侵权行为，故本案诉讼时效最早应从 2016 年 9 月 18 日起算，至 2019 年 6 月无锡市人民检察院起诉之时，未超出三年的诉讼时效。可知，无锡市中级人民法院在论述被告抗辩意见时采用了"行为终止说"，而若按照此观点则原告起诉已过诉讼时效。无锡市中级人民法院最终又依据了"知道说"认定本案未过诉讼时效。

在公益诉讼起诉人广西壮族自治区玉林市人民检察院与被告迅通公司、衢州支公司环境污染公益诉讼案中，被告迅通公司主张本案污染行为发生在 2015 年 6 月，污染行为不存在持续状态。根据《环境保护法》第 66 条和《最高人民法院关于审理环境侵权责任纠纷案件适用法律若干问题的解释》第 17 条的规定，本案已过三年的诉讼时效期间，起诉人的诉讼请求不应再得到支持。福绵环保局曾提起诉讼被驳回，当然不能引起本案起诉人主张的公益诉讼赔偿的时效中断。被告迅通公司所依据的是"行为说"。法院认为本案公益诉讼起诉人所请求的环境修复费用，本质上还属于消除危险的范畴，且对事发区域环境的污染持续存在，故根据上述司法解释的规定，本案不受三年诉讼时效期间的限制。本案创新之处在于把环境修复费用归为"消除危险"，不适用诉讼时效。另法院认为，即使本案存在三年诉讼时效期间，也应从玉林市人民检察院有诉讼权利即 2017 年 7 月 1 日起计算，至案件受理之日并未超过三年的诉讼时效期间。本案比较特殊，以起诉主体获得起诉资格作为诉讼时效起算点。

在公益诉讼起诉人广东省汕头市人民检察院与被告杏花屠宰场、陈某新环境污染责任纠纷公益诉讼案中，金平环保分局对屠宰场排放的废水进行取样送检，发现严重超标。故被告杏花屠宰场和陈某新主张本案诉讼时效应自取样之日起计算，其 2011 年 2 月 22 日之前的污染损害赔偿请求数额超过诉讼时效。潮州市中级人民法院认为直至本案诉讼发生之时，该屠宰场仍处于持续经营状态，屠宰过程中产生的废水继续对外排放，对环境造成的侵害仍是不断持续的，也没有停止的迹象，因此本案并不存在超

---

❶ 李树训，冷罗生. 论环境民事公益诉讼的诉讼时效 [J]. 中国地质大学学报（社会科学版），2019，19（04）：19-29.

过诉讼时效的情况。潮州市中级人民法院在此运用了"行为终止说"。

在原告两江中心与被告安源公司环境污染责任纠纷案中，被告安源公司认为其危害行为并非是持续的、整体的，而是相互独立的，2015年8月15日以前的超排行为已经超过诉讼时效。但一审、二审法院均认为其排污行为是一个整体，其行为是持续的，不受诉讼时效的限制。

在原告北京环友中心与被告清本公司环境污染责任纠纷案中，被告清本公司认为原告提起本案诉讼已超过法定诉讼时效。根据《环境保护法》第66条的规定，提起环境损害赔偿诉讼的时效期间为三年，从当事人知道或者应当知道其受到损害时起计算。本案中结合原告起诉状和证据能够看出，原告北京环友中心据以起诉的事实发生在2016年，其在2020年提起诉讼，被告清本公司认为该诉请已经超过了环境侵权诉讼的三年诉讼时效，其依据的是"行为说"。大连市中级人民法院审理认为，被告长期存在超标排污的问题，本案并没有超过诉讼时效，大连市中级人民法院在此运用了"行为终止说"。

实践经验已经证明，三年的环境诉讼时效期间不利于合法权益的保护。环境污染本身潜伏期长，加之环境是否受到侵害，是无法直观见证损害后果的。证明损害后果对专业技术有较高要求，且举证困难，原告很难为之，实施举证责任倒置，被告亦不可能积极承担技术鉴定等昂贵的费用，很容易导致三年期间的经过。故应对目前环境公益诉讼的诉讼时效期间加以修改，使其适应实践需要，更有助于追究环境侵权行为人的责任。❶

四、对本案的评释

1. 一般论

针对诉讼时效何时起算，江苏省高级人民法院认为，被告常隆公司、常宇公司、华达公司主张在相关环境调查技术报告形成之日，自然之友研究所、绿发会即应当知晓案涉地块环境损害的事实，但未提供证据证明该信息已经通过适当方式向社会公众公开并为社会公众所知悉。本案环境污染问题系修复过程中的异味对周边敏感人群产生影响，2016年初经媒体报道后而为社会公众所知。因此，自然之友研究所、绿发会于2016年5月提起本案诉讼，并未超过三年的诉讼时效。而且案涉地块环境污染一直处于持续状态，因此，被告常隆公司、常宇公司、华达公司主张本案已超过诉讼时效期间的观点不能成立。

2. 对本案的法理分析

本节选取的案例的共同之处是法院均以三年诉讼时效作为依据，认为起诉未过诉讼时效，不同之处在于法院在确定具体的诉讼时效起算点时依据的标准不统一。

在原告自然之友研究所、绿发会与被告常隆公司、常宇公司等环境污染责任纠纷

---

❶ 康忠芳，何志春. 环境公益诉讼完善探析 [J]. 社科纵横，2016, 31 (05): 95-98.

案中，一审中原告自然之友研究所、绿发会请求判令被告消除其污染物对生态环境的影响，并承担相关生态环境修复费用，被法院驳回。被告常宇公司在诉讼中主张在2011年相关鉴定机构对案件所涉地块的污染状况进行了评估，原告自然之友研究所、绿发会在2011年的时候就应该知道本案所涉及的土地上发生了环境受损的事实，但直到2016年才向法院提起诉讼，已经超过了诉讼时效。但是，在一审判决书中，常州市中级人民法院并没有以超过诉讼时效为由而驳回原告自然之友研究所与绿发会的诉讼请求。这表示法院对于被告常宇公司主张的诉讼时效抗辩并未支持。❶

江苏省高级人民法院认为，被告常隆公司、常宇公司、华达公司主张已过诉讼时效，但未提供证据证明该信息已经通过适当方式向社会公众公开并为社会公众所知悉，且案涉地块环境污染一直处于持续状态。因此，被告常隆公司、常宇公司、华达公司主张本案已超过诉讼时效期间的观点不能成立。本案中，被告常宇公司主张适用"知道说"，认为对污染情况进行评估时公益组织就应当知道污染事实。而江苏省高级人民法院一方面适用了"知道说"，认为污染事实经媒体报道后而为社会公众所知；另一方面适用了"行为终止说"，认为案发时污染行为仍在持续，因此未过诉讼时效。

至于诉讼时效应该以多久为宜，需要谨慎考虑，既能使侵权人得到应有惩罚，又不至于让起诉主体"躺在权利上睡觉"。另外，应在立法中明确环境民事公益诉讼的诉讼时效及其起算时间，让法院在司法裁判中有明确的依据。❷

【思考题】

（1）关于环境民事公益诉讼的诉讼时效的起算点，学界存在以"知道或者应当知道"作为诉讼时效的起算点和以行为存在的时间作为诉讼时效的起算点两种观点，哪一种观点最合适？

（2）环境民事公益诉讼的诉讼时效期间应该规定为三年还是应该延长或完全不受限制？

---

❶ 《最高人民法院关于审理民事案件适用诉讼时效制度若干问题的规定》（2008年版）
　　第3条　当事人未提出诉讼时效抗辩，人民法院不应对诉讼时效问题进行释明及主动适用诉讼时效的规定进行裁判。
　　第4条　当事人在一审期间未提出诉讼时效抗辩，在二审期间提出的，人民法院不予支持，但其基于新的证据能够证明对方当事人的请求权已过诉讼时效期间的情形除外。当事人未按照前款规定提出诉讼时效抗辩，以诉讼时效期间届满为由申请再审或者提出再审抗辩的，人民法院不予支持。

❷ 李树训，冷罗生. 论环境民事公益诉讼的诉讼时效 [J]. 中国地质大学学报（社会科学版），2019，19(04)：22.

CHAPTER 2 第二章

国内环境行政法案例分析

第一节 污染防治制度

案例一 买某林诉新乡县环境保护局罚款一案

【基本案情】

一、事实概要

被告新乡县环境保护局经现场检查发现，新乡市金好合金有限责任公司年产1000吨铜带。经调查，该公司生产设备主体工程刚完工，环保设施还未建设，而现场检查时工频电炉、中频电炉已加入原料，正在热熔调试，后续工段未开始调试，并无成品。新乡县环境保护局对该案立案调查，后举行听证，经过集体讨论，作出新环罚决字〔2020〕第6号行政处罚决定，以该公司未经验收投入生产使用、未建设污染防治设施为由，对该公司法定代表人买某林处以罚款。买某林不服该处罚决定，提起诉讼。

二、一审判决[1]

新乡县人民法院判决，案涉公司应认定为违反"三同时"制度。被告新乡县环境保护局作出的案涉新环罚决字〔2020〕第6号行政处罚决定证据确凿，认定事实清楚，程序合法。故驳回原告买某林的诉讼请求。

三、二审判决[2]

原告买某林不服河南省新乡县人民法院作出的行政判决，向新乡市中级人民法院提起上诉。新乡市中级人民法院判决驳回原告买某林的上诉请求，维持一审原判。

---

[1] 参见（2020）豫0721行初21号行政判决书。
[2] 参见（2020）豫07行终383号行政判决书。

四、再审裁定[1]

原告买某林不服河南省新乡市中级人民法院作出的行政判决，向河南省高级人民法院申请再审。河南省高级人民法院对本案进行了再审审查，裁定驳回原告买某林的再审申请。

【主要法律问题】

未建设污染防治设施进行"设备调试"行为是否属于《建设项目环境保护管理条例》中"环境保护设施未建成建设项目即投入生产或者使用"之情形，是否违反"三同时"制度？

【主要法律依据】

《中华人民共和国环境保护法》

第41条 建设项目中防治污染的设施，应当与主体工程同时设计、同时施工、同时投产使用。防治污染的设施应当符合经批准的环境影响评价文件的要求，不得擅自拆除或者闲置。

《建设项目环境保护管理条例》

第15条 建设项目需要配套建设的环境保护设施，必须与主体工程同时设计、同时施工、同时投产使用。

第19条第1款 编制环境影响报告书、环境影响报告表的建设项目，其配套建设的环境保护设施经验收合格，方可投入生产或者使用；未经验收或者验收不合格的，不得投入生产或者使用。

【理论分析】

一、立法分析

关于"三同时"制度的立法主要经历了三个阶段，分别是起步阶段、发展阶段与完善阶段。

（一）起步阶段

1972年6月，国务院批转的《国家计委、国家建委关于官厅水库污染情况和解决意见的报告》中首次提出了"工厂建设和三废利用工程要同时设计、同时施工、同时投产"。1973年中国第一个环境保护文件——《关于保护和改善环境的若干规定（试行草案）》在第四部分"综合利用，除害兴利"中规定，一切新建、扩建和改建的企业，防治污染项目，必须与主体工程同时设计，同时施工，同时投产。正在建设的企业，没有采取防治措施的，必须补上。环境保护部门，应认真审查设计，做好竣工验

---

[1] 参见（2021）豫行申158号行政裁定书。

收,严格把关。其立法理由为:我国为发展中国家,工业和各项事业发展迅速。过去由于对"三废"认识不足,缺乏经验,一些地区出现了环境污染问题。新建工业、科研项目,必须把"三废"治理设施与主体工程同时设计、同时施工、同时投入使用,否则不准建设。❶

1973年出台的《关于保护和改善环境的若干规定(试行草案)》为有关"三同时"制度的法规与规章提供了法律保障,使这项制度迈出了关键性的一步。至此,我国环境保护事业开始起步,"三同时"制度正式提出。❷

(二)发展阶段

1979年,《中华人民共和国环境保护法(试行)》对"三同时"制度在法律上加以确认,为了保障"三同时"制度的顺利开展,我国又出台了一系列法规与规章,使"三同时"制度更加具体化。

1983年,第二次全国环境保护会议将环境保护确立为基本国策。实行"预防为主,防治结合""谁污染,谁治理"和"强化环境管理"三大政策,进一步强化了这一制度。在建设项目管理过程中"三同时"制度的执行率不断提高,一些乡镇企业也开始试行这一制度。

1986年《建设项目环境保护管理办法》第4条规定:"凡从事对环境有影响的建设项目都必须执行环境影响报告书的审批制度;执行防治污染及其他公害的设施与主体工程同时设计、同时施工、同时投产使用的'三同时'制度。"

在总结"三同时"制度实施以来取得的经验的基础上,在1989年《中华人民共和国环境保护法》(以下简称《环境保护法》)第26条中规定了"三同时"制度,并在第36条中规定了违反"三同时"制度的法律责任。1991年以后,原国家环境保护总局陆续颁发了部门规章和行业行政规章等,基本形成了国家、地方和行业相配套的多层次法规体系。❸

1998年国务院《建设项目环境保护管理条例》对1986年《建设项目环境保护管理办法》作了较大修改和调整,并在建设项目竣工环境保护验收管理上提出了更高的要求,进一步完善了"三同时"制度,推动了"三同时"制度的执行。随着我国经济的不断发展和社会的不断进步,人们的环境意识逐步提高,环境保护法律法规也逐步得到完善,"三同时"制度在《中华人民共和国海洋环境保护法》《中华人民共和国固体废物污染环境防治法》等专门性法律法规及一些地方政府规章中都进行了规定。

(三)完善阶段

2014年4月24日,第十二届全国人民代表大会常务委员会第八次会议修订通过了

---

❶ 城乡建设环境保护部环境保护局. 国家环境保护法规文件汇编 [M]. 北京:中国环境科学出版社,1983:3-4.
❷ 陈庆伟,梁鹏. 建设项目环评与"三同时"制度评析 [J]. 环境保护,2006(23):42-45.
❸ 肖克来提·阿不力克木. 对我国环境法"三同时"制度的分析与反思 [J]. 统计与管理,2016(01):187-188.

新的《环境保护法》，该法第41条是我国有关"三同时"制度的最新规定。与1989年《环境保护法》第26条相比，2014年《环境保护法》第41条缺少"防治污染的设施必须经原审批环境影响报告书的环境保护行政主管部门验收合格后，该建设项目方可投入生产或者使用""防治污染的设施不得擅自拆除或者闲置，确有必要拆除或者闲置的，必须征得所在地的环境保护行政主管部门同意"等内容。2014年《环境保护法》对"三同时"制度进行了修改，使"三同时"制度得到了升华。❶

2014《环境保护法》对"三同时"制度作出了明确规定："建设项目中防治污染的设施，应当与主体工程同时设计、同时施工、同时投产使用。防治污染的设施应当符合经批准的环境影响评价文件的要求，不得擅自拆除或者闲置。"除此之外，一些专门性法律法规中也存在"三同时"制度的规定。（见表2-1）

表2-1 专门性法律法规中"三同时"制度的规定

颁布时间	名称	效力级别	内容
2021年	《中华人民共和国安全生产法》	法律	生产经营单位新建、改建、扩建工程项目（以下统称建设项目）的安全设施，必须与主体工程同时设计、同时施工、同时投入生产和使用
2018年	《中华人民共和国劳动法》	法律	新建、改建、扩建工程的劳动安全卫生设施必须与主体工程同时设计、同时施工、同时投入生产和使用
2018年	《中华人民共和国职业病防治法》	法律	建设项目的职业病防护设施所需费用应当纳入建设项目工程预算，并与主体工程同时设计，同时施工，同时投入生产和使用
2008年	《中华人民共和国水污染防治法》	法律	建设项目的水污染防治设施未建成、未经验收或者验收不合格，主体工程即投入生产或者使用的，由县级以上人民政府环境保护主管部门责令停止生产或者使用，直至验收合格，处五万元以上五十万元以下的罚款
2004年	《中华人民共和国固体废物污染环境防治法》	法律	建设项目需要配套建设的固体废物污染环境防治设施未建成、未经验收或者验收不合格，主体工程即投入生产或者使用的，由审批该建设项目环境影响评价文件的环境保护行政主管部门责令停止生产或者使用，可以并处十万元以下的罚款

---

❶ 腾延娟. 环境污染治理第三方法律主体地位分析 [J]. 石河子大学学报（哲学社会科学版），2015, 29 (02)：89-95.

续表

颁布时间	名称	效力级别	内容
2000年	《中华人民共和国大气污染防治法》	法律	建设项目的大气污染防治设施没有建成或者没有达到国家有关建设项目环境保护管理的规定的要求，投入生产或者使用的，由审批该建设项目的环境影响报告书的环境保护行政主管部门责令停止生产或者使用，可以并处一万元以上十万元以下的罚款
1996年	《中华人民共和国环境噪声污染防治法》	法律	建设项目中需要配套建设的环境噪声污染防治设施没有建成或者没有达到国家规定的要求，擅自投入生产或者使用的，由批准该建设项目的环境影响报告书的环境保护行政主管部门责令停止生产或者使用，可以并处罚款
2017年	《国务院办公厅关于推进城镇人口密集区危险化学品生产企业搬迁改造的指导意见》	行政法规	要督促企业依法开展搬迁改造项目安全和环境影响评价，严格执行建设项目安全设施和污染防治设施"三同时"（同时设计、同时施工、同时投入生产和使用）制度，及时组织项目竣工验收，确保项目建成投产后满足安全和环保要求
2002年	《使用有毒物品作业场所劳动保护条例》	行政法规	可能产生职业中毒危害的，应当依照职业病防治法的规定进行职业中毒危害预评价，并经卫生行政部门审核同意；可能产生职业中毒危害的建设项目的职业中毒危害防护设施应当与主体工程同时设计，同时施工，同时投入生产和使用；建设项目竣工，应当进行职业中毒危害控制效果评价，并经卫生行政部门验收合格
2021年	《中华人民共和国水上水下作业和活动通航安全管理规定》	部门规章	建设单位应当确保水上交通安全设施与主体工程同时设计、同时施工、同时投入生产和使用
2020年	《工贸企业粉尘防爆安全规定》	部门规章	涉及粉尘爆炸危险的安全设施与主体工程同时设计、同时施工、同时投入生产和使用情况
2020年	《高速铁路安全防护管理办法》	部门规章	铁路建设单位应当按照相关法律法规和国家标准、行业标准，在建设高速铁路客运站和直接为其运营服务的段、厂、调度指挥中心、到发中转货场、仓库时，确保相关安全防护设备设施同时设计、同时施工、同时投入生产和使用
2004年	《国家电网公司关于印发〈国家电网公司抽水蓄能电站工程达标投产考核办法（2004年版）〉的通知》	行业规定	必须进行劳动安全卫生预评价，以保障安全生产设施与主体工程同时设计、同时施工、同时投产使用，不给安全生产工作留下隐患

二、法理分析

"三同时"制度是我国在总结生态环境保护实践经验的基础上,从控制新污染源、防止破坏生态环境的目的出发,创造性地设置的一项法律制度。即要求建设项目防治污染设施与建设项目主体工程同时设计、同时施工、同时投入使用(不包括调试)。

其中,同时投入使用是指建设单位必须把防治污染设施与主体工程同时投入运转,不仅指正式投产使用,还包括建设项目试生产和试运行过程中的同时投产使用。建设项目在正式投产使用前,建设单位要向环保部门提交环保设施竣工验收报告,说明环保设施运行情况、治理效果,经过验收合格后颁发《环保设施竣工验收合格证》。需要试生产的建设项目,经过环保部门同意后,建设项目方可进行试生产,试生产期间在三个月内完成,试生产期间主体工程应当与环保设施同时投入使用。[1]

理论上,在项目设计与施工阶段,"三同时"制度对建设单位的要求是实体性规定,建设单位必须履行相关义务,以防止对生态环境造成破坏。在正式投产或使用前向负责审批的环境保护部门提交环保设施竣工验收报告属于程序性规定,属于环保部门对"环保设施的竣工验收",属于行政机关行政许可的范畴,竣工验收是建设项目的使用或营运许可,不经竣工验收合格,不能生产或使用。竣工验收的功能在于保障环境影响评价许可的有效实现。虽然两者都是行政许可,但是功能与地位不同。建设项目环境影响评价许可处于基础与前提的地位,而竣工验收处于辅助与保障的地位。

但在"三同时"调试设备试生产期间,企业排污超标处于合法与非法之间。对试生产三个月确不具备环境保护验收条件的建设项目,建设单位可以向有审批权的环保部门提出该项目环境保护延期验收申请,经批准后,建设单位可继续进行试生产。实践中往往存在企业假借试生产之名进行违法排放污染物的现象或是根本就不进行环保验收。[2]

在"三同时"制度刚刚提出时,大多学者对"三同时"制度的研究仅仅停留在"三同时"制度的表面,对于未经验收以及未建成环保措施就进行设备调试、试生产等行为没有明确的规定,也不将该行为认定为违反"三同时"制度。但是在环境保护形势日益严峻的今天,企业为了自身经济利益,忽视了生态利益。在未经验收、未执行环评以及未建成环保措施等情况下,对生产设备进行调试,或者进行试生产、试运营,不仅要认定企业是否违反"三同时"制度,更重要的是要看企业在试生产、试运营等过程中是否在客观上向环境超标排放污染物。

综上,在试生产及设备调试期间,建设项目配套的环保设施未与主体工程投入试运行的,建设单位未申请环保设施竣工验收或者环保设施未建成、未经过验收或验收不合格,主体工程正式投入生产或者使用的,都要责令停止生产或使用,并处罚款。

---

[1] 任婧. 浅析我国"三同时"制度[J]. 法制与社会, 2010 (14): 143-144.
[2] 新华网. 湖南养猪场猪粪水偷排湘江近10年[EB/OL]. (2013-06-18) [2021-10-12]. http://news.sina.com.cn/c/2013-06-18/160427432117.shtml.

未经环保部门的同意,排污单位不得擅自闲置或者拆除环保设施或者不正常使用环保设施。超标排放污染物的,应承担相应的法律责任。

三、类案分析

(一) 典型案例

(1) 林某贞与海口市琼山区生态环境局(以下简称琼山环境局)、海口市琼山区人民政府(以下简称琼山区政府)行政处罚纠纷。[1]

被告琼山环境局对原告林某贞经营的木材加工厂进行现场检查,发现锯木时产生的木屑、噪音和烘干烧木材产生的烟尘未经处理自然扩散,浸泡木材的改性药水循环使用以及工人的生活污水接入污水暂存池;原告林某贞自认没有申请环境保护设施验收。被告琼山环境局对此案进行立案,并向原告林某贞作出《责令改正违法行为决定》,认为原告林某贞的项目配套建设的环境保护设施未经验收,擅自于2012年3月投入生产,责令原告林某贞在收到决定书之日起三个月内改正违法行为。2018年8月31日,琼山环境局作出琼山环察字〔2018〕219号《行政处罚决定书》。

一审法院认为,被告琼山环境局以原告林某贞违反了《建设项目环境保护管理条例》第19条第1款,并根据该条例第23条第1款,决定对原告林某贞罚款32万元,适用法规是正确的。对于原告林某贞提出无相关部门告知其需办理环评手续的答辩意见,因我国《建设项目环境保护管理条例》自1998年实施至今,原告林某贞应当知晓该行政法规的规定并自觉申请办理环评及验收手续,原告林某贞不办理则违反了"三同时"制度。

二审法院经查核实,原告林某贞的建设项目属于《建设项目环境影响评价分类管理名录》第九类木材加工和木、竹、藤、棕、草制品业;第二十四项锯材、木片加工、木制品制造"其他"类别,该建设项目依法需要编制环境影响评价报告表。在执法检查过程中,实际经营者原告林某贞承认未办理环评审批、环保验收手续,擅自于2012年3月在海口市琼山区从事生产改性木,其行为涉嫌违反环境保护"三同时"及验收制度的规定,且行为持续至本案立案调查,依法应予行政处罚。

(2) 启东市宇宙建材有限公司兴隆分公司(以下简称兴隆分公司)与启东市环境保护局、启东市人民政府行政复议案。[2]

兴隆分公司主要经营建筑材料销售、砖瓦制造。生产过程中以木屑、粉煤灰和煤渣为燃料,产生少量烟气、水蒸气。根据上级要求,原告兴隆分公司被列为启东市砖瓦行业环保专项行动的停产整顿对象。被告启东市环境保护局现场检查时,该公司正在进行砖块烧制作业,废气治理设施正在运行,烟囱正在排放烟气。但该公司尚未办理相关环境影响评价文件、未取得排污许可证,被告启东市环境保护局认定兴

---

[1] 参见(2020)琼01行终266号行政判决书。
[2] 参见(2019)苏06行终75号行政判决书。

隆分公司存在"砖瓦制造、销售项目未配建相关污染防治设施,需配建的污染防治设施也未通过环保竣工验收,投入生产至今"的违法事实,认为原告兴隆分公司的行为违反了《建设项目环境保护管理条例》第 16 条、第 20 条之规定,作出启环罚字〔2017〕18 号行政处罚决定书,责令原告兴隆分公司自收到处罚决定之日起停止生产,并处罚款。

法院认为,本案中原告兴隆分公司未提供案涉建设项目已办理环境影响评价审批手续的相关材料,不符合试生产的法定条件。如果只要生产企业购买安装了新的污染防治设施,就可以在未经相关部门批准的情况下进行所谓的"为调试设施而生产",将导致法律法规规定的环境影响评价制度、"三同时"制度等形同虚设。

(3) 天门市瑞宏新型建筑材料有限公司(以下简称瑞宏公司)与天门市生态环境局(以下简称天门市环境局)环保处罚纠纷。[1]

被告天门市环境局对原告瑞宏公司进行现场检查时发现,原告瑞宏公司在未办理建设项目环境影响评价文件审批手续的情况下进行了蓄水池等建设;此外,原告瑞宏公司在其物料场无围栏、未覆盖,生产区未封闭,整个厂区路面未硬化,制砂废水排放无防渗措施的情况下生产机制砂。被告天门市环境局以原告瑞宏公司存在未依法报批建设项目环境影响评价文件而开工建设及需要配套建设的环境保护设施未建成即投入生产的行为违法为由,作出天环改字〔2019〕16 号《责令改正违法行为决定书》、天环罚告字〔2019〕15 号《行政处罚事先(听证)告知书》。该公司认为 2019 年 4 月 2 日只是试生产,被告天门市环境局的处罚不当。

一审法院认为,原告瑞宏公司应在主体工程建设的同时建设需要配套的环境保护设施,并经验收合格后才能投入生产,但瑞宏公司在其物料场无围栏、未覆盖,生产区未封闭,整个厂区路面未硬化,制砂废水排放无防渗措施的情况下进行机制砂生产,其存在配套建设的环境保护设施未建成即投入生产的违法行为。该公司的生产行为并不属于试生产,被诉行政行为认定原告瑞宏公司存在违法行为的证据确凿,可认定其违反了"三同时"制度。

二审法院根据原告瑞宏公司在诉状中的自认:"原告瑞宏公司所选机制砂项目的生产流程为先购石粉,石粉在运回来之前已经过湿处理,没有灰尘,原告瑞宏公司将带水的石粉运回来后,用输送带送到分级水筛,再用挖砂机在水中清洗,接着再用输送带送到厂内,整个工艺基本不会产生灰尘。"认为原告瑞宏公司并不是在试生产阶段,在配套建设的环境保护治理设施未建成的情况下,主体工程已投入正式生产,对原告瑞宏公司的该违法行为作出罚款 20 万元的行政处罚,有事实和法律依据。

(二) 综合分析

在行政诉讼中,多数判决是根据《环境保护法》第 41 条第 1 款,《建设项目环境保护管理条例》第 18 条、第 23 条和《中华人民共和国环境影响评价法》第 16 条、第

---

[1] 参见(2020)鄂 96 行终 30 号行政判决书。

22条的规定,即对建设项目中防治污染的设施,应当"与主体工程同时设计、同时施工、同时投产使用"的相关规定。

在司法实践中,当事人违反"三同时"制度主要表现在:建设单位编制建设项目初步设计未落实防治环境污染和生态破坏的措施以及环境保护设施投资概算,或未将环境保护设施建设纳入施工合同的;在需要配套建设的环境保护设施未建成、未经验收或者验收不合格时,建设单位以各种名义进行生产或使用,如"试生产""调试设备"等。在本案和类案中,都出现了未建设环保设施就进行"试生产""调试设备"等情况,在这几个案例中法院都认为未建设环保设施进行"试生产""设备调试"的行为属于《建设项目环境保护管理条例》中"环境保护设施未建成建设项目即投入生产或者使用"之情形,认定了污染企业违反了"三同时"制度。

综上分析,可以看出"同时投产使用"阶段是"三同时"制度的目的。建设项目竣工验收合格的同时,其配套的环保项目也应一并竣工验收,否则,建设项目不得竣工验收。从一定意义上说,建设项目竣工验收时环保相关部门对建设项目和环保项目进行全面考核,包括建设项目的环境影响评价阶段、设计阶段以及施工阶段。根据《建设项目环境保护管理条例》的规定,建设单位成为竣工验收的主体,即环保建设项目落成后的验收由建设单位根据环评要求和环保部门的规定自主验收,验收合格后就可投入使用。环保项目验收合格,环保设施和设备能够投产使用,建设项目才能投产使用。根据《环境保护法》第41条的规定,任何人不得私自闲置或者拆除环保设施和环保设备。因此,"同时投产使用"还应包括环保设施和设备在实践中的具体执行,即环保项目竣工验收合格并不是"三同时"制度的终结,后续对环保设施和设备的具体操作和执行才是该制度的核心目的。❶另外一个十分重要的原因是,近年来环境污染案件频发,生态环境遭到严重破坏,面对如此严峻的环境形势,法院在审理案件的过程中也更加的严格,认为"三同时"制度更强调的是不能对环境造成污染,即使是在"试生产""设备调试"阶段。同时还要监督企业落实和执行环保项目,充分发挥环保设施和设备应有的作用,"三同时"制度才算真正地得到落实和执行。❷

四、对本案的评释

(一) 一般论

1. 一审判决

一审法院认为,污染企业在调试设备时,未提前安装好配套环保设施,也未采取其他防治污染措施,应认定为违反"三同时"制度。因此,新乡县环境保护局作出的行政处罚决定证据确凿,认定事实清楚,程序合法。

---

❶ 赵嘉贝. 我国"三同时"制度存在的问题及解决对策研究[J]. 开封教育学院学报,2017,37(12):236-237.

❷ 廖艳媚. 执行环保"三同时"制度的存在问题及解决方法. [J]. 科技传播,2010(7):15-16.

2. 二审判决

二审法院根据行政机关的调查询问笔录和其他相关证据证实，新乡县环境保护局在现场检查时，污染企业的主体工程已经完工，但污染防治设施还未建设，铜带项目中的工频电炉、中频电炉已加入原料正在热熔调试，证明其违反了上述"三同时"制度。新乡县环境保护局依据《建设项目环境保护管理条例》第23条第1款的规定，参照《河南省环境行政处罚裁量标准》，在履行听证程序后，对被告作出被诉的行政处罚决定，事实清楚，适用法律正确，程序并无不当。

3. 再审裁定

河南省高级人民法院经再审复查认为，本案审查的是被诉的行政处罚决定是否合法。在新乡县环境保护局提交的询问笔录中，其法定代理人均认可污染企业公司的生产项目主体工程刚刚完工，污染防治设施还未建设，对工频电炉、中频电炉放入原料进行热熔调试。据此，综合考虑新乡市金好合金有限责任公司违法行为的性质、情节等，参照《河南省环境行政处罚裁量标准》的相关规定，在上述行政法规规定的裁量幅度内作出被诉的行政处罚决定。认为新乡市金好合金有限责任公司未违反"三同时"制度、未进行正常使用生产等理由，不足以否认其在未建设污染防治设施的情况下对该生产线上工频电炉、中频电炉放入原料进行热熔调试的事实，再审申请人的再审理由不能成立。

（二）对本案的法理分析

本案主要依据《环境保护法》第41条、《建设项目环境保护管理条例》第15条和第19条第1款进行判决。法院认为污染企业在未建成环保措施之前进行设备调试，违反了"三同时"制度。

本案中，被告新乡县环境保护局根据现场检查（勘察）笔录，对原告周某喜、买某林的调查询问笔录足以认定，新乡市金好合金有限责任公司在未建设污染防治设施的情况下对该生产线上工频电炉、中频电炉放入原料进行热熔调试。新乡市金好合金有限责任公司认为，其并未生产或使用，仅为按照安装流程进行的设备调试活动，不违反"三同时"制度。由此，判断该"设备调试"行为是否属于应受法律规制之情形（是否属于《建设项目环境保护管理条例》中"环境保护设施未建成建设项目即投入生产或者使用"），是否应受到相应的行政处罚，则为本案的审理难点。[1]

其一，从《建设项目环境保护管理条例》的立法目的看，对于建设项目的管理，就是为了防止建设项目产生新的污染、破坏生态环境。

其二，从该管理条例的修订历史看，该管理条例在2017年7月修订前，对于建设项目的"试生产"规定："建设项目的主体工程完工后，需要进行试生产的，其配套建设的环境保护设施必须与主体工程同时投入试运行。"此外还规定："建设项目试生产

---

[1] 乔阳. 试论环境污染第三方治理与三同时制度的衔接 [J]. 法制博览，2017（13）：231.

期间，建设单位应当对环境保护设施运行情况和建设项目对环境的影响进行监测。"即使为"试生产"，配套建设的环境保护设施亦必须同时试运行，且应对环境的影响进行监测。2017年7月《建设项目环境保护管理条例》修订后，虽然删除了建设项目试生产相关内容，取消了建设项目竣工环境保护验收的行政许可，改为由建设单位自主验收，但不等于放松监管，且增加了处罚的适用情形，加大了处罚力度，增设了"双罚制"，加强了事中事后的管理监督，对于违法行为的惩罚更为严厉。

其三，举轻以明重。环境保护部制订的《建设项目竣工环境保护验收暂行办法》第6条规定，对于建设项目配套建设的环境保护设施进行调试的，建设单位应当确保调试期间污染物排放符合国家和地方有关污染物排放标准和排污许可等相关管理规定，应当对环境保护设施运行情况和建设项目对环境的影响进行监测。况且本案涉及的为建设项目设备的调试，更应当注意对环境的影响。

其四，根据卷宗材料显示，新乡市金好合金有限责任公司的生产项目主体工程已完工，污染防治设施还未建设，其于2019年12月4日13时30分开始对工频电炉、中频电炉放入原料进行热熔调试。根据该公司的环境影响表显示，该环节属于产生污染物环节，需要加装环境保护设施。

综合上述考虑，法院认定新乡市金好合金有限责任公司"设备调试"行为属于《建设项目环境保护管理条例》中"环境保护设施未建成建设项目即投入生产或者使用"之情形，认定事实清楚，适用法律正确。

另外，"三同时"制度在一定意义上强调的是对于施工项目的相关机器设备、配套设备等要满足同时设计、同时施工、同时投入使用，而对于本案中污染企业在未建设环保措施而进行设备调试阶段，若污染企业在此时排放的污染物超标，那么就应该对该企业进行一定的处罚。因为环境污染侵权属于无过错责任，排污行为在客观上对环境造成了污染，不管该企业的行为是否违反了"三同时"制度，排污行为都是客观存在的，必须对其造成的环境污染承担相应的责任。故法院在认定"三同时"制度时，除了需要考虑施工项目的各项设备、审批流程等相关程序事项，更应该考虑到该企业是否客观上对环境造成了污染，并以此为审判依据。

【思考题】

（1）对于企业假借"试生产"之名违反"三同时"制度的情况，应如何治理？

（2）对未执行环境影响评价和"三同时"制度且已投产的企业环境违法行为如何适用法律？

第二节　行政处罚的基本原则

案例二　南召县东大新型建材有限公司诉南召县环境保护局环境行政处罚纠纷一案

【基本案情】

一、事实概要

南召县环境保护局（以下简称南召县环保局）通过实时在线监控数据，发现南召县东大新型建材有限公司（以下简称东大公司）分别在2019年6月30日、7月1日至7月6日、7月13日、7月16日存在氮氧化物浓度超标的排放行为。在发现上述4次超标排放后，南召县环保局均于次日向该公司下发《责令（限期）改正决定书》，要求其立即改正违法行为、停产整治，但该公司仍发生了后续的超标排放行为。南召县环保局经过调查取证等法定程序后，作出了召环罚决字（2019）第9号行政处罚决定书，责令东大公司停产整治、处16万元罚款的处罚；之后，南召县环保局对原告东大公司就同一违法行为又分别作出了召环罚决字（2019）第10号、召环罚决字（2019）第11号、召环罚决字（2019）第12号行政处罚决定书，其处罚内容第一项均为责令停产整治，第二项分别为罚款16万元、罚款10万元、罚款16万元。2020年4月2日，东大公司对4个行政处罚决定不服，提起行政诉讼。

二、一审判决[1]

南召县人民法院判决撤销被告南召县环保局于2019年10月23日作出的召环罚决字〔2019〕第12号行政处罚决定；限被告南召县环保局于本判决生效之日起60日内对原告东大公司向空气中排放氮氧化物的行为重新作出处理。

三、二审判决[2]

南召县环保局不服一审判决，提起上诉。南阳市中级人民法院经过审理，认为南召县环保局不违反"一事不再罚"原则，二审法院依法予以支持；同时认为一审法院判决不当，二审法院依法予以纠正。

四、再审裁定

河南省高级人民法院认为东大公司的再审申请理由缺乏事实和法律依据，不能成

---

[1] 参见（2020）豫1321行初15号行政判决书。
[2] 参见（2020）豫13行终180号行政判决书。

立。依照《最高人民法院关于适用〈中华人民共和国行政诉讼法〉的解释》第 116 条第 2 款之规定，驳回原告东大公司的再审申请。

【主要法律问题】

一事不再罚中的"一事"如何认定？

【主要法律依据】

《中华人民共和国行政处罚法》

第 29 条　对当事人的同一个违法行为，不得给予两次以上罚款的行政处罚。同一个违法行为违反多个法律规范应当给予罚款处罚的，按照罚款数额高的规定处罚。

《环境行政处罚办法》

第 11 条　环境保护主管部门实施行政处罚时，应当及时作出责令当事人改正或者限期改正违法行为的行政命令。责令改正期限届满，当事人未按要求改正，违法行为仍处于继续或者连续状态的，可以认定为新的环境违法行为。

【理论分析】

一、立法分析

"一事不再罚"原则是指对当事人的同一违法行为不得给予两次以上罚款的行政处罚。作为《中华人民共和国行政处罚法》（以下简称《行政处罚法》）的重要原则，"一事不再罚"原则的目的在于防止重复处罚，体现过罚相当的法律精神，以保护行政相对人的合法权益。

在我国起草《行政处罚法》之时，"一事不再罚"原则就引起行政法学界广泛的讨论，因其存在很大的分歧，在起草时也是几经修改。第一次的《行政处罚法（试拟稿）》第 14 条规定："对违法行为人的同一违法行为，不得以同一事实和理由，给予两次以上的处罚。"此条款不仅严格限制了行政机关不得以同一事实理由进行种类不同的处罚，还同时限制了具有不同管辖权的行政机关对同一违法行为进行重复处罚，但这种"一棒子打死"的条款遭到了许多人的反对。[1]

之后《行政处罚法（征求意见稿）》作出了相应修改，其第 10 条规定了"对违法当事人的同一违法行为，不得以同一事实和同一依据，给予两次以上罚款的行政处罚"，此条款在《行政处罚法（试拟稿）》的基础上，将"同一事实和理由"改为了"同一事实和同一依据"，说明了不得依据同一法律规范进行重复处罚，并且将后面的"处罚"限制为罚款处罚。虽然在一定程度上可以防止重复处罚中最常见的重复罚款问题，但是却不能很好地防止不同行政机关分别依据不同的法律法规来进行重复处罚，因此此条款在限制行政机关的处罚权力方面太过狭隘。

---

[1] 陈智辉. 行政处罚法上的"一事不再罚"原则研究述评 [J]. 青年与社会, 2019 (13): 40-41.

再后来的《行政处罚法（草案）》第22条规定："对违法当事人的同一违法行为不得给予两次以上的行政处罚。"虽然将范围又重新扩大为行政处罚，但是却删除了"同一事实和同一依据"，使得一个行为人在作出违法行为时，不管依据的事实和理由是否相同，都不得对其作出第二次处罚。这就会出现以下情况：某一法人因为重大违法事实应当被吊销营业执照，可是其已经受过罚款处罚，就不得再对其进行吊销营业执照的处罚，这使得"一事不再罚"原则无法适应我国当前的行政体制，产生冲突。

最后在1996年10月1日颁布实施的《行政处罚法》第24条中规定："对当事人的同一个违法行为，不得给予两次以上罚款的行政处罚。"最终，立法者在现有的行政体制下，选择了折中的做法，将"不再罚"的内容限制在了问题最严重的罚款上，待未来《行政处罚法》修订时，再作出相应的修改。

从我国《行政处罚法》（1996年版）第24条规定可以看出，我国《行政处罚法》在表述上没有突出"同一事实和同一依据"，并把不予"两罚"限制在"罚款"这一行政处罚种类上。2021年新修订的《行政处罚法》沿袭了修订前《行政处罚法》第24条的规定，将"一事不再罚"限定在罚款这一种类，但规定同一违法行为违反多个法律规范的，按罚款数额最多的规定处罚，进一步完善了"一事不再罚"原则。然而本次修订只是解决了我国"一事不再罚"原则中的"不再罚"问题，对于如何正确把握"一事不再罚"原则的核心问题，即何谓"一事"，却没有明确阐述。❶

2018年7月，生态环境部办公厅给河北省环境保护厅的《关于环境行政处罚过程中有关问题的复函》中，第一次明确了排污单位未取得排污许可证，同时排放大气污染物和水污染物属于同一违法行为，应依据《中华人民共和国大气污染防治法》或者《中华人民共和国水污染防治法》予以处罚。这是多数生态环境主管部门在环境执法过程中都会遇到的问题，也是各主管部门的共同疑惑。这一复函解决了各地方生态环境主管部门在环境执法过程中的困扰之一。而类似的困扰不仅存在于处理违法排污的过程中，还存在于其他环境违法案件的处理中。

除此之外，还有一些法律中规定了"一事不再罚"原则。（见表2-2）

表2-2 关于"一事不再罚"原则的法律规定

颁布时间	名称	效力级别	内容
2021年	《中华人民共和国行政处罚法》	法律	第29条 对当事人的同一个违法行为，不得给予两次以上罚款的行政处罚。同一个违法行为违反多个法律规范应当给予罚款处罚的，按照罚款数额高的规定处罚

---

❶ 熊樟林. 行政处罚上的空白要件及其补充规则 [J]. 法学研究, 2012, 34 (06): 68-78.

续表

颁布时间	名称	效力级别	内容
2020 年	《农业农村部关于印发〈渔政执法工作规范（暂行）〉的通知》	部门规章	第64条 对当事人的同一个违法行为，不得给予两次以上罚款的行政处罚
2013 年	《旅游行政处罚办法》	部门规章	第17条 对当事人的同一违法行为，不得给予两次以上罚款的行政处罚
2013 年	《违反〈铁路安全管理条例〉行政处罚实施办法》	部门规章	第8条 对当事人的同一个违法行为，不得给予两次以上罚款的行政处罚
1996 年	《〈中华人民共和国国境卫生检疫行政处罚程序规则〉实施办法》	部门规章	第8条 对当事人的同一个违法行为，不得给予两次以上罚款的行政处罚

二、法理分析

近年来我国不断加大对生态环境的保护力度，环境行政处罚案件数量激增，罚款是环境行政处罚的主要适用方式，而实践中企业的违法行为常常表现为持续性或连续性的排污行为，环保部门在查处违法行为时，检查的次数及频率是根据具体工作安排的，并不统一。因此，在理论层面，对"一事不再罚"原则存在理解以及适用上的分歧。

（一）如何判断环境违法行为是否为"一事"

对于"一事不再罚"原则适用中"一事"的认定，理论界有不同的观点。主流观点包括违法行为说、违反法规范说和构成要件说三种。[1]

1. 违法行为说

这种观点认为，"一事"的含义要以行为为判断准则，这个行为指的不是法律意义上的行为，而是指自然意义上的行为。一个法律行为可能不仅代表实施了一个自然行为，也可能是多个自然行为，例如用拳头击打他人几十下，而使他人受到轻微伤的行为，行政机关将依据《中华人民共和国治安管理处罚法》第43条第2款的相关规定对违法行为人进行处罚，而该条针对的是一个自然行为，而非多个。除此之外，这种学说在某种情况下主观性较为突出，在实践中缺乏确定性。如生产、销售伪劣产品，属于"一事"还是"两事"呢？从行为方式上看，既可以是生产伪劣产品，也可以是销售伪劣产品，所以违法行为说在对违法事情数量的判定方面具有不确定性，导致现在认同违法行为说的学者比较少。

---

[1] 罗实. 行政处罚中的"一事不再罚"原则研究[J]. 时代报告，2019（11）：88-90.

2. 违反法规范说

该观点认为,应将违法行为违反的具体行政法律规范的数量作为区分标准,如果行为人只违反一个具体行政法律规范,此时就认为这是一个违法行为,以此类推。这种学说虽然可以避免违法行为说的不确定性,但是各学者对于具体行政法律规范的界定也是众说纷纭。❶

3. 构成要件说

该说强调,"一事"的标准是违法行为人的违法行为必须符合一个行政违法行为的构成要件,或者说一旦符合行政违法行为的构成要件,那么该行为就符合"一事"的法律标准。例如,构成要件说主张"能充分满足一次构成要件的事实就是一事(一个违法行为),能够充分满足两次(或两个)构成要件的事实为二事,以此类推"。❷ 在这种观点中,又包含三要素要件说和四要素要件说。前者强调构成要件应满足三个要素:违法行为、违法行为人具有完全的行为能力、具有法定责任;后者则强调构成要件必须满足四个要素:违法行为的主体、客体、主观方面和客观方面。构成要件说是在违反法规范说的理论基础上诞生的,该种观点对于"一事"的确定更加准确,为深入研究和学习"一事不再罚"原则的含义提供了较为严谨的思路。近年来,该学说普遍受到学者们的青睐。

(二)"一事"与"多事"的区分

关于"一事"和"多事"即单一违法行为和多个违法行为的区分问题,刑法领域有较为成熟的研究,行政处罚领域中"一事不再罚"原则对此多有借鉴。如构成要件说理论,判断违法行为是单一违法行为还是多个违法行为,就看其是否只符合一个行政违法构成要件,只符合一个行政违法构成要件的即为单一违法行为。❸

理论上,单一违法行为包括自然的一事和法定的一事,自然的一事即只存在一个事实上的行为,当然属于一事不再罚中的一事,无须多论。而法定的一事则较为复杂,除违法行为符合一个行政违法构成要件的情况之外,还存在违法行为符合多个行政违法构成要件却仍认定为一事的情况,此时可能存在多个事实上的行为,但被法律拟制为一事,最终对应一个处罚结果。

在环境行政处罚领域,借鉴刑法领域中继续犯、连续犯等的定义,也可对违法行为进行区分,实践中常见的有持续性行为和连续性行为,这两种行为容易混淆。持续性行为即行为人的违法行为及因此引起的违法状态的持续,如未取得排污许可证以及未批先建的违法行为。连续性违法行为是在较长时间内反复实施同一种行政违法行为,此种情况经常出现在企业违法排污的行为中。

---

❶ 黄凤邀. 环境行政处罚适用"一事不再罚"原则探析 [J]. 鄱阳湖学刊, 2019(02): 88-94+127.
❷ 练育强. 行刑衔接视野下的一事不再罚原则反思 [J]. 政治与法律, 2017(03): 123-131.
❸ 许光辉. "一事不再罚"中的"一事"如何认定?[J]. 资源导刊, 2019(09): 51.

(三) 一行为违反多个法律规范时的处罚原则

厘清"一事"的概念之后，在法律适用方面还存在一行为违反多个法律规范的情况，包括法规竞合和想象竞合。同样借鉴刑法理论，环境行政处罚领域的法规竞合是指一个事实上的行为违反多个具有从属或交叉关系的法律规范，这种情况属于立法上的重叠，理应给予一个行政处罚。想象竞合即一个自然意义上的行为符合两个或多个不同行政违法行为的构成要件，这种情况的关键是辨别该违法行为所符合的多个行政违法构成要件是否属于不同种类。如果违法行为所符合的多个行政违法构成要件属于同一种类，则构成想象竞合，应当给予一个行政处罚，适用一事不再罚；反之则不构成想象竞合，应当进行数罚。

根据以上分析，所谓一事不再罚是指行政主体对当事人的同一个违反行政法规范的行为，不得给予两次以上的行政处罚。这种限制既适用于同一事实同一理由（一行为违反一规范），也适用于同一事实不同理由（一行为违反数规范）。只要当事人客观上只有一个违法事实，只能给予一次行政处罚，不能两次或多次，其中一个行政主体处罚了，其他行政主体就不能再罚，已实施行政处罚的主体也不能再次处罚，否则无效，即"先罚有效，后罚无效"。一事不再罚限制的是所有行政处罚种类的重复、多次适用，并不排除在法定情形下行政处罚和刑罚等其他不同性质的法律责任的同时适用。[1]

2021年《行政处罚法》修订之后，其第29条明确了同一个违法行为违反多个法律规范应当给予罚款处罚的，按照罚款数额高的规定处罚。即在罚款数额的认定上采取了从重主义，规范了以往多重罚款认定混乱的问题，一定程度上减轻了执法机关区分违法行为形态和适用"一事不再罚"原则的难度，但实践是检验真理的唯一标准，这一举措的实际效果仍有待观察。

三、类案分析

(一) 典型案例

（1）屈某威诉重庆市巴南区生态环境保护综合行政执法支队（以下简称巴南环境执法支队）、重庆市巴南区生态环境局（以下简称巴南环境局）行政处罚纠纷案。[2]

原告屈某威为个体工商户，被告巴南环境执法支队执法人员对巴南区太浪机械加工厂进行现场检查时，发现该厂建设的机械加工生产项目未执行环保"三同时"制度。被告巴南环境执法支队向屈某威作出《责令改正违法行为决定书》。经集体讨论决定，被告巴南环境执法支队于2019年9月3日作出巴环罚字〔2019〕172号行政处罚决定书，原告屈某威收到该处罚决定书后向被告巴南环境局申请行政复议。被告巴南环境局经审理后，认为被告巴南环境执法支队作出的巴环罚字〔2019〕172号行政处罚决

---

[1] 陈智辉. 行政处罚法上的"一事不再罚"原则研究述评 [J]. 青年与社会，2019（13）：40-41.

[2] 参见（2021）渝05行终5号行政判决书。

定书认定的违法事实清楚、证据确凿，适用依据正确，程序合法，处罚数额适当。

另查明，被告巴南环境执法支队于2019年9月3日向原告屈某威作出巴环罚字〔2019〕169号行政处罚决定书，认为原告屈某威的行为违反了《中华人民共和国环境影响评价法》（以下简称《环境影响评价法》）第16条、第25条、第31条第1款的规定，对原告屈某威作出处该建设项目总投资额百分之二点五的罚款。

一审法院根据《行政处罚法》（2017年版）第24条的规定，对当事人的同一个违法行为，不得给予两次以上罚款的行政处罚，认为被告巴南环境执法支队作出的巴环罚字〔2019〕169号行政处罚决定书系针对巴南区太浪机械加工厂"未批先建"的违法行为作出的行政处罚，而被告巴南环境执法支队作出的巴环罚字〔2019〕172号行政处罚决定书系针对巴南区太浪机械加工厂违反环保"三同时"制度作出的行政处罚，分属于不同的环境违法行为。被告巴南环境执法支队针对上诉人的两个不同的违法行为，分别适用《环境影响评价法》和《建设项目环境保护管理条例》作出的两次行政处罚，并未违反"一事不再罚"原则。

(2) 中山市爱贝尔日用制品有限公司（以下简称爱贝尔公司）与中山市市场监督管理局（以下简称市监局）、广东省市场监督管理局（以下简称省监局）工商行政处罚及行政复议决定纠纷案。❶

原告爱贝尔公司侵犯"YOYO"注册商标专用权生产销售儿童推车，于2015年12月15日被市监局东升分局执法人员现场查获上述标注"yoya"的侵权儿童推车39台，原告爱贝尔公司在未经商标注册人许可的情况下，在其生产的儿童推车的外包装箱上标注"yoyababy"以及在儿童推车产品两侧的管件上标注"yoya"，在同类商品中与"YOYO"注册商标容易产生混淆，构成近似，属于《中华人民共和国商标法》第57条第2项规定的商标侵权行为。市监局决定对原告爱贝尔公司责令停止商标侵权行为、没收商标侵权的儿童推车39个、处非法经营额1.5倍的罚款4680元。

2018年5月18日，被告市监局作出中工商处字〔2018〕第9号行政处罚决定书，查明原告爱贝尔公司未经"YOYO"商标注册人的授权许可，擅自使用与上述注册商标相近似的"yoya"商标生产儿童手推车的行为，构成商标侵权，应予处罚。根据原告爱贝尔公司的违法事实、性质、情节、社会危害程度等因素，结合相关法律法规的处罚幅度，经综合考虑，市监局决定对原告爱贝尔公司予以处罚，责令原告爱贝尔公司立即停止商标侵权行为，并决定对爱贝尔公司进行违法经营额3倍的罚款347715元。

本案的争议焦点是被告市监局2018年5月18日作出的行政处罚决定是否违反了"一事不再罚"原则。

法院认为，被告市监局作出中工商东升处字〔2016〕150010号行政处罚决定是根据"执法人员现场没有查获相关的经营情况的单据"以及"原告爱贝尔公司供述仅生产了39台涉案儿童推车"的情况而作出的处罚决定，即被告市监局采信了原告爱贝尔

---

❶ 参见（2020）粤行终757号行政判决书。

公司只生产了 39 台违法儿童推车的供述,仅针对生产 39 台违法儿童推车的违法行为进行了处罚,该次行政处罚并未对生产 39 台违法儿童推车以外是否存在违法行为进行概括评价。2018 年 5 月 18 日,被告市监局作出中工商处字〔2018〕第 9 号行政处罚决定,该处罚针对的是原告爱贝尔公司生产并销售 788 台侵权儿童推车的行为,也同样未对生产销售 788 台涉案儿童推车以外是否存在违法行为进行概括评价。总之,被告市监局第一次行政处罚针对的是爱贝尔公司生产 39 台违法儿童推车的行为,第二次行政处罚针对的是原告爱贝尔公司生产并销售 788 台违法儿童推车的行为,两次行政处罚均没有对爱贝尔公司违法生产儿童推车的行为作出整体概括性处罚,故两次行政处罚针对的不是同一个违法行为。综上,被告市监局作出中工商处字〔2018〕第 9 号行政处罚决定并不违反"一事不再罚"原则。

(3) 周某因诉被永州市劳动教养管理委员会劳动教养案。[1]

上诉人周某为退伍军人,退伍后查出疾病欲要求回原部队治疗疾病。祁阳县退伍工作安置办先后三次因其患有疾病而拒绝其报到落户,而中国人民解放军 95112 部队认为祁阳县退伍工作安置办先后三次因周某患有疾病而拒绝其报到落户,不符合《中华人民共和国兵役法》《中国人民解放军现役士兵服役条例》的规定。周某由于此事在部队和地方政府的说法不一,造成部队和地方政府之间的工作不协调。周某以此问题没有得到解决为由,到广州、北京等部队各级机关缠访,故祁阳县公安局于 2009 年 7 月 29 日对周某作出拘留五日的行政处罚决定。周某受到祁阳县公安局的行政拘留处罚后没有吸取教训,仍然多次进京上访。祁阳县公安局民警依法收集了周某相关违法事实的证据。依照相关法律规定,对周某的违法行为作出永市劳决字〔2011〕第 14 号劳动教养决定,对周某劳动教养一年三个月。

一审法院根据《公安机关办理劳动教养案件规定》第 9 条第 5 项"根据全国人民代表大会常务委员会批准的《国务院关于劳动教养问题的决定》、《国务院关于劳动教养的补充规定》和国务院转发的公安部《劳动教养试行办法》等法律、行政法规的规定,对年满十六周岁、具有下列情形之一的,应当依法决定劳动教养:……(五)无理取闹、扰乱生产秩序、工作秩序、教学科研秩序或者生活秩序,且拒绝、阻碍国家机关工作人员依法执行职务,未使用暴力、威胁方法的;……"的规定以及本院确认的案件事实,判决周某存在非法信访、扰乱公共秩序的行为,故周某属于劳动教养对象。

"一事不再罚"原则的法律依据是《行政处罚法》(2017 年版)第 24 条,该条规定"对当事人的同一个违法行为,不得给予两次以上罚款的行政处罚"。按此规定,一事不再罚可界定为:行政主体对当事人的同一个违法行为,不得给予两次以上罚款种类的行政处罚。也就是说,行为人的一个行为无论是违反一个规范,还是数个规范,受一个行政主体管辖,还是数个行政主体管辖,如果是罚款种类的行政处罚,不得给

---

[1] 参见(2016)湘 11 行终 62 号行政判决书。

予两次以上处罚，对于其他种类的行政处罚则无此限制。本案中的行政处罚种类为劳动教养及行政拘留，故不受该法条的限制。

（二）综合分析

在行政诉讼中，多数判决依据《行政处罚法》（2017年版）第24条，该条规定"对当事人的同一个违法行为，不得给予两次以上罚款的行政处罚"。由此可以看出，行政处罚法规定一事不再罚的范围是有限的，仅仅限制的是两次以上罚款的行政处罚，而不限制其他行政处罚种类的第二次或多次适用，在我国目前法律、法规规定的行政处罚种类繁多、职权交叉重叠的情况下，仍不足以解决多头处罚、重复处罚的问题。可以说，这条规定反映了"一事不再罚"原则理论上的不成熟和迫切的现实需要之间的矛盾。但我们不能据此来否认"一事不再罚"原则的存在，这条规定正反映了"一事不再罚"原则的立法旨意和精神，只是由于理论上不成熟，争议较多，所以没有作出更全面的规定。❶

理论上看，各种类型违法行为之间的区别似乎显而易见，但实践中对一事的认定仍争议不断，尤其在不同领域的认定标准差异很大，且实务中环境违法行为样态复杂多变，极容易混淆，从而导致处罚结果的不同甚至失衡。在环境行政处罚领域，存在将一个违法行为认定为多个从而作出多个行政处罚的情形，也存在将多个违法行为认定为一个而只处罚一次的情形。如实践中常见的建设项目未批先建，且后续建设过程未采取污染防治措施的情形，表面看起来似乎不是多个行为，但未批先建与后续的不采取污染防治措施实则属于两个行为，分别符合两个行政违法行为构成要件，应当给予两个行政处罚。

在实践中，认定"一事"还必须从具体情况出发，对照相关法律规定进行判断。而区分"一行为"与"数行为"则必须借助法律规范构成的理论，行为人每完成法律规范"假定"部分规定的行为一次，即属于作出"一行为"。❷

"一事"的判定要求客观上要有环境违法行为或状态存在，并以此为前提，有责任能力的环境行政相对人实施了违反环境法律规范的行为，存在主观上的过错，可能导致环境污染，造成生态破坏，影响正常的环境管理秩序。

四、对本案的评释

（一）一般论

1. 一审判决

一审法院根据《行政处罚法》（2017年版）第24条的规定，认为原告向大气排放污染物的行为是一个持续的行为，而被告南召县环保局把该行为视为多个行为，并作

---

❶ 练育强. 行刑衔接视野下的一事不再罚原则反思［J］. 政治与法律，2017（03）：123-131.
❷ 熊樟林. 应受行政处罚行为构成要件的个数——判断一事不二罚的根本途径［J］. 政治与法律，2012（08）：102-111.

出多次罚款的行政处罚系法律适用错误，对其行政行为予以撤销。

2. 二审判决

二审法院对"同一违法行为"的认定问题，适用《环境行政处罚办法》中以"查处时作出责令改正或者限期改正违法行为的行政命令"作为认定"同一违法行为"的判断基准。即环境保护主管部门在实施行政处罚时，应及时作出责令改正或者限期改正违法行为的行政命令，此时即可认定为违法行为中断情形；在该行政命令送达后，如果违法行为仍处于继续或者连续状态，应认定为构成另一个新的环境违法行为，从而可以给予另外的行政处罚。

3. 再审裁定

再审法院对于"同一违法行为"的判断，根据的是《环境行政处罚办法》第36条的规定，环境保护主管部门实施行政处罚时，应当及时作出责令当事人改正或者限期改正违法行为的行政命令。责令改正期限届满，当事人未按要求改正，违法行为仍处于继续或者连续状态的，可以认定为新的环境违法行为。污染企业的多次超标排放行为不属于同一违法行为，因此，南召县环保局作出的行政处罚不违反"一事不再罚"原则。

(二) 本案的法理分析

实践中，可以将企业的违法排污行为分为两种情况：一种是企业在一段时间内连续多次违法排污；另一种是企业的排污通道一直持续不断排污。两种情形最明显的区别在于违法排污行为有没有时间间隔，第一种情形实际包含多个事实上的排污行为，在符合多个排污行为性质相同、侵害同一法益、具有特定时间及空间上的关联性的条件下，可认为多次事实上的排污行为是一个连续性行为。第二种情形在自然意义上只有一个违法行为，看上去违法主体仅实施了一次开通排污口的行为，但其违法排污一直处于持续状态。比较来看，这两种情形下很难说哪一种对法益的侵害性更大，连续性违法行为虽然事实上存在多个行为，但危害性未必高于持续时间比较久的持续性违法行为。总的来说，无论是从法理基础看还是行政处罚比例原则看，将持续性违法行为和连续性违法行为认定为一事，纳入一事不再罚都有其必要性。

1. 一审判决

本案中一审法院主要采用"构成要件说"，认为东大公司的排污行为能充分满足一次构成要件的事实，是一个持续的行为。根据"一事不再罚"原则，不应当给予多次行政处罚。但是这样的看法忽略了"一事不再罚"原则中的一事可能存在中断因素，当中断因素出现时，原本为一事的继续性违法行为即发生中断，此时排除一事不再罚的适用，并不违反"一事不再罚"原则。南召县环保局对东大公司的四个超标排放行为均在次日作出并送达《责令（限期）整改决定书》，责令其立即改正违法行为，停产整治。但东大公司未按要求整改，仍出现超标排放情形，则之后的超标排放行为属于新的违法行为，即东大公司的四次超标排放行为不属于同一违法行为，因此，南召县环保局作出的行政处罚不违反"一事不再罚"原则。

2. 二审判决

南阳市中级人民法院根据《行政处罚法》（2017年版）第24条的规定，对当事人的同一个违法行为，不得给予两次以上罚款的行政处罚，构成一事不再罚情形的要件事实集中于对"同一违法行为"的认定方面。

就此问题，《环境行政处罚办法》第36条规定："环境保护主管部门实施行政处罚时，应当及时作出责令当事人改正或者限期改正违法行为的行政命令。责令改正期限届满，当事人未按要求改正，违法行为仍处于继续或者连续状态的，可以认定为新的环境违法行为。"由此可知，对于具有继续或者连续状态的违法行为，《环境行政处罚办法》采取了以"查处时作出责令改正或者限期改正违法行为的行政命令"作为认定"同一违法行为"的判断基准，即环境保护主管部门在实施行政处罚时，应及时作出责令改正或者限期改正违法行为的行政命令，此时即可认定为违法行为中断情形；在该行政命令送达后，如果违法行为仍处于继续或者连续状态的，应认定为构成另一个新的环境违法行为，从而可以给予另外的行政处罚。

本案纠纷中存在四个不同时间段的超标排放行为，在对四个违法行为查处过程中，上诉人均于次日作出并送达《责令（限期）改正决定书》，被上诉人在收到相关《责令（限期）改正决定书》后，并未落实责令改正的内容，又再次出现超标排放违法情形，南召县环保局将其认定为新的违法行为而给予另案行政处罚，于法有据，并无不当。因此，二审法院认为本案被诉行政处罚决定事实清楚，证据充分，程序正当，裁量权运用并无违法之处，亦不违反一事不再罚原则。

3. 再审判决

河南省高级人民法院认为，被告南召县环保局对原告东大公司的四个超标排放行为均在次日作出并送达《责令（限期）整改决定书》，责令其立即改正违法行为，停产整治。但原告东大公司在收到《责令（限期）整改决定书》后未按要求整改，仍断续出现超标排放之情形，则之后的超标排放行为属于新的违法行为，即原告东大公司的四次超标排放行为不属于同一违法行为，因此，被告南召县环保局作出的行政处罚不违反"一事不再罚"原则。

河南省高级人民法院的认定主要运用了"构成要件说"，该说主张能满足一次构成要件就是一事，能充分满足两次构成要件的事实就是二事。至于东大公司认为南召县环保局将一个持续的砖瓦烧制过程割裂成四个过程进行数次行政处罚的理由，河南省高级人民法院认为，本案四次行政处罚的对象并非原告东大公司的砖瓦烧制行为，而是东大公司在烧制砖瓦过程中断续超标排放污染物的行为，该超标排放污染物的行为每次均可在短时间内通过采取相应措施予以改正，东大公司的该项再审申请理由混淆了行政处罚的对象，不予支持。据此，河南省高级人民法院驳回了东大公司的再审申请。

【思考题】

(1) 如何明确一事不再罚中的"一事"即同一违法行为？
(2) 一事不再罚中认定"一事"的哪种学说更有利于对环境违法案件进行认定？

第三节　行政处罚的归责原则

案例三　张某冲诉淇县环境保护局行政处罚一案

【基本案情】

一、事实概要

2018年11月21日，淇县环境监察大队执法人员现场检查发现，原告张某冲的养殖场抽排养殖废水，养殖废水流入淇河内，当时将养殖废水送交淇县环境保护监测站进行检测，并同时作出淇环罚责改〔2018〕第1021号《责令（限期）改正决定书》。执法人员对原告张某冲询问时，原告张某冲称"养殖废水经储存池沉淀用于灌溉周边农田"，还称"浇树时由于水量大，工人不小心冲开地头围堰，流入淇河"。2018年11月23日，淇县环境保护局作出淇环罚先告字〔2018〕第1015号《行政处罚事先（听证）告知书》，告知其陈述、申辩权，以及申请听证权，并于2018年11月24日送达。2018年12月4日，经处罚审批，作出淇环罚决字〔2018〕第1017号行政处罚决定，同日送达原告张某冲。后原告张某冲向浚县人民法院提起本案行政诉讼，要求依法撤销被告作出的淇环罚决字〔2018〕第1017号行政处罚决定。

二、一审判决

浚县人民法院认为，原告张某冲的行为可分为几种情形：一种是"浇树，不小心流入淇河"；一种是以"浇树"为名，故意排放污水流入淇河内，或"浇树"时，放任污水流入淇河内。淇县环境保护局未及时对在场的工人进行调查。庭审中，为张某冲打工的两名工人均出庭作证，作出了与淇县环境保护局认定不一致的证言，可见，淇县环境保护局作出的行政行为认定事实不清，证据不足。浚县人民法院一审判决：撤销淇县环境保护局作出的淇环罚决字〔2018〕第1017号行政处罚决定。❶

三、二审判决

二审中，鹤壁市中级人民法院认为，被上诉人张某冲经营的淇县金安养殖场的养

---

❶ 参见（2019）豫0621行初25号行政判决书。

殖废水确实流入淇河内。上诉人淇县环境保护局认定张某冲存在排放水污染物的行为且违反了《中华人民共和国水污染防治法》（以下简称《水污染防治法》）第39条，事实清楚、证据确凿。根据《中华人民共和国环境保护法》（以下简称《环境保护法》）《水污染防治法》的立法目的和相关司法实践，无论张某冲私设管带基于何种目的，只要包含了逃避监管排污的可能性，且存在排污的事实，就应认定为私设暗管排污，环境保护行政主管部门有权进行查处。一审法院认为淇县环境保护局未查明张某冲排放水污染物是否主观故意为之，属认定事实不清的理由不能成立。鹤壁市中级人民法院支持了淇县环境保护局的上诉请求，判决撤销浚县人民法院作出的行政判决。❶

四、再审裁定

河南省高级人民法院认为从淇县环境保护局提供的视频和照片，结合大量养殖废水流入淇河的事实，可以认定存在放任养殖废水排入淇河的行为，即张某冲通过管道向淇河岸边的树木排放养殖废水，放任养殖废水流入河道，可以认定为故意向淇河排放养殖废水。张某冲主张其排放养殖废水的目的仅仅是灌溉树木的主张不能成立，原审判决认定事实清楚。河南省高级人民法院裁定驳回张某冲的再审申请。❷

【主要法律问题】

环境行政处罚中的归责原则如何认定。

【主要法律依据】

《中华人民共和国行政处罚法》

第33条第2款　当事人有证据足以证明没有主观过错的，不予行政处罚。法律、行政法规另有规定的，从其规定。

《中华人民共和国水污染防治法》

第39条　禁止利用渗井、渗坑、裂隙、溶洞，私设暗管，篡改、伪造监测数据，或者不正常运行水污染防治设施等逃避监管的方式排放水污染物。

第83条　违反本法规定，有下列行为之一的，由县级以上人民政府环境保护主管部门责令改正或者责令限制生产、停产整治，并处十万元以上一百万元以下的罚款；情节严重的，报经有批准权的人民政府批准，责令停业、关闭：……

（三）利用渗井、渗坑、裂隙、溶洞，私设暗管，篡改、伪造监测数据，或者不正常运行水污染防治设施等逃避监管的方式排放水污染物的；……

《行政主管部门移送适用行政拘留环境违法案件暂行办法》

第5条　……暗管是指通过隐蔽的方式达到规避监管目的而设置的排污管道，包

---

❶ 参见（2020）豫06行终8号行政判决书。
❷ 参见（2020）豫行申446号行政裁定书。

括埋入地下的水泥管、瓷管、塑料管等，以及地上的临时排污管道。

《中华人民共和国环境保护法》

第42条第4款　严禁通过暗管、渗井、渗坑、灌注或者篡改、伪造监测数据，或者不正常运行防治污染设施等逃避监管的方式违法排放污染物。

《中华人民共和国行政诉讼法》

第89条　人民法院审理上诉案件，按照下列情形，分别处理：

……

（二）原判决、裁定认定事实错误或者适用法律、法规错误的，依法改判、撤销或者变更；

……

【理论分析】

一、立法分析

（一）《中华人民共和国行政处罚法》（2021年版）新增主观过错要件

1996年《中华人民共和国行政处罚法》（以下简称《行政处罚法》）关于主观过错的要求具有模糊性。1996年《行政处罚法》对于行政机关作出行政处罚是否要求违法行为人具有主观过错，并未作出明确规定。该法第3条规定，"公民、法人或者其他组织违反行政管理秩序的行为，应当给予行政处罚的，依照本法由法律、法规或者规章规定，并由行政机关依照本法规定的程序实施"。整部法律对于应受行政处罚行为人的主观过错状态（"故意"或者"过失"）并未明确提及。第27条第2款规定"违法行为轻微并及时纠正，没有造成危害后果的，不予行政处罚"，但也并未提到没有故意或者过失的行为免于处罚。[1]

2021年修订的《行政处罚法》在行政处罚归责原则问题上回应了学术界的呼声和社会实践的需要，明确了主观过错的归责原则。第33条第2款规定主观过错是行政处罚的构成要件，并明确了举证责任，兼顾了行政执法的效率和合理性：一方面，主观过错成为行政机关在执法过程中应当予以考虑的构成要件；另一方面，行政相对人需要承担相应的举证责任，并没有特别加重行政机关的负担。立法上虽然确立了主观过错归责原则，但并无故意或过失之区分，且没有继续对此作出立法上的概念区别。私法与公法的价值目标是不同的，在主观要件上也应有区别，公法中的过错原则应当有其特殊的构成条件。[2]因此，对此概念的区分，仍应结合行政处罚实务的特殊性，对此作进一步探讨。

---

[1] 成协中. 明确主观归责原则　提升行政处罚的法治维度 [J]. 中国司法，2021（04）：85-87.
[2] 张雨田，于昊. 新中国成立70周年与行政法的发展——中国法学会行政法学研究会2019年年会综述 [J]. 行政法学研究，2020（02）：89-96.

此次《行政处罚法》第33条第2款尽管明确了行政处罚主观归责原则，但与不少学者期待的完全的责任主义还存在一定的距离。其既未明确应受行政处罚行为人应当存在主观上的故意的一般要求，也未明确行政机关作为处罚机关的证明责任。前款规定实际上是通过举证责任倒置的方式，明确了行政处罚的过错推定原则。依据前款规定，在一般情形下，只要行为人存在违反行政法义务的行为，就推定行为人存在主观过错；除非行为人能够提供证据证明自己确无过错。因此，证明行为人是否存在主观过错的法定义务，并非作出行政处罚的行政机关，而是违反行政法义务的个人。从举证责任的一般原理来说，每一方当事人均必须主张和证明对自己有利的规范的条件。行政处罚作为典型的国家制裁行为，应由行政机关对当事人是否存在主观过错承担举证责任。实行过错推定原则，其实质是举证责任倒置，由当事人自己来承担没有主观过错的举证责任，这违反无责任推定或合法推定的原则。更多考虑到行政执法的便利和效率，本次修法规定的主观过错举证责任倒置，并未体现完整的责任主义。这一不足有待通过特别立法在不同行业管理中予以弥补，以实现行政执法效率与个体权利保障的更好平衡。❶

（二）《水污染防治法》《行政主管部门移送适用行政拘留环境违法案件暂行办法》《环境保护法》的相关规定

《水污染防治法》中规定了禁止私设暗管排放污水，虽然没有明确要求行政相对人的主观过错，但根据"私设"一词可以推断出在追究行政相对人的责任时要求存在主观故意。《行政主管部门移送适用行政拘留环境违法案件暂行办法》中规定，暗管是指通过隐蔽的方式达到规避监管目的而设置的排污管道，包括埋入地下的水泥管、瓷管、塑料管等，以及地上的临时排污管道。《环境保护法》中规定了严禁通过暗管等逃避监管的方式违法排放污染物，也可以推断出，该情形要求行政相对人故意逃避监管，非法排污。

（三）我国行政处罚相关立法对于归责原则的规定

在2021年《行政处罚法》修订之前，我国涉及行政处罚的立法众多，但并未明确将行为人主观上存在过错规定为承担行政处罚责任所必备的条件。在我国现行法律中，仅在少数条文中规定"故意"或"明知"为行政处罚的必要条件，如《中华人民共和国治安管理处罚法》（以下简称《治安管理处罚法》）中的"故意破坏、污损他人坟墓""房屋出租人明知承租人利用出租房屋进行犯罪活动，不向公安机关报告的"，而没有形成普遍性的原则，主观归责原则还未成为我国《行政处罚法》的主要归责原则。

现行立法未直接表达主观要件为行政处罚中的基本构成要件，但这并不意味着对主观要件的完全否定。❷ 行政违法行为是有主观过错的行为。行政违法行为在构成上，

---

❶ 成协中. 明确主观归责原则 提升行政处罚的法治维度［J］. 中国司法，2021（04）：85-87.
❷ 熊樟林. "钓鱼执法"司法审查对象的转换——从"程序"到"主观方面"［J］. 法学论坛，2010，25（04）：131-136.

主观要件的地位和对主观过错的要求,与构成犯罪行为在主观上的要求相一致。❶ 我国《行政处罚法》也已经内含了主观归责原则,过错是行为人承担行政责任的必要条件之一,可以从以下两个方面体现出来:

一是,根据全国人大常委会法制工作委员会的解释,主观归责原则为我国行政处罚的归责原则,其解释道:"违法行为的主体、主观方面、客体和客观方面4个要件是行政违法行为成立所必须具备的要件。如行为人主观上不存在过错,即便客观上实施了相应违反行政法律秩序的行为,也欠缺了给予行政处罚的主观要件。"❷ 行政违法行为的主观方面是指行为人实施违反行政管理秩序行为及其对于该行为所产生后果的故意或过失的心理状态,是行为人实施违法行为的主观驱动力。在责任要件中加入行政相对人主观过错内容,行政相对人在接受行政处罚时也会产生一种心理接受的暗示,进而主观上对于处罚的可接受度也会提高,最终达到良好的处罚法律效果。

二是,不能因为我国行政法律中并未明确规定主观过错,就得出主观过错并不是行政处罚必备条件的结论。法律责任规范对于法律责任的表达通常是将主观故意表述于行为之中,如《治安管理处罚法》中的"扰乱公共秩序""破坏选举秩序""散布谣言""结伙斗殴"等行为的概念中都蕴含了主观故意;同时也不会对主观过失进行明确规定,如"饲养动物干扰他人正常生活的",这里的"干扰"并非出于饲养人主观上故意,而是客观上的结果,饲养人应当是过失的。因此,不能认为法律条文中没有诸如"行为人过失地实施某种行为"此类规定,就认为处罚行为不包括主观过错条件。因此,过错原则应当作为行政法律责任的归责原则适用;在过错要件中,应以故意为原则,无规定则以过失为例外。我国行政法律法规并未对无过错责任进行特别规定,因此,过错责任原则仍然是行政处罚中的主要原则。

主观因素在行政处罚中作为必要的考量因素能够规制行政机关,防止其在作出处罚时自由裁量权的滥用。如果行政违法行为中的主观要件在行政法理上不被强调,可能会导致行政机关根据"需要"认定违法行为。❸

二、法理分析

(一) 行政处罚归责原则学说总结

在2021年《行政处罚法》修订前,我国行政处罚的归责原则有着不同的理论依据及学说,行政违法的构成要件没有具体明确的法律规定,主观要件的研究也仅仅停留在理论层面。无论是传统还是当下的行政法理论,都没有系统充分地论证主观要件在行政处罚中所处的地位及发挥的作用。而实践中,"罚"与"不罚"很重要的一项判

---

❶ 姜明安. 行政违法行为与行政处罚 [J]. 中国法学, 1992 (06): 42-46.
❷ 全国人大常委会法制工作委员会国家法行政法室.《中华人民共和国行政处罚法》讲话 [M]. 北京: 法律出版社, 1996: 90.
❸ 章剑生. 现代行政法基本理论 [M]. 北京: 法律出版社, 2014: 363.

断标准便是主观要件的必要性,因此,理论和实践双重层面都需要这一问题的答案。❶

归责原则就是给予处罚的标准和判定原则,是行政机关在查明案件事实后,确定法律依据以及衡量方式,进而对行为人进行处罚的一种规则。归责原则在民法、刑法中都是重要的内容,是判定责任、制约公权力的重要依据。但归责有别于责任本身,责任是对行为进行的否定性评价,而这种评价是否应当产生以及应当对谁产生的基础和标准便是归责。❷ 学界对于行政处罚归责原则的讨论主要存在以下三种学说。

1. "主观过错归责原则"说

此观点认为,如果行为人仅存在客观违法行为而主观并无故意或过失,便不能对其施加行政制裁。理由是,主观过错是可责性的基础,可责性是行政处罚的前提,没有可责性便不能受到行政处罚。依据"无过便无责"的原始法理,无过错的行为人不应当也不需要受到法律的教育或是惩戒。因此,主观过错是行政机关惩罚行为人时所必须考虑的因素,行政处罚的适用对象必须是有过错行为人,处罚无过错行为人会失去该项制度的基础和意义。❸

2. "客观行为归责原则"说

此观点认为,行政责任中过错的含义已经被违法行为所吸收,此点区别于私法领域中的民事责任过错。主观过错在行政处罚适用与实施的过程中往往已经寓于该行为的违法性之中,因此在法律上并不具有绝对的意义,只是一种相对意义。因违法行为都是在行为人主观意志驱动下发生的,故可以推定违法行为中必然已经涵盖了行为人的主观过错,无须在法律条文中赘述,仅需规定存在违法行为便可判定行为人要承受行政处罚的不利后果。主观过错包含于违法行为的思想在我国《行政处罚法》相关内容中有明显体现,其他法律大多规定只要行为违法,即可实施行政处罚。❹ 有学者还进一步主张"行政处罚适用不问主观状态"的客观归责原则。❺

3. "主观归责为原则,客观归责为例外"说

此观点认为,主观过错为行政处罚责任适用的一般要件;同时,立法进行例外规定,在特殊情况下不考虑行为人主观是否存在过错,仅实施客观行为便可进行处罚,使其承担法律责任。❻ 该学说虽表面平衡了主观过错与客观行为之间的比重,但其实质

---

❶ 姬亚平,申泽宇. 行政处罚归责中的主观要件研究——兼谈《行政处罚法》的修改 [J]. 上海政法学院学报(法治论丛),2020,35(03):68-77.

❷ 何建贵. 行政处罚通论 [M]. 北京:法律出版社,1991:35-41.

❸ 杨小君. 行政处罚研究 [M]. 北京:法律出版社,2002:172-176.

❹ 汪永清. 行政处罚运作原理 [M]. 北京:中国政法大学出版社,1994:169-170;袁曙宏. 论行政处罚的实施 [J]. 法学研究,1993(04):43-48;何建贵. 行政处罚法律问题研究 [M]. 北京:中国法制出版社,1996:195-198.

❺ 孙百昌. 再论行政处罚适用"不问主观状态"原则 [J]. 工商行政管理,2006(08):51-52.

❻ 应松年. 行政行为法——中国行政法制建设的理论与实践 [M]. 北京:人民出版社,1993:473-474.

内涵仍是主观归责原则。

可见，对于行政处罚归责原则，法学界学说各异，观点不同。但是，从总体上看，主观过错归责原则已成为主流学说。

在上述观点中，客观行为归责原则说认为，有客观违法行为便能够推定主观上行为人必然存在过错，因为主观过错含于客观行为之中。客观行为为该观点的逻辑起始，尽管强调其不同于刑事法律中的客观归罪或是民事法律中的无过错责任，但从客观行为推定主观过错，得出的结论必然是客观归责。客观行为归责原则是特定环境背景下的产物，其理论基础已发生显著变化并与现实存在严重脱节。该原则的提出是在我国行政法发育的萌芽期，国家公权力在整个社会治理体系中居于核心和主导地位，只有在行政行为中突出效率性才能够满足社会对于行政的需求。但在现今全面依法治国、建设法治社会的大背景下，民众权利意识、法律素养普遍提升，公正与效率在行政行为中应并驾齐驱。以权力论为基础要义而建立的客观归责原则，在现代行政法主流理论发生转向的大趋势下失去了理论的根基，且与现代民主法治观念背道而驰，有违依法行政的理念以及行政活动的根本目的，因而导致客观归责原则的存在土壤渐渐消失。❶

行政处罚是却又不仅仅是一种制裁。该制度设计的目的以惩戒为主，辅以教育功能，目的在于违法行为人不再违法，惩罚只是维护社会行政管理秩序与对行为人进行教育的一种手段，通过处罚与教育相结合，杜绝违法现象，维护公共秩序才是最终目标。❷ 任何公正合理的制裁都须以被制裁的行为具有可谴责性为基础。行政处罚是一种制裁手段，而制裁的直接目的是惩戒，惩戒的过程和功能表现为使行为人认识错误、吸取教训，不再重犯。❸ 同样，预防和制止行为人实施违法行为也是行政处罚设立的重要目的之一，因此，行为人主观是否具有过错应是行政处罚是否施加的必要考虑因素，若实施行为时主观并无任何过错，处罚也就无法实现教育的目的，也不能够预防行为再次发生，只会让公众无所适从、胆战心惊地生活。

（二）学界对于修改《行政处罚法》中主观要件的观点

在《行政处罚法》修改过程中，公布的征求意见稿中曾规定"当事人有证据证明没有主观过错的，不予行政处罚。法律、行政法规有特别规定的，依照其规定"。这一规定引发了热烈讨论，成为争议较大的条款之一。讨论中主要形成了以下几种观点：

一是不应在《行政处罚法》中规定主观要件。有学者认为，行政处罚不应当过多强调主观要件，无论相对人有无主观过错，只要客观上违反了行政法律规范，都应该给予行政处罚。如果要求行政执法机关举证证明行为人存在主观过错，会加重行政执

---

❶ 姬亚平，申泽宇. 行政处罚归责中的主观要件研究——兼谈《行政处罚法》的修改［J］. 上海政法学院学报（法治论丛），2020，35（03）：68-77.

❷ 《行政处罚法》（2017年版）第5条规定：实施行政处罚，应当坚持处罚与教育相结合。

❸ 江必新. 论应受行政处罚行为的构成要件［J］. 法律适用，1996（06）：3-6.

法机关的负担，对于行政法律规范的违反即可认定是违反了客观注意义务。所以《行政处罚法》原则上并无必要另外增加独立的主观要件，对于部分需要明确规定主观要件的违法行为，可以由单行立法予以明确规定。❶很多行政机关也都持此种观点。

二是采用过错责任，认为行政相对人必须具有主观过错，才能成立应受行政处罚行为，并应由行政机关举证证明。❷因为仅就客观危害行为进行制裁而不考虑主观是否存在过错违背处罚设定的最初目的，不符合处罚的本质，也无法达到处罚所预期的效果。❸

三是采用过错推定责任，明确规定主观过错是实施行政处罚的前提条件，且以故意作为原则、过失作为例外。同时，为便于行政机关实现行政目的和行政效率，明确规定过错推定原则。❹

四是采用两分法。有的学者认为只有狭义行政处罚才应以行为人存在过错为要件（包括过错推定），而对于管制罚，当事人主观过错不具有决定性影响，否则将对行政效能和公共秩序带来损害，建议在《行政处罚法》中进行笼统规定："在当事人有证据证明没有过错的，减轻、从轻或者不予处罚。"❺

最终，《行政处罚法》在征求意见稿的基础上，坚持了过错推定原则，并对证明标准作了进一步明确，即"当事人有证据足以证明没有主观过错的，不予行政处罚。法律、行政法规另有规定的，从其规定"。

三、类案分析

（一）典型案例

（1）河南涟源耐火材料有限公司（以下简称涟源公司）与济源环境保护局❻、济源市人民政府环保行政处罚一案。

根据济源市环境自动监控中心提供的济源市污染源自动监控数据超标统计结果，原告涟源公司隧道窑废气排放超标。被告济源环境保护局对原告涟源公司进行了现场检查，发现涟源公司正常停产，废气自动监控设施正常运行，造成11—13日废气超标排放的原因为企业整体供电线路跳闸，导致脱硫停运。济源环境保护局经合法程序立案审查后决定对涟源公司处以罚款20万元的行政处罚。原告涟源公司向济源环境保护局申请复核，济源环境保护局对涟源公司的申诉理由不予采纳。原告涟源公司不服，

---

❶ 马怀德.《行政处罚法》修改中的几个争议问题 [J]. 华东政法大学学报，2020, 23 (04): 6-16.

❷ 张青波. 论应受行政处罚行为的主观要素 [J]. 法学，2020 (10): 82-92.

❸ 姬亚平, 申泽宇. 行政处罚归责中的主观要件研究——兼谈《行政处罚法》的修改 [J]. 上海政法学院学报（法治论丛），2020, 35 (03): 68-77.

❹ 李孝猛. 主观过错与行政处罚归责原则：学说与实践 [J]. 华东政法大学学报，2007 (06): 30-36.

❺ 李洪雷. 论我国行政处罚制度的完善——兼评《中华人民共和国行政处罚法（修订草案）》[J]. 法商研究，2020, 37 (06): 3-18.

❻ 因机构改革，济源环境保护局已不存在，其职责由新组建的济源环境局暨济源产城融合示范区生态环境局行使。

于 2019 年 12 月 9 日向济源市人民政府申请行政复议，济源市人民政府维持了济源环保局作出的行政处罚决定。原告涟源公司仍不服，向济源市人民法院提起诉讼。

济源市人民法院认为，原告涟源公司超标排放废气的违法行为发生在服务相邻村庄农田灌溉用电期间，因农田灌溉用电量过大导致电路出现故障从而导致除污设施停运所致，主观上不存在故意，虽超标数据过高但总体时间不长，情节一般，社会危害程度并不严重，在每次事故发生后都在短时间内及时主动地消除了危害后果，具有应当依法减轻行政处罚的情形。济源环境保护局对原告涟源公司处罚结果明显不当，依法应予变更。济源环境保护局不服一审判决，提起上诉。[1]

济源中级人民法院认为，鉴于原告涟源公司有完整的环评手续、因配合村民灌溉农田停电导致污染物时均值超标、污染物超标排放时间短且没有主观过错、没有造成严重后果并在之后的重污染天气管控期间停产等因素，按照《河南省环境行政处罚裁量标准适用规则》确立的处罚与教育、服务相结合的原则，同时考虑环境违法行为的性质、情节和对社会造成的危害程度，属于减轻处罚的情形，维持一审判决。[2]

（2）华宁县跃林水果专业合作社（以下简称跃林合作社）与玉溪市环境保护局[3]行政处罚一案。

被告玉溪市环境保护局执法人员联合公安机关配合华宁县环境保护局、通海县环境保护局对原告跃林合作社进行调查，认定该合作社利用事先挖掘成的无防渗措施的土坑塘，贮存通海文运废弃菜叶清运管理有限公司从通海县运输倾倒的 26 车合计 511.1 吨废弃菜叶，废弃菜叶腐烂产生的含高浓度水污染物的渗滤液贮存于土坑塘内，并用于果树灌溉。玉溪市环境保护局作出玉市环罚字〔2018〕第 29 号《行政处罚决定书》，认定原告跃林合作社实施了通过渗坑等逃避监管方式排放水污染物的行为，给予原告跃林合作社责令停止违法行为、限期治理、罚款 100000 元的行政处罚。原告跃林合作社诉至法院，请求撤销玉溪市环境保护局作出的玉市环罚字〔2018〕第 29 号《行政处罚决定书》。

玉溪市红塔区人民法院认为，被告玉溪市环境保护局作出的《行政处罚决定书》认定事实清楚，证据确凿，适用法律法规正确，执法程序合法。原告跃林合作社提出其没有故意排污的动机和目的，其行为也未造成地下水污染的危险后果，不应予处罚，但玉溪市环境保护局处罚的是利用渗坑排放水污染物的违法行为，而非依据造成水污染后果而进行处罚，故对原告跃林合作社的该意见不予采纳。[4] 跃林合作社不服一审判决，提起上诉。

原告跃林合作社上诉称没有"逃避监管"的主观故意。原告跃林合作社是先请示后实施，没有防漏措施是缺乏科学知识的无心之举。"逃避监管方式"是不让政府知道

---

[1] 参见（2020）豫 9001 行初 47 号行政判决书。
[2] 参见（2020）豫 96 行终 48 号行政判决书。
[3] 原玉溪市环境保护局已于 2019 年 3 月更名为玉溪市生态环境局。
[4] 参见（2019）云 0402 行初 11 号行政判决书。

的秘密行为，跃林合作社是先请示后实施，不存在逃避的故意和行为。被告玉溪市环境保护局答辩称，原告跃林合作社明知"使用废弃菜叶要办理相关手续、发酵过程会产生臭味、需石灰消毒、要采取防渗措施"等事实，却从未办理环保手续或向环保机关报告，其主观故意明显。玉溪市中级人民法院认为，玉溪市环境保护局在该《行政处罚决定书》中认定的相对人的违法行为事实与对其行为的法律定性相互不对应，其作出行政处罚所适用的法律存在错误，应予撤销。❶

(3) 南通鸿昌牧业有限公司（以下简称鸿昌公司）诉如皋市环境保护局❷（以下简称如皋市环保局）行政处罚一案。

如皋市环保局工作人员到原告鸿昌公司进行现场检查，在养殖场北侧发现一座1000立方米左右的露天粪坑内储存有养殖粪污，露天粪坑东侧四级沟内发现有养殖粪污流入迹象，没有采取任何防渗措施。原告鸿昌公司在蓄粪池满溢的情况下将粪污抽至该露天粪坑中。如皋市环保局作出皋环罚字〔2018〕61号《行政处罚决定书》。鸿昌公司不服，向法院提起行政诉讼。一审法院判决驳回原告鸿昌公司的诉讼请求。❸

原告鸿昌公司不服一审判决，向江苏省南通市中级人民法院提起上诉称，其排放行为事出有因，不存在利用渗坑排放污染物，逃避法律监管的主观动机和目的。江苏省南通市中级人民法院认为，本案并不符合《水污染防治法》第83条第3项的适用条件。《水污染防治法》第83条第3项规定的情形是"利用渗井、渗坑、裂隙、溶洞，私设暗管，篡改、伪造监测数据，或者不正常运行水污染防治设施等逃避监管的方式排放水污染物"。本案中，鸿昌公司在行政处罚听证程序中即提出因排污口被周围群众堵塞，在蓄粪池无法容纳污水的情况下为防止粪污四处满溢而采取的措施。虽然作为经营企业，不能以任何非正当理由作为实施环境违法行为的借口，但鸿昌公司的这一辩解关系到其排放粪污行为是否存在逃避监管的主观故意。如皋市环保局对这一辩解视而不见，认定鸿昌公司将粪污排放至土坑中是为逃避监管而实施的排放行为系主观臆断。江苏省南通市中级人民法院判决撤销如皋市环保局作出的行政处罚决定。❹

(二) 综合分析

通过整理相关案例发现，在实践中，对于行政处罚归责原则的认定是否需要考虑主观过错这一问题存在不同的处理方式。

一是过错责任原则，认为行政违法责任的承担要以行为人的主观过错为要件之一，即"有过错才担责"，过错的具体形式包括故意和过失。❺ 鸿昌公司诉如皋市环

---

❶ 参见（2019）云04行终45号行政判决书。
❷ 因南通市环保机构监测监察执法垂直管理制度改革，2019年5月7日，原告变更被告如皋市环境保护局为南通市生态环境局。
❸ 参见（2018）苏0682行初134号行政判决书。
❹ 参见（2019）苏06行终402号行政判决书。
❺ 应松年. 行政行为法——中国行政法制建设的理论与实践[M]. 北京：人民出版社，1993：473-474.

保局行政处罚一案中，法院即认为主观过错是行政处罚法应考虑的要件，如皋市环保局没有对鸿昌公司主观是否存在过错进行判断即认为其为逃避监管而实施排污行为不妥。

二是无过错责任原则，认为行政处罚的严厉程度较刑罚更轻，也不存在民法中在不同当事人之间分配责任的问题，为提高行政效率，对于行政违法行为没有必要区分故意和过失，无论行为人主观上是否存在过错，只要实施了违法行为，都应受行政处罚，"有行为即担责"。❶ 在上述鸿昌公司诉如皋市环保局行政处罚一案中，如皋市环保局即适用了无过错原则，在未对鸿昌公司辩解其并非故意非法排污进行调查的情况下，即作出行政处罚。

三是过错推定原则，即当事人一旦实施了违反行政法律规范的行为，除非其能够举证证明自己主观上没有故意或者过失情形，否则就推定当事人具有主观过错，应当依法承担行政违法责任。❷ 2021年修订的《行政处罚法》采用了此种观点，行政相对人如果自己证明不存在主观上的过错，即不予行政处罚。对于过错推定原则能否独立成为一种归责原则，实际上还尚存争议，有观点将过错推定归为过错责任的范畴，❸ 也有的将其作为无过错责任的体现。

四、对本案的评释

（一）一般论

1. 一审判决

浚县人民法院一审认为张某冲辩解其并非故意实施非法排污，而淇县环境保护局并未对其是否存在主观过错进行调查即作出行政处罚，事实不清，应予撤销。浚县人民法院认为主观过错是行政处罚的要件之一，应当予以考虑。

2. 二审判决

淇县环境保护局上诉意见认为环境污染侵权责任的归责原则适用的是无过错原则，无论张某冲主观上是否对排污行为有过错，只要张某冲将排放的污水流入淇河即构成环境侵权，应当依法承担侵权责任。鹤壁市中级人民法院认为张某冲私设管带包含了逃避监管排污的可能性，且存在排污的事实，应认定为私设暗管排污。鹤壁市中级人民法院把主观过错作为行政处罚的要件之一，认定张某冲存在非法排污的主观过错。

3. 再审裁定

河南省高级人民法院认为根据相关证据可以看出污水大量排入河内，张某冲放任该行为，为间接故意，存在主观过错。河南省高级人民法院把主观过错作为行政处罚

---

❶ 汪永清. 行政处罚运作原理 [M]. 北京：中国政法大学出版社，1994：164-165.
❷ 江必新. 论应受行政处罚行为的构成要件 [J]. 法律适用，1996（06）：3-6.
❸ 李孝猛. 主观过错与行政处罚归责原则：学说与实践 [J]. 华东政法大学学报，2007（06）：30-36.

应该考虑的要件之一，且认为主观过错包含间接故意。

（二）本案的法理分析

对于本案中污染淇河的行为是否应当处罚，仍需要根据法律的规定进行判断。有观点认为，环境污染案件实行无过错责任，本案也应当适用无过错责任，这种观点是错误的。无过错责任是民事侵权案件的归责原则，并不完全适用于行政处罚。新的行政处罚法对行政处罚的归责原则作出了规定，即以主观过错为基本原则，以过失和客观归责为补充。也就是说，一般情况下，对违法行为者实施行政处罚，必须以行为人故意为构成要件，行为人故意违反法律规定实施违法行为的才可以予以行政处罚。当然，也有例外情况，如果法律和行政法规特别规定在过失或者无过错情况下，只要客观上造成了损害后果，也可以给予行政处罚。需要注意的是，这里的证明行为人不存在主观过错的举证责任由行为人承担，即只要行为人不能证明自己不存在主观过错，就推定行为人存在主观过错，应当受到行政处罚。

本案中，淇县环境保护局在检查时发现原告张某冲正在通过管道向河道内排放污染物，原告张某冲主张是在用养殖废水灌溉树木，只是养殖废水不小心冲开地头围堰，致使少量养殖废水流入淇河。从淇县环境保护局提供的视频和照片来看，养殖废水流入淇河内的量较大，在岸边已经冲刷形成较深的流水沟，如果系灌溉树木不小心冲开围堰，应当及时进行封堵，岸边不可能形成较深的流水沟，沟内也不可能存在养殖废水正在大量流入淇河的情形。淇县环境保护局拍摄的视频之中也确实有工人在忙碌的情形，但是结合大量养殖废水流入淇河的事实，可以认定张某冲存在放任养殖废水排入淇河的问题，即原告张某冲通过管道向淇河岸边的树木排放养殖废水，放任养殖废水流入河道，可以认定为故意向淇河排放养殖废水。原告张某冲没有提供相应的证据证明其不存在主观过错，故其主张排放养殖废水目的是灌溉树木的理由不能成立，推定其存在主观过错，应当受到行政处罚。

【思考题】

（1）立法上虽然确立了行政处罚主观过错归责原则，但并无故意或过失之区分，且没有继续对此作出立法上的概念区分。那么行政处罚的主观过错是否需要区分故意与过失，具体概念又应当如何界定？

（2）立法上确立了行政处罚主观归责原则，但需要行为人提供证据证明自己确无过错才能不予处罚，未明确行政机关作为制裁机关的证明责任。行政机关是否应该承担证明行为人存在过错的证明责任？

第四节　行政处罚的具体措施

案例四　洛阳龙新玻璃有限公司诉新安县环境保护局行政处罚一案

【基本案情】

一、事实概要

2016年6月3日，新安县环境保护局（以下简称新安县环保局）执法人员对洛阳龙新玻璃有限公司（以下简称龙新公司）进行现场检查时发现，该公司实施了环境违法行为，经新安县环境监测站检测，其二氧化硫排放浓度和氮氧化物排放浓度均超过国家标准。新安县环保局执法人员于2016年6月4日现场送达新环违改〔2016〕0506号《责令改正环境违法行为决定书》。2016年6月27日，新安县环保局执法人员再次对龙新公司排放污染物超标情况进行复查，发现复查结果仍超过国家标准，责令龙新公司立即停止违法行为。2016年8月7日，新安县环保局根据龙新公司违法行为的事实、性质、情节和社会危害程度，作出新环罚字〔2016〕066号行政处罚决定书，责令龙新公司立即停止违法行为，并且自2016年6月5日起至2016年6月27日止23天，进行连续按日计罚（依据新环罚字〔2016〕044号，每天罚款70万元），共罚款壹仟陆佰壹拾万元（1610万元）。龙新公司认为新安县环保局的行政处罚程序和实体均违反法律规定，向法院提起行政诉讼。

二、一审判决[1]

一审法院认为，被告新安县环保局对原告龙新公司生产场所进行现场检查时，发现原告西侧窑炉总排口排放的二氧化硫、烟尘、氮氧化物浓度均超过国家规定的排放标准，认为原告存在严重环境违法，但是被告根据同一天的检查、检测结果，分别作出新环罚字〔2016〕023号和046号两份行政处罚决定书，违反了《中华人民共和国行政处罚法》（以下简称《行政处罚法》）（2019年版）"一事不再罚"原则。且被告责令原告立即停止违法行为，不具有实际可操作性。故判决撤销被告新安县环保局作出的新环罚字〔2016〕046号行政处罚决定书。

三、二审判决[2]

二审法院认为新安县环保局依据同一次监测报告和调查询问，分别作出了新环罚

---

[1] 参见（2017）豫0322行初2号行政判决书。
[2] 参见（2018）豫03行终127号行政判决书。

字〔2016〕023号和044号两份行政处罚决定书，违反了"一事不再罚"原则。故判决撤销被诉新环罚字〔2016〕044号行政处罚决定书，维持一审判决。

四、再审裁定①

河南省高级人民法院认为，新安县环保局在〔2016〕023号和044号两份行政处罚决定书外作出的新环罚字〔2016〕066号行政处罚决定是以新环罚字〔2016〕044号行政处罚决定为基础实施的按日连续处罚，新环罚字〔2016〕044号行政处罚决定已被依法撤销，新环罚字〔2016〕066号行政处罚决定失去"按照原处罚数额"按日连续处罚的基础，裁定应予撤销。

【主要法律问题】

按日计罚规定的适用要件问题。

【主要法律依据】

《中华人民共和国环境保护法》

第59条第1款 企业事业单位和其他生产经营者违法排放污染物，受到罚款处罚，被责令改正，拒不改正的，依法作出处罚决定的行政机关可以自责令改正之日的次日起，按照原处罚数额按日连续处罚。

《中华人民共和国大气污染防治法》

第123条 违反本法规定，企业事业单位和其他生产经营者有下列行为之一，受到罚款处罚，被责令改正，拒不改正的，依法作出处罚决定的行政机关可以自责令改正之日的次日起，按照原处罚数额按日连续处罚：

（一）未依法取得排污许可证排放大气污染物的；

（二）超过大气污染物排放标准或者超过重点大气污染物排放总量控制指标排放大气污染物的；

（三）通过逃避监管的方式排放大气污染物的；

（四）建筑施工或者贮存易产生扬尘的物料未采取有效措施防治扬尘污染的。

【理论分析】

一、立法分析

在按日计罚制度被写进2015年《中华人民共和国环境保护法》（以下简称《环境保护法》）之前，2007年重庆市就在《重庆市环境保护条例》中对按日计罚制度作出了规定，并取得了显著的实践效果，为该制度入法搭建了桥梁。

2008年《中华人民共和国水污染防治法》（以下简称《水污染防治法》）修订时

---

① 参见（2019）豫行申62号行政裁定书。

有学者提出将按日计罚制度入法，但没能取得成功；2011 年，全国人大环境与资源保护委员会的《环境保护法修正案（草案稿）》（以下简称草案稿）中按日计罚制度被再一次提上日程，但因担心过重的处罚负担影响经济发展，未就条款的内容形成一致意见，导致该制度在《环境保护法（修正案一审稿）》中遭遇"滑铁卢"❶，直到《环境保护法（修正案）》二审、三审中才又开始引入按日计罚制度，并最终于 2015 年开始施行。

为了使环境保护部门工作人员更好地理解、适用该制度，环境保护部于 2014 年配套出台了《环境保护主管部门实施按日连续处罚办法》（以下简称《办法》），对《环境保护法》第 59 条进行了细化，使按日计罚制度的实施更具有可操作性，环境执法人员适用按日计罚制度时有法可依，也为环境保护法规、规章的修改提供了法律上的依据。按日计罚制度一直在摸索中前进，并不断完善。

2017 年，环境保护部在总结近几年实践经验的基础上，发布了《环境保护部关于修改〈环境保护主管部门实施按日连续处罚办法〉的决定（征求意见稿）》，对公众关注的按日计罚制度相关条款作出几点修改，是按日计罚制度的一大进步。第一，调整了适用范围，增加"未依法取得排污许可证排放污染物的"情形。过去实践中无证排污情形多发，环境保护部门只能依据"其他违法排放污染物行为"这一兜底条款对违法企业进行处罚。增加无证排污情形既是为了满足实践的需求，也是我国许可证制度改革的客观要求。第二，取消了复查期限三十日的规定，三十日的复查期限既无上位法的依据，也束缚执法人员的手脚。复查的取消不仅简化执法，节省行政资源，同时进一步加大了对环境违法行为的打击力度，使按日计罚制度真正成为悬在环境违法企业头上的一把利剑。《办法》第 6 条允许地方性法规根据实际需要增加按日计罚的违法行为的类型，推动了适用范围的扩张。❷ 因为各省市的发展和立法需求的差异，实践中修订地方环保条例时，对按日计罚增加的适用情形有所不同。如上海市在《上海市环境保护条例》中规定了八种适用按日计罚制度的违法情形，❸ 新增了违反放射性污染防治规定和擅自倾倒危险废物的情形；广东省在《广东省环境保护条例》第 79 条增设

---

❶ 林燕梅，成功."按日计罚"条款未能进入环境保护法修正案（送审稿）的法律分析 [J]. 中国环境法治，2011（2）：4-18.

❷ 竺效. 新《环境保护法》四个配套办法实施与适用评估报告 [M]. 北京：中国人民大学出版社，2018：136-140.

❸ 《上海市环境保护条例》（2017 年版）第 66 条　企业事业单位和其他生产经营者有下列行为之一，受到罚款处罚，被责令改正，拒不改正的，依法作出处罚决定的行政机关可以自责令改正之日的次日起，按照原处罚数额按日连续处罚：（一）未按要求取得排污许可证，违法排放污染物的；（二）超过污染物排放标准或者超过重点污染物排放总量控制指标排放污染物的；（三）违反法律、法规规定，无组织排放大气污染物的；（四）不正常运行环境保护设施，违法排放污染物的；（五）通过暗管、渗井、渗坑、雨水排放口等逃避监管的方式排放污染物的；（六）违反建设项目管理制度，主体工程投入生产或者使用且排放污染物的；（七）擅自倾倒危险废物，或者对危险废物未采取相应防范措施，造成危险废物渗漏或者造成其他环境污染的；（八）违反放射性污染防治规定，生产、销售、使用、转让、进口、贮存放射性同位素或者射线装置的；（九）法律、法规规定的其他实施按日连续处罚的行为。

了污染物集中处理单位不正常运行污染物集中处理设施和建设单位未依法提交环评文件，未经批准，擅自开工建设等违法情形，意在打击放射性污染、危险废物倾倒、污染物集中处理单位和不提交环评等行为。

按日计罚制度也出现在我国环境单行法中，如2017年修订的《水污染防治法》第95条[1]采用概括式方式，规定只要企业有违法排放水污染物的行为，就可以对其进行罚款，开始按日计罚；《中华人民共和国大气污染防治法》（以下简称《大气污染防治法》）中也规定了按日计罚制度，采用列举式在第123条规定了四种违法情形，分别是无证排放大气污染物、超标准或超总量指标排放大气污染物、逃避监管排放大气污染物或未采取有效措施防治扬尘。不论是地方性法规还是环境单行法，其中有关按日计罚的规定都为按日计罚制度的实施提供了保障。

不难看出，我国按日计罚制度相关规定的法律文件是比较丰富的，且已形成国家地方层面立体式的法律规范体系。目前在国家层面的法律、部门规章及其相关细化规范性文件上对按日计罚制度有所规定，但占据相关法律法规数量主要部分的则是各省市的地方性法规、地方政府规章及其相关细化规范性文件，且国家层面的相关法律规定是在地方法规对按日计罚制度进行探索后，才在总结相关经验的基础上审慎地予以规定。这说明了按日计罚制度并不是新《环境保护法》本身的创造，[2]而是在地方试点经验的基础上总结得来的。可以说，我国关于按日计罚制度的立法实践走的是特殊到一般的"归纳"路径。

二、法理分析

《环境保护法》第59条规定了按日计罚制度，虽然该规定明确了按日计罚作为企业排放污染物的处罚方式，但是关于按日计罚制度的法律性质一直存在争议。对按日计罚制度法律性质的研究，既是环境执法人员合法合理执法的基础，也是保护行政相对人的前提。不在理论上解决这一潜在问题，会在一定程度上影响按日计罚制度的实施效果。事实上，从2008年修订《水污染防治法》时起，学术界对按日计罚制度法律性质的争论就没有停止过，至今也没能达成一致看法。当前对于按日计罚制度的性质存在两种主流观点，分别是执行罚和行政罚。

1. 执行罚

执行罚是我国《行政强制法》规定的间接强制执行的一种，是在行政相对人不及时履行或不履行义务时，行政机关对其科以财产上的新的给付义务，以促使义务人履

---

[1] 《水污染防治法》第95条 企业事业单位和其他生产经营者违法排放水污染物，受到罚款处罚，被责令改正的，依法作出处罚决定的行政机关应当组织复查，发现其继续违法排放水污染物或者拒绝、阻挠复查的，依照《中华人民共和国环境保护法》的规定按日连续处罚。

[2] 黄学贤，杨东升."按日连续处罚"的法律性质——《环境保护法》第59条评析[J]. 法治研究，2015（06）：143-144.

行义务的措施。❶ 执行罚一般模式是先存在一个行政机关给予的行政处罚，行为人拒不履行该行政处罚的义务才会启动执行罚，比如加处罚款或滞纳金。❷ 对比《环境保护法》第 59 条，按日计罚的适用前提是"被责令改正，期满拒不改正"，这一制度并不是为了惩罚过去已经发生的行为，而是旨在督促环境违法企业积极履行改正持续性违法排污的义务。从字面理解，按日计罚制度似乎具有执行罚的外观，将其性质解读为执行罚存在一定的合理性。但按日计罚制度最初确定的罚款具有明显的行政罚性质，责令改正只是一种行政命令，将拒不改正加处的罚款部分的性质认定为执行罚，这一观点难以自圆其说。❸

2. 行政罚

行政罚认为按日计罚以动态化的方式在违法成本和违法收益之间取得平衡，来起到惩戒和预防环境违法行为的作用，是对行政相对人过往的违法行为给予制裁而非迫使行政相对人未来履行义务。❹ 因为行政相对人在行政处罚中处于弱者地位，故为了避免重复处罚，保护行政相对人，我国《行政处罚法》引入了"一事不再罚"原则，由于我国法律未明确界定何谓"一事"，如果将按日计罚界定为行政罚，那么按日计罚是否会与"一事不再罚"原则产生冲突呢？回答这一问题的关键在于按日计罚的处罚对象究竟是持续性的一个环境违法行为，还是以"日"为单位的数个环境违法行为？❺ 从按日连续处罚的整体过程来看，以责令改正为中心划分了先行为与后行为。从行为内容来看，先行为和后行为都是连续的违法排污行为。在生态环境部门对于先行为进行首次行政处罚后，连续违法排污行为的连续效力因该处罚而中断。因此在计罚区间的违法排污行为被认定为新的违法排污行为。对其进行处罚不属于对同一违法行为的重复处罚，因而不构成对"一事不再罚"原则的违背。❻

按日计罚以责令改正为中心和时间节点划分为先行为与后行为，如对先行为作一事处理后，对于后行为视为每日一行为而按日处罚，如将每日违法拟制为一个违法行为而单独处罚，则需根据每日的违法事实确定罚款，这与以原罚款金额为每日罚款数额的现行规定不符，会大大加重生态环境部门的执法难度。因此，将连续违法行为人为按日拟制成多个行为不符合我国按日连续处罚的制度体系和运行逻辑。现行制度体系下，将连续违法排污行为认定为"一事"是适当且必要的。首先，对于连续违法行为作"一事"处断有法律和实践中的依据，可以避免拟制带来的不良影响。其次，按

---

❶ 杜睿哲. 行政法与行政诉讼法［M］. 武汉：华中科技大学出版社，2013：217-220.
❷ 吴宇. 论按日计罚的法律性质及在我国环境法上的适用［J］. 理论月刊，2012（04）：92-95.
❸ 陈德敏，鄢德奎. 按日计罚的法律性质与规范建构［J］. 中州学刊，2015（06）：41-45.
❹ 黄学贤，杨东升."按日连续处罚"的法律性质——《环境保护法》第 59 条评析［J］. 法治研究，2015（06）：142-151.
❺ 冯露. 环境纠纷行政解决机制实证研究［M］. 北京：北京大学出版社，2016：35-38.
❻ 吴越，沈俊帆. 按日计罚的法律属性与法律适用研判——基于比较法和法律系统性考察［J］. 光华法学，2015（01）：3-22.

日连续处罚的制度设计决定了对于连续违法排污行为作"一事"处理的正当性。按日连续处罚计罚区间封闭,且不因任何因素如停产停业、达标排放而中断,说明立法者是以整体的一行为看待的。最后,不问每日违法情况,而统一以固定数额计罚,可见按日计罚是不以每日违法排污行为作为"一事",而是对于总体"一事"标准下的计罚方式的重构。❶

将按日计罚认定为行政罚或执行罚各有其优缺点。行政罚可以实现过罚相当,但对程序、执法人员水平要求高。执行罚受不得超出金钱给付义务的限制,因此罚款额度小,威慑力不大,但程序简单且高效。结合具体制度或法条,立足于我国环境污染案件的类型和现有环境执法状况,分析立法精神,从逻辑上将按日计罚制度定性为行政罚更为适宜。我国也可以通过立法明确按日计罚为行政罚的法律性质,明确持续性环境违法行为的每一天都是一个违法行为,可以日日处罚,这样就不会与"一事不再罚"原则相关联,同时将我国《行政强制法》第 45 条的规定落实到按日连续处罚中,❷ 对到期未付的按日连续处罚罚款按一定比例加处罚款或收取滞纳金。如此便解决了按日连续处罚和"一事不再罚"原则的矛盾关系,环境保护主管部门的工作人员就不会因为按日连续处罚制度法律性质的不明晰而影响按日连续处罚制度功能的发挥。

三、类案分析

(一) 典型案例

(1) 东莞市朗晟洗涤有限公司(以下简称朗晟公司)与东莞市生态环境局环境保护行政管理案。❸

被告东莞市生态环境局的执法人员在对原告朗晟公司检查时发现,该公司在生产过程中虽将产生的废水经废水处理设施处理后排放,但是东莞市环境监测中心站工作人员在现场废水处理设施标准化排放口取样进行监测后,东莞市环境监测中心站出具的《环境监测报告》显示,原告朗晟公司生产废水排放口化学需氧量超标 2.4 倍。故作出了东环违改字〔2019〕1389 号《责令改正违法行为决定书》,责令原告朗晟公司自收到决定书之日起立即停止超标排放生产废水的行为,如拒不改正超标排放生产废水的违法行为,将对原告朗晟公司依法实施按日连续处罚,并告知原告朗晟公司行政复议和行政诉讼的权利、途径和期限。

一审法院认为,根据现场检查(勘察)笔录、调查询问笔录、现场检查照片、《环

---

❶ 杜殿虎. 按日计罚性质再审视——以法解释学为解释视角 [J]. 南京工业大学学报(社会科学版),2018,17(05):31-38.

❷ 《行政强制法》第 45 条 行政机关依法作出金钱给付义务的行政决定,当事人逾期不履行的,行政机关可以依法加处罚款或者滞纳金。加处罚款或者滞纳金的标准应当告知当事人。加处罚款或者滞纳金的数额不得超出金钱给付义务的数额。

❸ 参见(2020)粤 19 行终 291 号行政判决书。

境监测报告》等证据,足以证实朗晟公司在现场执法检查时正在进行生产,设有洗衣、脱水等工序,生产废水排放口化学需氧量超标,原告朗晟公司的行为已违反法律规定。被告根据《环境保护法》第59条第1款、《水污染防治法》第83条第2项、第95条的规定,责令原告朗晟公司自收到决定书之日起立即停止超标排放生产废水的行为,如拒不改正超标排放生产废水的违法行为,将对原告朗晟公司依法实施按日连续处罚,事实清楚,证据充分。

二审法院认为,案涉《环境监测报告》载明样品分析完成时间为2019年6月10日,报告出具时间为2019年6月18日。参照原环境保护部办公厅发布的环办〔2011〕123号《环境保护部办公厅关于加强污染源监督性监测数据在环境执法中应用的通知》第3条规定,❶ 案涉《环境监测报告》系超过法定期限作出。虽然案涉《环境监测报告》的出具时间超过了法定期限,但该程序上的瑕疵并不影响案涉《环境监测报告》结论的真实性,不足以否定其作为行政执法的依据,将对其依法实施按日计罚,理据充分,并无不当。

(2)河北中凯建设工程有限公司(以下简称中凯公司)与天津市蓟州区生态环境局(以下简称蓟州区环境局)、天津市蓟州区人民政府(以下简称蓟州区政府)行政管理案。❷

原告中凯公司于2018年9月18日23时40分正在进行浇注施工,泵车、两辆罐车正在使用中,但在施工作业前三日未向所在地环境保护行政主管部门提出夜间进行产生噪声污染的施工作业申请。同时,监测人员对单位建筑施工工地进行了噪声监测,监测结果超过了《建筑施工场界环境噪声排放标准》(GB 12523—2011)的夜间[55dB(A)]标准。被告蓟州区环境局向其送达了津蓟环改字〔2018〕城210号《天津市蓟州区环境保护局责令改正违法行为决定书》《天津市蓟州区环境保护局行政处罚决定书》,罚款人民币3万元。另查明,在2018年10月4日0时15分,被告蓟州区环境局复查中发现该公司施工时仍然超过了《建筑施工场界环境噪声排放标准》(GB 12523—2011)的夜间[55dB(A)]标准。故决定对其自2018年9月20日起至2018年10月4日止的违法行为实施按日连续处罚,罚款人民币45万元。

一审法院根据《环境保护法》第59条、《环境保护主管部门实施按日连续处罚办法》第5条的规定,认为本案中原告承建的项目工地在夜间施工时产生噪音污染,属于法律禁止的污染物,对此行为原告不持异议,蓟州区环境局作为环境保护主管部门对其进行按日连续处罚完全具有法律依据。

二审法院认为,天津市地方性法规中虽未对按日连续处罚的违法行为种类进行明

---

❶ 《环境保护部办公厅关于加强污染源监督性监测数据在环境执法中应用的通知》第3条 环境监测机构应及时完成分析测定工作,在完成样品测试工作后5日内制作完成监测报告并报出。监测报告应符合《环境行政处罚办法》第三十五条的相关规定。专用于案件调查取证的监测数据和污染源排放异常数据,环境监测机构应及时向环境执法机构提供。环境监测机构对污染源监督性监测数据的真实性、准确性负责。

❷ 参见(2019)津8601行初16号行政判决书。

确，但《环境保护法》第 59 条第 1 款、《环境保护主管部门实施按日连续处罚办法》第 5 条第（3）项均规定了按日连续处罚的法律适用。且根据《中华人民共和国环境噪声污染防治法》（2018 年版，已废止）第 2 条的规定，排放超过国家规定环境噪声排放标准的噪声属于《环境保护法》规定的"违法排放污染物"的行为。据此，虽然相关法律授权地方性法规可以根据环境保护的实际需要，增加按日连续处罚的违法行为的种类，但即便地方性法规未就按日连续处罚所适用的违法行为种类作出增加，并不影响将环境噪声污染作为适用该类处罚的种类。蓟州区环境局适用《环境保护法》的规定对中凯公司违法排放环境噪声污染的行为作出被诉《按日连续处罚决定书》具有法律依据。❶

（3）高州市湖塘畜牧水产发展有限公司（以下简称湖塘公司）与茂名市生态环境局（原茂名市环境保护局）其他行政管理案。❷

茂名市环境保护监测站环境监测人员对湖塘公司排放口外排废水进行取样监测，并当场制作了现场检查（勘察）笔录。茂名市环境保护监测站出具了《监测报告》，该报告的监测结果显示废水排放口的总磷含量为 72.4mg/L，认定污染企业外排废水口排放的废水总磷含量超出了广东省地方标准《畜禽养殖业污染物排放标准》规定的总磷排放标准，涉嫌违反《水污染防治法》第 83 条第 2 项的规定。被告茂名市生态环境局对原告湖塘公司作出《茂名市环境保护局行政处罚决定书》，但该企业拒不改正超标排放水污染物的环境违法行为，茂名市生态环境局对复查后仍然超标排放污染物的违法行为处人民币 50 万元整罚款。

一审法院根据《环境保护法》第 59 条第 1 款和《环境保护主管部门实施按日连续处罚办法》第 5 条、第 7 条、第 10 条、第 12 条、第 13 条、第 17 条、第 19 条的规定，判决被告茂名市生态环境局向原告湖塘公司作出《责令改正违法行为决定书》，责令其立即停止超标排放污染物行为，并于同日向原告湖塘公司送达该决定书，并在对改正情况实施复查时发现其排放情况仍超出了广东省地方总磷排放标准的拒不改正超标排放污染物的环境违法行为，自被告茂名市生态环境局责令其改正之日的次日起即 2018 年 3 月 22 日起至被告茂名市生态环境局复查发现违法排放污染物行为之日止即 2018 年 3 月 26 日止共五日，按照原处罚数额 10 万元对原告湖塘公司按日连续处罚共 50 万元，事实清楚，于法有据。

二审法院认为，以原处罚决定确定的罚款数额 10 万元作为本次按日连续处罚每日的罚款数额，以责令改正违法行为决定书送达上诉人的次日 2018 年 3 月 22 日至复查发现违法排放污染物行为的 3 月 26 日共计五日作为本次按日连续处罚的计罚日数，将本次按日连续处罚的每日罚款数额乘以计罚日数，对上诉人的涉案环境违法行为处以罚款 50 万元的行政处罚，并无不妥。

---

❶ 参见（2020）京 04 行终 17 号行政判决书。
❷ 参见（2020）粤 09 行终 108 号行政判决书。

（二）综合分析

在行政诉讼中，关于按日计罚多数判决依据《环境保护法》第 59 条第 1 款、《大气污染防治法》第 123 条，以及《环境保护主管部门实施按日连续处罚办法》进行审判。

按日连续处罚制度已施行多年，根据执法实践中的数据可以在一定程度上看出其适用现状究竟如何。下面通过对适用现状的评估以及相关案例的分析对以下问题进行总结。

1. 罚款数额

首先，按日计罚制度的处罚基础即原罚款数额，是环境保护部门第一次检查时发现企业违法排污，针对该环境违法行为对违法排污企业作出罚款的行政处罚，也就是对违法排污企业超标排放污染物中的超标部分进行处罚。例如，在 2017 年 4 月 1 日后，氮氧化物排放量 ≤200mg/m³ 降低至排放量 ≤80mg/m³，如果该企业排放氮氧化物为 100mg/m³，则需要对其超过的 20mg/m³ 进行处罚。但是目前我国《环境保护法》和《环境保护主管部门实施按日连续处罚办法》中皆无对原罚款数额的具体规定及具体计算公式，需对应大气、水等环境保护领域的单行法，寻找对环境违法企业的处罚依据。❶《环境保护法》第 59 条第 2 款规定了原处罚数额的确定标准为防治污染设施的运行成本和违法行为造成的直接损失或者违法所得这两项因素，不区分各类企业的规模、实力、改正态度和违法历史，也不区分究竟是何种违法行为。❷ 这样一刀切的做法具有局限性，一方面，运行成本与直接损失或违法所得本来就是违法者应当负担的，没有对环境违法者起到惩戒的作用，与按日计罚制度教育和惩罚相结合的立法本意相悖；另一方面，由于每日的罚款数额等于原处罚决定书确定的数额（如果原处罚决定书是以按日连续处罚规则确定的罚款数额，则每日罚款数额为原处罚决定书确定的罚款数额×计罚日数），这样的计算方式，就存在着实际上对企业按日计罚的罚款数额实际上已经超出了该企业治理造成的污染所需要的费用。例如，污染企业排放氮氧化物 120mg/m³，治理超标污染物仅仅需要 40 万元，而行政机关按照按日计罚对违法排污企业作出了罚款 70 万元的决定。这一方面体现了按日计罚制度在罚款数额确定和计算上的不合理；另一方面仅仅是对企业进行罚款，而不让其承担治理污染的责任，也与环境保护的初衷相悖。

其次，现行环境领域单行法中对罚款数额的设定，不论是数值模式还是倍数模式，都给执法者留下大量的自由裁量空间。❸ 不确定的原处罚数额标准，给环境执法人员适用按日计罚制度埋下了隐患。

---

❶ 王灿发. 新《新环境保护法》实施情况评估报告 [M]. 北京：中国政法大学出版社，2016：136-145.
❷ 杨帆，李传珍. "罚款"在我国环境行政处罚中的运用及绩效分析 [J]. 法学杂志，2014，35（08）：44-53.
❸ 吴凯. 我国环境行政体系的重心迁移与价值调适——以《环境保护法》修订案第五十九条"按日计罚"制度为中心 [J]. 南京工业大学学报（社会科学版），2014，13（04）：41-50.

最后,《环境保护主管部门实施按日连续处罚办法》第 13 条规定了按日计罚适用前提中"拒不改正"的两种情形,第一种即环境保护主管部门复查后仍发现企业违法排污的。现行立法未将继续排污行为的法律评价纳入调整视野中,持续性违法排污过程中,每一天的排污情况不可能和环境保护主管部门第一次发现违法排污时完全一样,造成的损害结果也有所不同。若一概以原处罚数额为基数,乘以计罚天数得出的罚款,没有将复查期间企业积极减少排污的情形考虑进去,容易打击积极整改的企业的积极性。按日计罚是督促行政相对人主动改正环境违法行为的手段,而不是为了罚而罚,一味地惩罚过去的违法行为,甚至成为某些环境保护部门的牟利手段。❶ 而目前的罚款设计在本质上仍然透露着传统的绝对处罚观念,只要在复查时发现企业排污行为仍在继续,不考虑与初次检查相比是否已经积极采取了整改措施,不考虑污染因子是否发生变化,都属于仍处于超标排污情形,一律认定为"拒不改正",可以启动原罚款数额乘以计罚日数的按日计罚模式,然而这种模式既不能惩罚恶意加大排污的行为人,也无法给积极履行整改义务的行为人一个公平的交代,容易引发行政相对人与环境保护部门的矛盾冲突。如肇庆市金海源生物科技有限公司(以下简称金海源公司)案❷,肇庆市环境保护局于 6 月 5 日初次检查时发现其烟尘排放浓度超标 2.95 倍,排放速率超标 1.04 倍,于 6 月 7 日下达《责令改正违法行为决定书》;于 6 月 16 日作出《行政处罚决定书》,对首次违法行为处以罚款 7.5 万元;7 月 7 日,肇庆市环境保护局复查时显示烟尘排放浓度超标 0.43 倍,排放速率超标 0.67 倍。从数据来看,显然金海源公司进行了积极的整改,排放的污染物有所降低,整改有一定的成效,但肇庆市环境保护局因其未整改完毕,仍在继续排污,认定其为"拒不改正",决定开始对金海源公司适用按日计罚制度,从肇庆市环境保护局下达《责令改正违法行为决定书》的次日 6 月 8 日起,至 7 月 7 日止,计罚天数 30 天,罚款一共 225 万元。一审和二审法院都维持了肇庆市环境保护局的决定。过于机械的罚款设计,使得积极履行义务但未履行完毕的行为人与不改正违法行为的行为人受到相同的处罚,这是不公平的。❸

2. 计罚日数

影响按日计罚的计罚日数的因素有二,一是计罚周期内的天数,二是计罚次数。首先,环境保护部门第一次发现环境违法行为,下达责令改正决定书的次日起至复查时发现仍在继续排污时止,为按日计罚的一个计罚周期,计罚周期内企业有停止生产的,但环境保护部门复查时已经恢复生产又违法排放污染物,计罚日数仍按上述方式确定。其中停产停业、达标排放的日数并不能从中扣除,这样过于机械的设计会打击企业主动改正违法行为的积极性。其次,按日计罚虽不限次数,但考虑到实际的处罚

---

❶ 汪再祥. 我国现行连续罚制度之检讨——基于行政法体系与规范本质的思考 [J]. 法学评论,2012,30 (03):31-36.

❷ 参见(2016)粤 12 行终 107 号行政判决书.

❸ 陈德敏,鄢德奎. 按日计罚的法律性质与规范建构 [J]. 中州学刊,2015(06):41-45.

效果，并不适合多次使用。如重庆市江合煤化违法排污案，从6月1日到8月31日启动了四次按日计罚，罚款共计1840万元，不考虑企业的支付能力，一味罚款，企业可能会选择破产或因无力支付而无所忌惮，更加肆意排污，处罚的目的得不到实现，反而会降低环境保护部门的权威。❶ 最后，《环境保护主管部门实施按日连续处罚办法》第10条规定了三十天的复查期限，因该期限让许多违法企业想方设法混过检查后继续排污，束缚了执法人员的手脚，《环境保护部关于修改〈环境保护主管部门实施按日连续处罚办法〉的决定（征求意见稿）》取消了三十天复查期限的规定，这一举措使得企业不敢再对环境污染抱有侥幸心理，但同时环境执法人员可以随时对企业进行复查，也产生了滥用自由裁量权的风险。因此环境保护部门在复查时应该考虑到企业的规模、造成的损害程度等，合理确定复查期限。既要避免期限过短，企业可能还未整改完毕就要面临再次被处罚的窘境，或者整改后又重新进行违法排污行为；又要避免时间过长，纵容环境污染行为。

四、对本案的评释

（一）一般论

1. 一审判决

孟津县人民法院根据《大气污染防治法》第4条、《河南省大气污染防治条例》第6条的规定，认为原告龙新公司存在严重环境违法，但是根据同一天的检查、检测结果，分别作出新环罚字〔2016〕023号和044号两份行政处罚决定书，违反一事不再罚的基本原则。且由于污染企业行业的特殊性，责令停止违法行为，不具有实际可操作性。故撤销被告新安县环保局作出的新环罚字〔2016〕044号行政处罚决定书。

2. 二审判决

洛阳市中级人民法院根据《行政处罚法》（2009年版）第24条的规定认为，新安县环保局作出新环罚字〔2016〕044号行政处罚决定时，未依法重新对原告龙新公司是否超过国家规定的排放标准排放污染物进行监测、调查，属于认定事实不清。故不予支持新安县环保局的上诉请求理由。

3. 再审裁定

河南省高级人民法院根据《最高人民法院关于适用〈中华人民共和国行政诉讼法〉的解释》第116条第2款，认为应该对违法企业实行按日计罚，但由于"按照原处罚数额"按日连续处罚的基础的处罚决定书已被撤销，故按日计罚的相关处罚决定也应依法撤销。

（二）本案的法理分析

《环境保护法》第59条第1款规定："企业事业单位和其他生产经营者违法排放污

---

❶ 安泽文. 环境保护法中按日计罚制度的适用研究［J］法制与社会，2017（07）：42-46.

染物，受到罚款处罚，被责令改正，拒不改正的，依法作出处罚决定的行政机关可以自责令改正之日的次日起，按照原处罚数额按日计罚。"《大气污染防治法》第 123 条也规定："违反本法规定，企业事业单位和其他生产经营者有下列行为之一，受到罚款处罚，被责令改正，拒不改正的，依法作出处罚决定的行政机关可以自责令改正之日的次日起，按照原处罚数额按日计罚：（一）未依法取得排污许可证排放大气污染物的；（二）超过大气污染物排放标准或者超过重点大气污染物排放总量控制指标排放大气污染物的；（三）通过逃避监管的方式排放大气污染物的；（四）建筑施工或者贮存易产生扬尘的物料未采取有效措施防治扬尘污染的。"上述规定即是按日计罚的法律依据，根据上述规定，生态环境部门针对污染环境的行为作出责令改正处罚以后，如果企业事业单位和其他生产经营者拒不改正的，生态环境部门可以实施按日计罚。

本案中，原告龙新公司违法排放污染物，被告新安县环保局已经作出行政处罚决定，在其后的复查中，原告龙新公司并未改正违法排污行为，参照上述规定，被告新安县环保局只能以原行政处罚决定为基础实施按日计罚，而不能将未改正的违法排污行为作为新发现的违法排污行为对待并重新作出行政处罚决定，但被告新安县环保局未实施按日计罚，而是重新作出新环罚字〔2016〕044 号行政处罚决定，缺乏事实和法律依据。

另外，本案中，被告新安县环保局上诉称其责令原告龙新公司立即停止违法行为，但一审法院以原告龙新公司玻璃行业的特殊性质，所以不具有实际可操作性为由撤销本案中被告作出的行政处罚。一审法院在认定该企业是否排污方面不应该因行业的特殊性而对其特殊对待，因为法律并未规定责令改正的措施要区分不同行业。龙新公司超标排放后果严重，立即停止违法行为是污染企业应尽的法律责任。一审法院没有考虑到当前环境的严峻性，即使是无法立即停止排放的特殊行业，污染企业也可以采取相关的措施使其排放的污染物不超过法律规定的标准。不可否认的是，一审法院查明的被告新安县环保局是根据同一天的检查、检测结果，分别作出新环罚字〔2016〕023 号和 044 号两份行政处罚决定书，违反"一事不再罚"原则，故撤销新环罚字〔2016〕044 号行政处罚决定书的判决，于法有据。

与以往的单次处罚不同，按日计罚体现了对污染环境违法行为的严厉打击，是用严格制度保护生态环境，充分运用法律手段促使排污者及时纠正违法行为，不再继续污染环境。这更多体现了法理分析中将按日计罚认定为执行罚的观点。把按日计罚理解为间接强制执行的一种，目的是督促拒不改正的企业积极履行改正的义务，减少对环境造成的损害。

【思考题】

（1）是否应该拓宽按日计罚制度的适用范围？

（2）若污染企业存在前后两次污染行为，对后行为的按日计罚是否有违"一事不再罚"原则？

第五节 行政处罚的追责时效

案例五 夏邑县宇浩助剂有限责任公司诉商丘市生态环境局、商丘市人民政府环境行政处罚及行政复议案

【基本案情】

一、事实概要

原告夏邑县宇浩助剂有限责任公司（以下简称宇浩公司）报批规模为年产300吨甲基丙烯酸钠及700吨甲基丙烯酸缩水甘油酯的项目。2018年4月11日，商丘市生态环境局对原告宇浩公司进行检查，并对原告宇浩公司的法定代表人李某良进行询问。李某良认可其扩建的甲基丙烯酸钠生产线1条和甲基丙烯酸缩水甘油酯生产线2条无环评审批手续。经调查，原商丘市环境保护局作出商环罚决字〔2018〕1010号行政处罚决定书。原告宇浩公司不服，向河南省环境保护厅申请复议。2018年9月7日，河南省环境保护厅作出〔2018〕35号复议决定，以认定事实不清为由，撤销了商环罚决字〔2018〕1010号行政处罚决定书。经商丘市生态环境局再次立案，于2019年2月2日重新作出商环罚决字〔2019〕1008号行政处罚决定书，原告宇浩公司仍不服，向商丘市人民政府申请复议。2019年6月16日，商丘市人民政府作出维持的复议决定。原告宇浩公司还不服，向商丘市梁园区人民法院提起行政诉讼，请求撤销复议决定及处罚决定。

二、一审判决

商丘市梁园区人民法院认为，本案现有充足证据能够证明原告宇浩公司的车间建成时间在2015年5月之前，原告宇浩公司的未批先建违法行为超过行政处罚法规定的两年追诉处罚时效。被告商丘市生态环境局仅凭原告宇浩公司法定代表人李某良的反复的笔录，认定其车间在2016年6月建成，由于李某良前后说法不一，又无其他证据相印证，商丘市生态环境局认定事实的主要证据不足，依法其行政处罚决定应予以撤销。遂判决撤销被告商丘市生态环境局作出的行政处罚决定和被告商丘市人民政府作出的行政复议决定。[1]

三、二审判决

商丘市生态环境局不服商丘市梁园区人民法院判决，向商丘市中级人民法院提起

---

[1] 参见（2019）豫1402行初120号行政判决书。

上诉。商丘市生态环境局称，宇浩公司多建了三条生产线后，直至2018年仍然处于生产状态，其违法生产的事实处于连续状态。商丘市生态环境局于2019年2月对其进行行政处罚，不超过两年的追诉时效。宇浩公司答辩称，各生产车间均在2015年底前建成投产，该行为没有处于连续或继续状态。

商丘市中级人民法院认为，宇浩公司法定代表人在商丘市生态环境局对其询问时，认可涉案的扩建生产线是在2016年正式建设，2016年10月投产。同时，河南省环境保护厅〔2018〕35号复议决定也已经认定"商丘市环境保护局发现宇浩公司擅自扩建生产线并进行处理并未超过两年的时效"。故商丘市生态环境局于2018年4月对宇浩公司进行检查，不超过两年的处罚时效。商丘市中级人民法院判决撤销商丘市梁园区人民法院作出的〔2019〕豫1402行初120号行政判决，驳回被上诉人宇浩公司的诉讼请求。❶

四、再审裁定

宇浩公司不服河南省商丘市中级人民法院作出的二审判决，向河南省高级人民法院申请再审。宇浩公司申请再审称，其各生产车间均系在2015年底前建成投产，该违法行为没有处于连续或者继续状态，商丘市生态环境局发现时已超过两年，不应再予以处罚。商丘市生态环境局答辩称，宇浩公司在未建设相关配套污染防治设施前提下，擅自生产，其违法行为一直处于连续状态，并结合一审、二审审理过程中商丘市生态环境局提交的相关证据材料，以及河南省环境保护厅作出的〔2018〕35号复议决定，也已经认定商丘市环境保护局发现宇浩公司擅自扩建生产线并进行处理并未超过两年的诉讼时效来看，不存在宇浩公司主张的超过诉讼时效的情形。

河南省高级人民法院认为，宇浩公司的法定代表人认可涉案的扩建生产线是在2016年10月投产，故商丘市生态环境局于2018年9月对宇浩公司进行检查，不超过两年的处罚时效，且再审听证时宇浩公司亦承认涉案生产线投产后一直在生产，故对宇浩公司的再审理由不予采纳。❷

【主要法律问题】

商丘市生态环境局作出行政处罚决定是否超过追诉时效？

【主要法律依据】

《中华人民共和国行政处罚法》

第36条 违法行为在二年内未被发现的，不再给予行政处罚；涉及公民生命健康安全、金融安全且有危害后果的，上述期限延长至五年。法律另有规定的除外。

前款规定的期限，从违法行为发生之日起计算；违法行为有连续或者继续状态的，

---

❶ 参见（2019）豫14行终224号行政判决书。
❷ 参见（2020）豫行申1464号行政裁定书。

从行为终了之日起计算。

《中华人民共和国行政诉讼法》

第70条　行政行为有下列情形之一的,人民法院判决撤销或者部分撤销,并可以判决被告重新作出行政行为:

……

(六)明显不当的。

第89条　人民法院审理上诉案件,按照下列情形,分别处理:

……

(二)原判决、裁定认定事实错误或者适用法律、法规错误的,依法改判、撤销或者变更;

……

【理论分析】

一、立法分析

《中华人民共和国行政处罚法》(以下简称《行政处罚法》)(2017年版)第29条第1款规定,违法行为在二年内未被发现的,不再给予行政处罚。这是关于行政处罚时效的一般规定,这样做的目的是稳定社会秩序。2021年7月15日实施的《行政处罚法》对行政处罚时效又作出了新的规定,其第36条第1款在之前法条的基础上又增加了"涉及公民生命健康安全、金融安全且有危害后果的,上述期限延长至五年"。这样规定是为了更好地保护公民生命健康安全和金融安全。

追诉时效制度设计的出发点和宗旨在于为行政违法者设置一种补救性的替代措施,以期违法者能够在此期限内自我约束、自我纠正、改过自新,从而实现与给予行政处罚相似的预防违法的效果,使违法者不再违法、侵害他人权益或危害社会公共利益。因而,追诉时效制度之落脚点及其核心,就在于追诉时效期限的长短及其适用。追诉时效期限的长短划分与确定,是追诉时效制度对于违法者与受害人合法权益或者社会公共利益加以平衡的根本所在。因此,作为追诉时效制度核心的追诉时效期限的长短,就要与行政违法行为的社会危害性相适应。[1] 而行政违法行为之社会危害性的大小,归根结底体现在社会主体生存意志对于行政违法行为之否定性评价程度,这一否定性评价程度则最终体现在国家机关对行政违法行为所设定的行政处罚的轻重上。这样,确定追诉时效期限长短的直接标准就是行政违法行为可能招致的行政处罚的种类。由此观之,根据行政处罚种类的不同分别规定不同追诉时效期限的做法正好体现了追诉时效制度的宗旨,更具合理性。[2]

---

[1] 胡锦光. 行政处罚研究[M]. 北京:法律出版社,1998:152.
[2] 石佑启,黄新波. 论我国行政处罚时效制度的完善——一个比较法的视角[J]. 法治论丛,2004(01):14-18.

我国 2021 年《行政处罚法》对此进行了修改，一般情况下追诉时效为二年，涉及公民生命健康安全、金融安全且有危害后果的，延长至五年。法律另有规定的除外。例如，《中华人民共和国治安管理处罚条例》（已废止）第 18 条的规定。实现了根据行政处罚的不同种类设定不同的追责时效期限。

2021 年修订的《行政处罚法》第 36 条第 2 款明确了追诉时效的起算方法。其中"违法行为发生之日"，即违法行为停止之日；"违法行为有连续或者继续状态的"，就是指连续行政违法行为或继续违法行为。连续违法行为是指同一违法当事人连续两次或两次以上实施性质相同的违法行为。继续违法行为是指同一违法当事人在一定时间内所实施的处于继续状态的违法行为。

二、法理分析

（一）行政处罚追诉时效表述

行政处罚追诉时效并非我国立法上的规范表述，在理论层面上，行政处罚时效分为四种：追诉时效、裁决时效、执行时效及救济时效，而我国实质上只规定了追诉时效。❶ 我国学界对行政处罚时效的研究相对匮乏，即使是法律已有规定的追诉时效这一概念，学界的表述也并不统一，有学者使用追究时效或追罚时效，甚至还有学者采用追溯时效，❷ 但含义基本上是一致的，这也暴露出该制度存在落后、关注度不足等问题。行政处罚追诉时效是指对违法行为人追究责任，给予行政处罚的有效期限，超出该期限则不能对违法行为人给予处罚。❸

（二）《行政处罚法》关于时效规定中"发现"的理解

《行政处罚法》第 36 条第 1 款规定："违法行为在二年内未被发现的，不再给予行政处罚。"首先，"未被发现"不是一个法律术语，法律作为一门独立的学科，应该有自身独特的语言文化，方能体现法律的独特性和专业性。其次，"发现"一词带有浓重的主观色彩，这不仅容易引起行政管理秩序的混乱，违背立法初衷，也不利于保护相对人的合法权利。"未被发现"的含义界定不清，对于"发现"的理解，存在以下争议：

1. 知道行为与人说

一种观点认为，"发现"是指行政处罚机关在两年内知道相对人实施违法行为即为发现，而不以是否立案为标准。这种观点不仅要求行政机关知道存在违法行为，还要知道实施违法行为的人。知道的途径可以是多样的，比如接到群众检举揭发、受害人报案、工作人员日常监督发现、媒体报道等，都可以认定为发现。

---

❶ 李一鸣. 从行政时效看效率与公正的平衡——以《行政许可法》、《行政处罚法》为例 [J]. 法制与社会, 2016 (33)：140-142.

❷ 陈晓娜, 王海涛. 税务行政处罚追溯时效到底有多长 [J]. 中国税务, 2017 (1)：60-61.

❸ 孙冬旭, 王岳. 行政处罚追诉时效的法律适用问题探究——一起因举报医疗违法行为超期引发的行政诉讼案件分析 [J]. 中国卫生监督杂志, 2020, 27 (03)：214-219.

2. 知道行为说

这种观点认为，只要行政机关通过接到群众检举揭发、受害人报案、工作人员日常监督发现、媒体报道等知道存在违法行为，即可认定为发现，而不要求知道实施违法行为的人。❶ 这种观点存在一定的弊端，如果行政机关两年之内发现了违法行为但迟迟不予立案调查，时隔多年后仍然可以开始调查并进行处理。这一方面容易滋生腐败，不利于社会关系的稳定，另一方面不利于追诉时效制度作用的发挥。

3. 立案说

这种观点认为，应当以行政机关是否立案作为行政机关是否发现的标准。❷ 首先，行政处罚追诉时效的本质问题是行政机关是否有追责的主观意思，而不是行政机关是否知晓某些线索；其次，行政机关知晓初步线索后，进行的所谓"案前调查"行为，仍然不能理解为发现，而是行政机关对于是否应当予以追责进行确认的行为；最后，行政机关立案调查，立案表明行政机关有追责的意图，故应当以立案为标准来理解行政处罚法规定的发现。如果行政机关在追诉时效内没有立案调查，则表明行政机关没有追责的意图；如果在追诉时效以内立案调查了，则不受两年追诉时效的限制。所以，所谓行政机关发现违法行为，实质上是发现并有追诉意图进行立案追究的含义。由于违法行为人逃避而没有调查完毕或不能作出处罚，是追诉时效以外的问题。❸

4. 调查或立案说

这种观点认为，应当通过两个标准来确定"发现"之日：行政机关未立案前通过调查取证，证实有应当给予行政处罚的违法事实的，以调查开始之日为"发现"之日；如果行政机关先行立案而调查在后，通过调查证实违法行为确实客观存在，则"发现"的效力可以追及至立案之日，以立案时间为"发现"之日。❹

（三）行政处罚追诉时效的起算

对于行政处罚追诉时效应该从何时起算，主要有两种观点：

一种观点认为，从违法行为实施之日起算，即一经实施就开始起算追诉时效，这种观点起算点比较明晰，但要求行政机关能够及时发现违法行为，否则可能导致超过追诉时效，而无法使违法行为得到应有的处罚。

另一种观点认为，从违法行为成立或完成之日起计算。违法行为发生之日并不代表违法行为成立。只有行为满足全部构成要件时，才意味着行为成立。具体又根据行政违法成立条件分为两种情况：如果法律规定实施了某种行为即构成行政违法，而不要求造成某种后果，其追责时效从违法行为实施终了之日起算；如果法律规定不仅要

---

❶ 杨琼鹏，周晓. 行政处罚法新释与例解 [M]. 北京：同心出版社，2000：182-188.
❷ 韩珺. 行政处罚追究时效适用探讨 [J]. 中国工商管理研究，2010 (09)：28-32.
❸ 陶涛，包亚丽，周琴. 行政处罚责任追究的时效问题探讨 [J]. 中国卫生法制，2016，24 (03)：7-11.
❹ 陶涛，包亚丽，周琴. 行政处罚责任追究的时效问题探讨 [J]. 中国卫生法制，2016，24 (03)：7-11.

实施某种行为，还要造成某种危害结果的发生才能构成行政违法，其行政处罚追诉时效从危害结果发生之日起计算。[1]

我国《行政处罚法》第 36 条第 2 款规定："前款规定的期限，从违法行为发生之日起计算，违法行为有连续或者继续状态的，从行为终了之日起计算。"通常认为，这里的违法行为发生之日，就是违法行为的停止之日。由此，我国行政处罚的追诉时效实际上就是从违法行为实施终了之日起计算。

(四) 连续或者继续状态下行政处罚追诉时效的认定

对于有连续或继续状态的违法行为，处罚时效的起算点为行为终了之日。行政处罚法所指的"继续"是指违法行为的"继续"，而不是指危害后果的"继续"。所有的违法行为都有其危害结果，大多数的危害后果也都呈继续状态，有的甚至要继续到永远，如果依危害后果来判断的话，也就无所谓时效规定了。[2]

1. 继续状态

所谓继续状态是指行政相对人的违法状态一直存在的一种行为状态。具有如下特征：第一，继续状态行为是一行为一客体。第二，继续状态行为的存在持续了一定期限。也就是说这种行政违法行为的存在必须经过一定的时间，而期限的长短则并不确定，既可以是几个小时，也可以是若干天、若干月。第三，行为人在实施行为后，违法的状态仍然继续存在。如非法拘禁中行为人采用一定手段控制了被害人的人身，并一直将被害人关在某个屋子里，使拘禁状态一直存在。[3]

2. 连续状态

行为有连续状态是指行为人基于同一故意在某一期限内实施多个同一性质的触犯行政处罚法规定的行为。当事人在实施了某个违法行为以后即该违法行为成立以后的某一期限内，又基于同样的故意实施了性质相同的违法行为，如此循环往复。在这种特殊情况下，行政处罚时效应当以最后一个违法行为结束之日为起算点来进行处罚。

这里的"行为终了之日"应指的是最后一个行为结束之日。如某企业高于排污标准排污，2019 年 7 月 1 日排污一次，2020 年 7 月 1 日又排污一次，在 2021 年 7 月 1 日又排污一次。则行为终了之日应该为 2021 年 7 月 1 日。如果数个行为中最早的一个已经超过了追责时效，而其最后的一个行为仍处于时效期间，则应该对全部的行政违法行为进行追责。因为连续状态下，数个行为已经丧失了独立意义，在进行行政处罚时应将其视为一个宏观的行为。

此外，对于行为有连续状态的，其中有时间间隔，此处的这段期限，间隔多久才

---

[1] 石佑启，黄新波. 论我国行政处罚时效制度的完善——一个比较法的视角 [J]. 法治论丛，2004 (01): 14-18.

[2] 李卫群. 连续或继续状态违法行为行政处罚追究时效辨析——对三起案件的思考 [J]. 中国工商管理研究，2008 (06): 72-74.

[3] 陈余山，吴存根. 简析继续状态行为 [J]. 行政法学研究，1998 (03): 34-36.

能算作连续状态,或者是不论间隔多久都算作连续状态是一个值得探讨的问题。在这一点上,学者们存在不同见解,有学者认为间隔时间不得超过两年,超过两年的就不能作为连续行为进行累加处理,因为行政处罚的追诉时效为两年,连续行为的间隔不宜超过追诉时效,时间过长的情况下持续状态无法体现。❶

三、类案分析

(一)典型案例

(1)中山市正圆汇复合材料实业有限公司(以下简称正圆汇公司)与中山市生态环境局(原中山市环保局)、中山市人民政府生态环境行政处罚一案。

2018年6月17日,原中山市环保局的工作人员对原告正圆汇公司进行现场检查,发现该公司经营场所内存有半成品、成品、原料、生产设备,检查期间正在进行生产。该公司生产项目中的3间喷漆房建有水帘柜,未建有配套的废气处理装置;该公司未设置符合法律规定的危险废物存储场所,生产过程中产生的废油漆桶、废有机溶剂桶在厂内随意堆放,且该公司打磨房西南面相邻的空地上露天堆放着大量的废油漆桶、废有机溶剂桶。原中山市环保局于2018年6月20日作出中(东)环责改字〔2018〕028号责令改正违法行为决定书。2018年12月10日,原中山市环保局作出中(东)环罚告字〔2018〕041号行政处罚告知书,拟对该公司处罚款40万元。2019年3月4日,中山市生态环境局作出中(东)环罚字〔2019〕024号行政处罚决定书,认定原告正圆汇公司实施的违法事实与行政处罚告知书一致,决定对正圆汇公司处以罚款40万元。中山市生态环境局于同年3月21日向正圆汇公司送达了前述行政处罚决定书。原告正圆汇公司不服,于2019年3月28日向被告中山市人民政府申请行政复议。该政府经受理、审查,于2019年7月1日作出中府行复〔2019〕307号行政复议决定,维持前述行政处罚决定。原告正圆汇公司仍不服,诉至广东省中山市第一人民法院。

广东省中山市第一人民法院认为,原告正圆汇公司自2015年6月起主体项目投入生产以来,直至2018年6月17日被检查期间,对应当建设的配套环保设施未予建设、未经验收,便从事对环境有影响的生产活动,该"未验先投"的违法行为一直处于连续或继续状态,中山市生态环境局据此对原告正圆汇公司的违法行为进行行政处罚并未超出行政处罚追溯期限。❷

(2)陈某珍与海口市琼山区生态环境局(以下简称琼山环境局)、海口市琼山区人民政府(以下简称琼山区政府)行政撤销一案。

2019年8月16日,被告琼山环境局的执法人员因接到信访投诉到原告陈某珍的石材厂进行调查。被告琼山环境局经现场检查,该厂项目现场处于未正常生产状态;现场污染物排放情况为未生产状态,三级沉淀池内有积水,呈绿色;加工边角料和荒料

---

❶ 陈余山,吴存根.简析继续状态行为[J].行政法学研究,1998(03):34-36.
❷ 参见(2019)粤2071行初1375号行政判决书。

堆放项目场地南边和东边。当日，被告琼山环境局的执法人员发现涉案石材厂需要配套建设的环境保护设施未经验收，建设项目擅自投入生产至今，遂立案。2019 年 10 月 9 日，被告琼山环境局向陈某珍作出责令改正违法行为决定书，责令陈某珍在三个月内依法完成配套设施的验收，改正违法行为。被告琼山环境局经听证，于 2019 年 11 月 11 日向陈某珍作出 138 号处罚决定。陈某珍对该处罚决定不服，向琼山区政府申请复议，该政府维持琼山环境局作出的上述 138 号处罚决定，原告陈某珍向海口市琼山区人民法院提起诉讼。

海口市琼山区人民法院认为，陈某珍未办理环评验收、断断续续生产的违法行为一直持续至琼山环境局的执法人员现场检查时，此违法行为并未实施终了，故琼山环境局对陈某珍进行行政处罚，不存在超过行政处罚时效的问题。❶

海南省海口市中级人民法院认为，涉案项目违反"三同时"及验收制度，上诉人违法行为呈连续或者继续状态，故琼山环境局作出处罚时并未超过两年处罚期限，维持一审判决。❷

(3) 三亚东南眼科医院（以下简称东南医院）诉三亚市生态环境局及三亚市人民政府行政处罚决定一案。

原告东南医院设有 5 个病房，28 张床位，按照《建设项目环境影响评价分类管理名录》的规定，应当编制环境影响报告表，该医院在未办理竣工环保验收手续的情况下于 2011 年建成医院并投入使用至今，被告三亚市生态环境局对东南医院作出处以 20 万元人民币罚款的行政处罚。原告东南医院对该处罚决定不服，向被告三亚市人民政府提交了行政复议申请，请求依法撤销 24 号处罚决定。被告三亚市人民政府于 2019 年 1 月 7 日以 88 号复议决定，认定原告东南医院违反环保设施"三同时"验收制度的违法行为一直处于连续或者继续状态，被告三亚市生态环境局对原告东南医院作出 20 万元的处罚决定认定事实清楚，证据确凿充分，适用法律正确，遂维持了三亚市生态环境局的 24 号处罚决定。

一审中，三亚市城郊人民法院判决撤销三亚市生态环境局作出的 24 号处罚决定及三亚市政府作出的 88 号复议决定。❸

被告三亚市生态环境局向三亚市中级人民法院提起上诉，法院认为，东南医院的建设项目未制作《环境影响报告表》，其需要配套建设的环境保护设施在未经验收的情况下，于 2011 年投入运营至今，其违法行为一直处于持续状态，未超过处罚时效。❹

再审中，海南省高级人民法院认为原告东南医院建设项目从 2010 年动工重建到 2011 年投入使用直至三亚市生态环境局 2018 年 8 月 7 日对其查处时，医院里需要配套

---

❶ 参见（2020）琼 0107 行初 62 号行政判决书。
❷ 参见（2021）琼 01 行终 29 号行政判决书。
❸ 参见（2019）琼 0271 行初 55 号行政判决书。
❹ 参见（2019）琼 02 行终 126 号行政判决书。

建设的环境保护设施均未经验收。即使"未批先建"违法行为已超过两年行政处罚追诉时效，环保部门仍可以对违反环保设施"三同时"验收制度的违法行为依法作出处罚，不受"未批先建"违法行为行政处罚追责时效的影响。被告三亚市生态环境局作出的 24 号处罚决定认定事实清楚，未超过法定的处罚时效。❶

（二）综合分析

通过分析相关案例发现，在 2021 年修订《行政处罚法》之前，法院在审理行政处罚时效的问题时，多适用《行政处罚法》第 29 条的规定，即"违法行为在二年内未被发现的，不再给予行政处罚。法律另有规定的除外。前款规定的期限，从违法行为发生之日起计算；违法行为有连续或者继续状态的，从行为终了之日起计算。"实践中，对于一些未批先建、未批先投或违反"三同时"制度的违法行为所作出的行政处罚，法院多认为其违法行为为连续或继续状态，判定未超过追诉时效。法院在认定"发现"的标准时，多采用"知道行为说"，即行政机关在检查时知道了违法行为判定为"发现"。

在正圆汇公司与中山市生态环境局、中山市人民政府生态环境行政处罚一案中，法院并没有说明行为人实施的违法行为是处于连续还是继续状态，而是采用了"违法行为一直处于连续或继续状态"的说法，判决没有超过行政处罚追诉时效。该案中法院是以行政机关发现违法行为存在为追诉时效的起算点，即采用了"知道行为说"。

在陈某珍与琼山环境局、琼山区政府行政撤销一案中，法院认为原告未办理环评验收、断断续续生产的违法行为一直处于持续状态，追诉时效尚未起算，不存在超过行政处罚时效的问题。法院以琼山环境局于现场检查时，为"发现"之时，同样采用了"知道行为说"。

在东南医院诉三亚市生态环境局及三亚市人民政府行政处罚决定一案中，法院认为东南医院违反"三同时"制度，违法行为一直在持续，未超过处罚时效。法院以行政机关检查之时为"发现"之时，同样采用了"知道行为说"。

四、对本案的评释

（一）一般论

1. 一审判决

商丘市梁园区人民法院以车间建成时间为违法行为追诉时效的起算时间，认为宇浩公司的未批先建违法行为超过行政处罚法规定的两年的追诉处罚时效，判决撤销行政处罚。

2. 二审判决

商丘市中级人民法院认为，涉案的扩建生产线是在 2016 年正式建设，2016 年 10

---

❶ 参见（2020）琼行申 87 号行政裁定书。

月投产。同时，河南省环境保护厅〔2018〕35号复议决定也已经认定"商丘市环境保护局发现宇浩公司擅自扩建生产线并进行处理并未超过两年的时效"。故商丘市生态环境局于2018年4月对宇浩公司进行检查，不超过两年的处罚时效。商丘市中级人民法院判决撤销一审判决。关于宇浩公司与商丘市生态环境局针对违法行为是否处于持续状态的争论，法院并没有清晰的说明。

3. 再审裁定

再审裁定中，宇浩公司与商丘市生态环境局仍就行政处罚是否超过时效进行争辩，河南省高级人民法院认可二审中商丘市中级人民法院的裁判意见，即行政处罚并未超过两年时效，且认为违法行为一直在持续，不存在超过处罚时效的问题，裁定驳回宇浩公司的再审申请。

(二) 本案的法理分析

行政处罚时效是指对违法行为人的违反行政管理秩序的行为追究责任的有效期限，即行政相对人违法之后，行政机关应当在多长的期限内追究行政相对人的责任，如果超过了这个期限未发现违法行为的，则不能再追究行为人的责任。对此，这里需要注意到两个问题：

一是关于发现问题。本案中，法院认为行政机关只要在处罚时效内发现违法行为就可以进行处罚，并不要求必须在时效内立案。同时，对于群众举报问题，即群众在时效内发现违法行为并向有权机关进行举报，也应当视为行政机关发现，即采用了"知道行为说"。

二是关于行为持续问题。一般的违法行为多是即时性的行为，比如殴打他人，当时就结束了，这时的行政处罚追责时效的起算点是从违法行为发生之日起计算。但是，也有的违法行为状态是一直在持续，比如违法占用土地、长期出售假冒伪劣商品，等等，对于持续状态的违法行为则不能从行为开始时计算，而应当从行为终了之日起计算。就本案来讲，当时的行政处罚法规定的行政处罚追诉时效是两年，是否超过时效要通过相应的证据来判断。

商丘市生态环境局于2018年4月11日对宇浩公司法定代表人李某良的询问笔录载明："无环评审批手续。2016年6月正式建设，2016年10月投产，投资额30万。"并且，夏邑县生态环境局提供的2018年10月18日的情况说明载明："2016年4月8日通过的夏邑县环境保护局项目竣工环境保护验收，验收内容只是对环评报告表所批复的年产300吨甲基丙烯酸钠生产线一条和年产700吨甲基丙烯酸缩水甘油酯生产线一条，及其所涉及的生产设备进行的验收。验收时无其他任何生产车间、生产线及设备。"依据上述证据，商丘市生态环境局于2018年4月发现宇浩公司存在违法行为，并且，无环评手续这一违法行为一直在持续，在其改正之前，即补办环评手续之前或者拆除生产线之前，都不超过两年的行政处罚追诉时效。商丘市中级人民法院、河南省高级人民法院均认定商丘市生态环境局作出的被诉行政处罚决定，不超过两年的行

政处罚追诉时效，事实依据充分。❶

【思考题】

（1）如何理解 2021 年修订的《行政处罚法》第 36 条规定的"发现"？

（2）2021 年修订后的《行政处罚法》规定的二年、五年的行政处罚追诉时效是否合适？

---

❶《关于建设项目"未批先建"违法行为法律适用问题的意见》第二部分规定："二、关于'未批先建'违法行为的行政处罚追溯期限。（一）相关法律规定。行政处罚法第二十九条规定：'违法行为在二年内未被发现的，不再给予行政处罚。法律另有规定的除外。前款规定的期限，从违法行为发生之日起计算；违法行为有连续或者继续状态的，从行为终了之日起计算。'（二）追溯期限的起算时间。根据上述法律规定，'未批先建'违法行为的行政处罚追溯期限应当自建设行为终了之日起计算。因此，'未批先建'违法行为自建设行为终了之日起二年内未被发现的，环保部门应当遵守行政处罚法第二十九条的规定，不予行政处罚……"

CHAPTER 3 第三章
国际环境法案例分析

第一节 GATT 1994 一般例外条款的适用

案例一 美国修订汽油标准案

【知识要点】

一、WTO 争端解决机制

WTO 争端解决机制起源于 1947 年《关税与贸易总协定》（GATT 1947）[1]的第 22 条和第 23 条。其中第 22 条规定：对于任何缔约方提出的有关影响 GATT 实施的陈述，缔约各方应予同情的考虑，并给予充分磋商的机会。[2] 第 23 条规定：争端产生的条件是一缔约方根据 GATT 可以直接或者间接得到的利益由于另一缔约方的原因在丧失或受到损害。[3] WTO 争端解决机制是一种贸易争端解决机制，也是 WTO 不可缺少的一部分，是多边贸易机制的支柱，在经济全球化发展中颇具特色。它具有统一性、效率性和强制性的特点，是一项综合性的争端解决机制，兼具司法性和政治性。它具有自己的原则、机构和解决程序。它的根本宗旨是有效地解决贸易争端，恢复并维持争端当事方之间相关权利义务的平衡，而不是简单地定义当事方在相关案件中的胜败或者制裁某一当事方。争端解决机制机构是由"专家组（Panel）"组成的，专家组由 3 名（有时是 5 名）来自不同国家的专家组成，负责审查证据并决定谁是谁非。专家组报告提交给争端解决机构（Dispute Settlement Body，DSB），该机构在协商一致的情况下才

---

[1] GATT 1947 是处理货物贸易的原始协议，现已纳入 GATT 1994。

[2] GATT 1947 第 22 条来源于：https://www.wto.org/english/docs_e/legal_e/gatt47_01_e.htm#articleIII，最后访问日期：2022 年 2 月 4 日。

[3] GATT 1947 第 23 条来源于：https://www.wto.org/english/docs_e/legal_e/gatt47_01_e.htm#articleIII，最后访问日期：2022 年 2 月 4 日。

能否决这一报告。每一个案件的专家组成员可以从一份常备的符合资格的候选人名单中选择，或从其他地方选择。他们以个人身份任职，不能接受任何政府的指示进行斡旋、调解或调停。

WTO 争端解决机制的适用范围：任何成员间因 WTO 任何协议产生的争端，其以构成世界贸易组织多边贸易制度一部分的《关于争端解决规则与程序的谅解》（DSU）为基础。❶

争端解决机构解决的争端类型主要包括《关税与贸易总协定》第 23 条规定的三种类型。一是违反性申诉。这是最主要的争端类型，申诉须证明被诉方违反了有关协议的条款。对这种争端的裁定，被诉方往往需要废除或修改有关措施。二是非违反性申诉。对这种申诉的审查，不追究被诉方是否违反了有关协议条款，而只处理被诉方的措施是否使申诉方根据有关协议享有的利益受损或者丧失。对这种争端的裁定，被诉方没有取消有关措施的义务，只需要作出补偿。三是其他情形。这是《关税与贸易总协定》第 23 条规定的兜底性条款，迄今为止，还没有出现过上述两种类型以外的争端类型。

WTO 争端解决机制的重要性包括：(1) 促进成员国之间贸易往来；(2) 有效地制约单边主义，解决国际贸易争端；(3) 填补 WTO 规则的法律漏洞；(4) 切实保护争端当事国的实质利益。

WTO 争端解决程序主要包括五大方面：磋商、成立专家组、上诉、执行、报复。

1. 磋商

DSU 规定，争议各方首先要通过磋商解决争议。当一成员认为另一成员违反或不符合《关于为盲人、视力障碍者或其他印刷品阅读障碍者获得已出版作品提供便利的马拉喀什协议》（WTO 规则），从而使自己遭受损害时，可要求对方进行磋商，同时应通知 DSB 和有关理事会或委员会。被要求磋商的成员应在接到磋商请求之日后的 10 天内作出答复，并应在接到请求之日后不超过 30 天的时间进行磋商。磋商应在被要求方接到磋商请求之日后 60 天内完成。DSU 规定 60 天的期限是希望争端各方在此期限内能够通过外交磋商的友好方式解决争端。如果该成员方在接到请求之日后没有答复，或在接到请求之日后 30 天内没有进行磋商，或在接到磋商请求 35 天后双方均认为达不成磋商一致，或者在接到磋商请求之日后 60 天内未达成磋商一致，投诉方可以向 DSU 提出申请成立专家组。一方提出磋商要求时，应说明对方违反了 WTO 哪一个协议的哪一个条款，提出法律根据。若某一第三方认为正在进行的磋商与自己的贸易利益有关，也可以以第三方的身份参加磋商。但第三方须在得到磋商通知之日后 10 天内通知磋商当事各方参加磋商的请求。若磋商各方认为该问题与第三方没有贸易利益关系，也可以拒绝第三方参加磋商。

---

❶ 刘吉利. WTO 争端解决机制困境及其改革分析 [J]. 现代商贸工业，2021（25）：33-34.

2. 成立专家组

DSB 在接到成立专家组申请后的第一次会议上决定是否需要成立专家组。如决定成立，则专家组在 DSB 第二次召开会议时成立，确定专家组的人员组成、工作范围等。第二次会议应在提出请求后 15 天内举行，这意味着给通过外交途径解决争端一个最后的机会。专家组一般由 3 人组成（有时是 5 名）。小组成员由争议双方共同选择，如有不同意见，由总理事选定。专家组的工作方式和职责范围一方面根据双方的要求确定，另一方面根据 WTO 规则确定。专家组可确定自己的工作时间表。

关于是否请专家审议小组（Expert Review Groups）进行技术审议，完全由专家组自行决定，但争议双方可以提出进行技术审议的要求。根据 DSU 第 13 条的规定，专家组还可以使用非政府组织的信息来源。争端解决机制是解决各成员政府间争端的机制，原则上只有政府的代表才有权参加该机制，DSU 第 13 条的规定实际为非政府组织进入 WTO 开了方便之门，提供了参与 WTO 的机会。例如，WTO 的总秘书处经常收到非政府组织发表的公报，然后送给有关各方。有关各方收到后通知秘书处哪些同意、哪些不同意，专家组确定哪些可以接受、哪些不能接受。

专家组提出裁决报告的期限一般是 6 个月，可以延长，但无论如何不能超过 9 个月。一般情况下，在争议各方提交书面材料后，专家组紧跟着有 2 次口头听证会（实质性会议），此后专家组开始实质的工作，由秘书处提供协助。专家组首先拿出报告的大纲分发给争议各方。这仅是一个描述性报告，对事实和双方的观点进行阐述，若双方认为其与事实有出入，可以向秘书处澄清；此后，专家组公布临时报告（中期报告）。争议各方可以进一步提出自己的观点和论据。争议各方和专家组的交流必须通过书面的方式，由秘书处传达。各方的书面意见作为副本，附在报告之后。专家小组形成的最终报告应以三种工作语言（英语、法语、西班牙语）分发给各成员方，20 天后才可在 DSB 会议上审议通过。在向各成员分发专家组报告的 60 天内，该报告在 DSB 的会议上应予通过。该 60 天的期限可以延长，但无论如何不能超过 90 天。通过方式采取"反向一致"的原则。

3. 上诉[1]

如果某一当事方向 DSB 正式通知其将进行上诉，则争端解决进入上诉程序。上诉的范围仅限于专家组报告所涉及的法律问题及由该专家组所作的法律解释。上诉机构有 60 天的时间处理上诉事宜，并通过报告。该期限可以延长，但无论如何不得超过 90 天。上诉机构的报告应在发出后 30 天内经 DSB 通过，除非经协商一致不通过。

4. 执行

解决争端机构通过专家组或上诉机构的报告后，当事各方应予执行。在报告通过后 30 天内，当事方应通知 DSB 其履行 DSB 建议或裁决的意愿和改正的具体措施及期

---

[1] 刘彬. 贸易争端解决机制改革论争的常态与非常态[J]. 国际经济法学刊, 2021（03）：53-64.

限。若不能立即执行，也可以要求在一段"合理期限"内执行。如果 DSB 及争端各方对合理期限都未能达成协议，则可通过仲裁确定。合理期限一般为 90 天，实际操作中最长可给予 15 个月。如果在合理期限内，被诉方不能改正其违法做法，申诉方应在此合理期限届满前与被诉方开始谈判，以求得双方都能接受的补偿办法。若合理期限到期后 20 天内，争议各方就补偿问题达不成一致，申诉方可请求 DSB 授权其对被诉方进行报复或交叉报复。

5. 报复

DSU 制定了报复和交叉报复的程序。如果被诉方没有在"合理期限"内执行裁决，或争端各方没有就补偿问题达成协议，申诉方可向 DSB 申请批准其对被诉方中止依照所适用协议应承担的减让或其他义务，开始实施报复。DSB 应在合理期限届满后 30 天内，批准授权，除非 DSB 一致同意拒绝该项请求。若被诉方对申诉方的中止减让水平（报复措施）表示反对，或认为申诉方在要求报复中未遵守有关原则和程序，则可以提请仲裁。仲裁应在合理宽限期结束前 60 天内完成。仲裁裁决是终局的。

争端解决机制规定报复的行业或部门必须是自有争议和遭受损害的同一部门进行；报复应限于相当于利益丧失或损害的程度。如果受损害一方认为仅报复一个行业或部门无效或不能达到平衡，则可在其他的部门进行交叉报复。比如，在有关香蕉贸易的争议中，若只提高香蕉的关税还不足以弥补投诉方遭受的损害，投诉方可以提高其他水果、蔬菜的关税，也可提高机械设备产品的关税。法国生产奶酪的生产者遭到美国在激素方面的报复就是典型的实际例子。DSU 还规定，在情况非常严重的时候，报复可以针对 WTO 的另外一个协议，实施跨协议报复。比如，投诉方在补贴问题上受到损害，可以在知识产权领域进行报复。交叉报复是有效率的处罚，但只能作为临时性的处罚措施，因为该机制的宗旨是解决争端，迫使被诉方改正其不合法的做法，而不是为了处罚哪一方。在 1995 年后处理的诸多争端中，很少导致报复和交叉报复的实施，第一次交叉报复是厄瓜多尔使用的。

二、国民待遇原则

国民待遇原则（National Treatment Principle）作为 WTO 的基本法律原则之一，是指在民事权利方面一个国家给予在其国境内的外国公民和企业与其国内公民、企业同等待遇，而非政治方面的待遇。❶ 国民待遇原则是最惠国待遇原则的重要补充。在实现所有世贸组织成员平等待遇基础上，世贸组织成员的商品或服务进入另一成员领土后，也应该享受与该国的商品或服务相同的待遇，这正是世贸组织非歧视贸易原则的重要体现。国民待遇原则严格讲就是外国商品或服务与进口国国内商品或服务处于平等待遇的原则。简言之，国民待遇通常是指条约的缔约方一方在本国领域内对缔约方另一

---

❶ 张祖增，李建军. 从美国丁香烟案看 TBT 国民待遇原则之应用规则 [J]. 中国口岸科学技术，2020 (07)：25-30.

方的自然人、法人、商船和产品等给予与本国的自然人、法人、商船和产品相同的权利或特权待遇。❶ 世界贸易组织的三个主要协定即《关税与贸易总协定》《服务贸易总协定》和《与贸易有关的知识产权协定》中都有关于国民待遇原则的规定。但是，上述每一项协定中的国民待遇原则都不相同，尤其是《服务贸易总协定》中的国民待遇原则，在性质上完全不同于另外两个协定中的国民待遇原则。《服务贸易总协定》要求成员对列入承诺表的服务部门提供国民待遇。这也就是说，对没有作出市场准入承诺的服务部门不适用国民待遇，即使作出市场准入承诺的服务部门也允许对国民待遇进行限制。总之，《服务贸易总协定》不要求完全的国民待遇，国民待遇义务受各成员承诺表的限制。

国民待遇原则包含三个要点：

（1）国民待遇原则适用的对象是产品、服务或服务提供者及知识产权所有者和持有者。但因产品、服务和知识产权领域具体受惠对象不同，国民待遇条款的适用范围、具体规则和重要性有所不同。

（2）国民待遇原则只涉及其他成员方的产品服务或服务提供者及知识产权所有者和持有者在进口成员方境内所享有的待遇。

（3）国民待遇定义中"不低于"一词的含义是指其他成员方的产品、服务或服务提供者及知识产权所有者和持有者应与进口成员方同类产品相同，服务或服务提供者及知识产权所有者和持有者享有同等待遇。若进口成员方给予前者更高的待遇，并不违背国民待遇原则。

三、最惠国待遇原则

最惠国待遇原则是 WTO 多边贸易制度中最重要的基本原则，是多边贸易制度的基石。最惠国待遇原则要求成员将在货物贸易、服务贸易和知识产权领域给予任何其他国家的优惠待遇，应立即无条件地给予其他所有成员。❷ 在不同的协议中，最惠国待遇原则的含义并不完全相同，各有其严格的适用条件、范围和例外。

WTO 的最惠国待遇原则具有普遍性、自动性、相互性和同一性的特点。普遍性和自动性又合称为"多边无条件"，是指给予一成员的优惠，将立即无条件地延及所有成员；相互性是指每一成员既是给惠者，也是受惠者；同一性是指 WTO 成员享有来自其他成员的最惠国待遇，仅限于相同情形、相同事项。

四、国民待遇原则和最惠国待遇原则的区别

（1）最惠国待遇必须由条约规定，而不能由国内立法规定；国民待遇既可以在国内立法中规定，也可以在国际条约中规定。

（2）最惠国待遇原则的受惠国可以根据最惠国条款的规定，自动取得与第三国同

---

❶ 马晓玲. WTO 法律体制下国民待遇原则适用标准之我见［J］. 法律适用，2005（11）：40-42.
❷ 王彦志. 从程序到实体：国际投资协定最惠国待遇适用范围的新争议［J］. 清华法学，2020（05）：182-207.

等的待遇，无须再与施惠国订立新条约或再作请求；国民待遇不涉及第三方，而且需要在法律或条约中明确规定。

（3）最惠国待遇原则的使用范围一般限制在经济贸易领域，通过自然人、法人、货物、商船等所享受的待遇表现出来；国民待遇原则的适用范围一般是在物权、债权、婚姻家庭、财产继承等民事关系方面。

（4）最惠国待遇原则的作用是保证在国内的有关各外国公民和法人的民事权利地位平等，从而排除或防止某一外国的公民和法人的权利地位低于第三国公民或法人；国民待遇是以国内人的待遇为标准，作用是使在国内的外国人在某些领域与国内人的民事法律地位相同。

（5）国民待遇原则的特点：一是国民待遇原则是就一般原则而言的，并非指在所有领域民事权利上外国人与内国人完全一样；二是当前的国民待遇都是一种互惠的待遇，并非一定以条约和法律上的规定为条件。为防止内国公民在外国受到歧视，均以对等原则加以制约。最惠国待遇原则的特点：一是最惠国待遇是根据某一项双边条约或多边条约的规定，授予国给予受惠国约定范围的优惠待遇；二是据最惠国待遇条款的规定，取得与该第三国相同的待遇，而无须向授予国履行任何申请手续；三是最惠国待遇是通过一国的自然人、法人、商船、产品等所得到的待遇表现出来的。

五、《关税与贸易总协定》中的最惠国待遇原则

1. 适用范围

《关税与贸易总协定》中的最惠国待遇原则适用于五个方面：与进出口有关（包括进出口产品的国内支付转移）的任何关税和费用；进出口关税和费用的征收方法；与进出口有关的规则、手续；国内税或其他国内费用；影响产品的国内销售、推销、购买、运输、经销和使用的全部法令、条例和规定。只有原产于其他成员的同类产品才能享有最惠国待遇。同类产品中并没有确切的定义和标准，应在具体情况下作出具体分析。

2. 例外

《关税与贸易总协定》中最惠国待遇原则的例外主要包括：边境贸易；发达国家单方面给予发展中国家的优惠待遇；区域贸易条约（包括关税同盟和自由贸易区经济安排）；第20条规定的一般例外；第21条规定的安全例外；允许以收支平衡为理由偏离最惠国待遇；允许对造成国内产业损害的倾销进口或补贴进口征收反倾销税或反补贴税；对某一成员或某些成员最惠国义务的豁免。

【基本案情】

1993年美国环境保护局规定了《改良汽油和普通汽油标准》（以下简称汽油标准），该标准的基本要求是：自1995年1月1日起，各汽油商销售的汽油燃烧后排放的污染水平，不得高于其1990年在美国市场所销售的汽油的基准。因此，如何确定

1990年的汽油清洁度基准很重要。

这里面有两种不同的基准设定方法：一是企业单独基准，根据企业自己提供的本企业1990年所售汽油的质量数据而设定；二是法定基准，它是美国环境保护局根据1990年度美国市场的汽油平均质量数据设定的统一基准。如果美国环境保护局认为某个企业不能提供其1990年所售汽油的足够而可信的数据，则对该企业适用法定基准。实际效果上，如果适用企业单独基准，则对企业更为有利。法定基准比企业单独基准更为严格。

在提供有关1990年在美国市场销售汽油的"足够而可信"的数据方面，美国国内企业和外国企业显然存在条件和能力差别。一般而言，美国国内企业不难按要求提供数据。相反，到1995年时，外国企业已经很难提供其1990年在美国市场所售汽油的"足够而可信"的质量标准数据，美国环境保护局也难以对外国企业提供的数据进行检验和核实，因而难以为其确定企业单独基准。因此，"汽油标准"规定的汽油基准设定方法的实际适用情况就是：国内汽油企业将主要适用对其较为有利的企业单独基准；外国企业由于缺乏确定企业单独基准所需的基础数据，只能适用对其较为不利的法定基准。

这也导致了美国国产汽油和进口汽油面临不同的贸易待遇——由于法定基准的要求比企业单独基准的要求更严，因此，同样质量的汽油，如果适用法定基准更为严格的要求，将不能在美国市场销售；如果适用企业单独基准较为宽松的要求，则可以销售。对汽油商而言，即使同样的汽油产品，美国国内汽油商因适用企业单独基准就可以销售，而外国汽油商因适用法定基准就可能不得销售。为了进入美国市场，适用法定基准的外国汽油厂商，就必须进行额外投资以改良汽油生产工艺，使产品符合法定基准，或者以低价卖给美国国内的汽油厂商。

这个案件经过了WTO争端解决机制的全部程序：专家组程序和上诉程序。其中主要信息包括：

申诉方：委内瑞拉、巴西等国家；

被诉方：美国；

第三方：加拿大、挪威、欧盟；

申诉方主张：美国的汽油规则违反了国民待遇原则；

被诉方辩称：美国采取的措施符合GATT 1994第20条的例外规定。

【案例分析】

一、专家组程序分析

（一）法律问题

在本案中，涉及的法律问题主要有以下两个：

（1）美国环境保护局制定的汽油标准，对进口汽油产品是否进行了歧视性待遇；

(2) 美国汽油标准规定的基准设定方法，是否符合环境例外措施的条件。

(二) 法律依据

关于上述法律问题，本案主要采用以下法律依据：

1. 国民待遇原则

GATT 1994 第 3 条❶规定：任何缔约方领土的产品，被进口至任何其他缔约方领土时，在有关影响其国内销售适用的法律、法规和要求方面，所享受的待遇不得低于同类国产品所享受的待遇。

2. 关于环境例外的规定——GATT 1994 第 20 条

GATT 1994 第 20 条❷规定：如果下列措施的实施在条件相同的各国间不构成武断的或不合理的差别待遇，或构成对国际贸易的隐蔽限制，缔约方可以采用或加强以下措施：（a）为维护公共道德所必要的措施；（b）为保障人民、动植物的生命或健康所必要的措施；（c）有关输出或输入黄金或白银的措施；（d）为了保证某些与本协定的规定并无抵触的法令或条例的贯彻执行所必要的措施，包括加强海关法令或条例，加强根据协定第 2 条第 4 款和第 17 条而实施的垄断，保护专利权、商标及版权，以及防止欺诈行为所必要的措施；（e）有关罪犯产品的措施；（f）为保护本国具有艺术、历史或考古价值的文物而采取的措施；（g）与保护可用竭的自然资源有关，并与限制国内生产或消费一同实施的措施；（h）为履行国际商品协议的义务而采取的措施；（i）为保证国内加工工业对相关原料的基本需要而采取的限制出口措施；（j）因普遍或局部供应不足，为获得或分配产品采取的必要的措施。

(三) 辩论过程分析

申诉方巴西、委内瑞拉主张美国的汽油规则违反了国民待遇原则。因为，美国对于其国内汽油实施了与进口汽油不同的标准，对国内生产提供了特殊保护。

美国辩论称汽油燃烧后会排放危害人和动植物健康的污染物，清洁空气会因污染物排放而被耗竭，控制汽油污染空气的规定是"必需的"，因而属于环境例外。

委内瑞拉、巴西两国认为争议不在于美国清洁空气的立法本身是否属于环境例外，而是基准设定方法的歧视性适用措施是否属于环境例外。两国认为，基准设定方法的歧视性适用不是保护大气"必需的"。因为存在若干非歧视性的替代措施，如要求美国汽油商同样适用法定基准，或者允许外国汽油商同样适用企业单独基准。事实上，外国汽油商适用企业单独基准也是可行的。另外，清洁空气不同于石油、煤炭之类的可用尽资源，能否被理解为"可用尽的自然资源"值得怀疑。

---

❶ GATT 1994 第 3 条来源于：https://www.wto.org/english/docs_e/legal_e/gatt47_01_e.htm#articleII，最后访问日期：2022 年 2 月 4 日。

❷ GATT 1994 第 20 条来源于：https://www.wto.org/english/docs_e/legal_e/gatt47_01_e.htm#articleII，最后访问日期：2022 年 2 月 4 日。

专家组认定：(1) 美国汽油基准设定方法对进口汽油的歧视性适用，并非为保护人类、动物或植物的生命或健康所"必需的"措施，因而不属于 GATT 1994 第 20 条 (b) 项所指的环境例外；(2) 清洁空气属于"可用尽的自然资源"；(3) 美国对进口汽油基准设定方法的歧视性适用，同保护清洁空气的目标之间没有直接联系，不属于与保护可用尽的自然资源"有关的"措施，因而也不属于 GATT 1994 第 20 条 (g) 项规定的环境例外。

二、上诉程序分析

(一) 法律问题

美国不服提起上诉，在上诉程序中的法律问题主要是：美国汽油标准是否符合环境例外的条件。

(二) 上诉庭裁决

上诉庭裁定美国的汽油标准违反了 GATT 1994 关于对进口产品应当实行国民待遇的义务，并要求美国修改国内法规以使其与 GATT 1994 保持一致。美国接受了 WTO 的争端解决机构的裁决。

上诉庭认为，对照前述 GATT 1994 第 20 条的规定，该条 (g) 项允许采取的环境例外措施必须同时符合三个条件。

1. 基准方法是否属于与保护可用尽的自然资源"有关的"措施

GATT 1994 第 20 条共规定了十项允许采取的例外措施，对各项例外措施规定了不同的前提条件，并分别使用了不同的措辞，如至关重要的、必需的、有关的、涉及、为保护、为履行等，可见，成员方采取的例外措施与其追求的政策目标之间的关系密切程度本来就是有区别的。而且根据《维也纳条约法公约》规定的解释规则，对条约之术语，应当一秉善意，依照条约目标和宗旨，并结合上下文，按照通常涵义而解释。❶ 上诉庭认为，根据本案专家组查明的事实，汽油基准设定方法是保护清洁空气立法的一部分，属于 GATT 1994 第 20 条 (g) 项所指与保护可用尽的自然资源有关的措施。因此，上诉庭修改并推翻了专家组在该问题上"没有直接联系"不属于"有关的"的观点。

2. 基准方法是否与国产汽油一同实施

上诉庭指出，为自然资源采取的限制措施应当对国内生产和消费一同实施。本案中所涉汽油基准设定方法既适用于进口汽油，也适用于国产汽油。进口汽油商如能提供要求的数据，也可以同样适用企业单独基准。进口汽油因缺乏数据而遭受的较低特遇，与是否一同实施无关。

---

❶ 蔡霜. 从美国汽油标准案看 GATT/WTO 第 20 条环保例外规定——兼论我国对环境保护例外措施的应对 [J]. 玉林师范学院学报（哲学社会科学），2009 (01)：84-88.

3. 是否构成对进口贸易的歧视或者变相限制

GATT 1994 第 20 条引言禁止对进口产品实行贸易歧视或者变相限制，是为了防止滥用"例外"措施。美国在实施汽油污染立法时，可以采取多种办法，包括对进口汽油和国产汽油实行统一标准，或者对进口汽油实行企业单独基准。美国认为这两种方法执行困难，因而不可行。

上诉庭认为对进口汽油适用企业单独基准虽然困难，但如果美国设法与委内瑞拉和巴西合作，根据现有技术条件，完全可以收集适合进口汽油的各方面数据。争端产生后，美国没有设法与委内瑞拉和巴西合作解决该困难。美国提出，之所以不对国产汽油商适用较严的法定基准，理由是不想使其增加成本。上诉庭指出，美国的考虑无可厚非，但在确定进口汽油商的措施时，却没有同样考虑成本问题。美国的这两处疏漏，造成了明显的而且也是可以避免的歧视性结果。上诉庭通过对专家组报告的修改，作出如下复审裁决：美国环境保护局制定的汽油基准设定方法属于 GATT 1994 第 20 条 (g) 项所指"与保护可用尽的自然资源有关的措施"，但违反了该条引言中禁止对进口产品实行贸易歧视或者变相限制的规定，因此总体上并不符合"例外"的条件，仍然违反了 GATT 规则。[1] 上诉庭还依其职权，建议 WTO 的争端解决机构要求美国按照 GATT 规定修改对进口汽油的歧视性措施。

上诉庭最后特别指出，它的结论并不表明成员国不能采取控制空气污染或保护环境的措施；相反，WTO 成员方只要尊重贸易规则要求，都有权自主决定其环境政策，也有权制定和实施环境立法。本案争议的措施只是由于没有全面满足 GATT 1994 第 20 条规定的前提条件，缺乏应有的正当性，这才导致美国必须修改其为控制大气污染而制定的汽油标准。

【案件意义】

（1）这是 WTO 成立之后通过专家组程序处理的第一个案件，又是关于国民待遇原则及其例外的案件，因此格外引人注目。GATT 1994 第 3 条第 4 款要求 WTO 成员在有关影响进口产品国内销售、许诺销售、购买、运输、分销或使用的法律、法规和规定方面，所给予的待遇不得低于给予同类国产品的待遇。

本案的关键是：一项不符合 GATT 1994 国民待遇原则的措施能否享受 GATT 1994 第 20 条之例外。GATT 1994 第 20 条规定了十种可以享受例外的情况，本案中，美国的基准设定规则涉及其中的三种：保护人类生命和健康，执行国内法，保护自然资源。对每一种情况，要想享受例外都有一定的条件，本案专家组和上诉机构主要分析了 GATT 1994 第 20 条 (g) 项。综合来看，符合这一例外的条件主要是措施的目的（立法出发点），采取的措施是否与要达到的目的相符，以及是否对国内产品采取了相同的措施（仅适用于第 20 条 g 项）。即使一项措施符合了这些条件，属于第 20 条列举的具

---

[1] 黄东，黎王良斌. 从美国汽油标准案透视 TBT 协议 [N]. 人民法院报，2002 (07).

体情况，这一措施能不能享受豁免，还要看是否符合第 20 条的引言。本案最终美国"败诉"就是由于上诉机构认定美国的措施不符合 GATT 1994 第 20 条的引言。

（2）这是第一起 WTO 成立之后通过专家组程序处理的发展中国家诉发达国家，发达国家败诉的案例，为鼓励发展中国家反抗歧视性待遇增添了信心。

（3）这是 WTO 成立后通过其争端解决机制处理的涉及贸易与环境保护问题的第一个法律争端。

【思考题】

（1）GATT 1994 第 20 条一般例外是给予成员国实施国内政策可以背离 GATT 一般义务的例外情况，但是适用 GATT 1994 第 20 条的一般例外条款有一系列条件，请结合具体的案例阐述。

（2）请从 GATT 1994 第 20 条讨论环境税设置的合法性。环境税虽然是有效的环境保护手段，但是它与 GATT/WTO 规则存在潜在的冲突。从 GATT/WTO 争端解决机制对 GATT 1994 第 20 条的解释来看，环境税在国际贸易规则中的合法性地位越来越获得 WTO 成员方的认同。在中国讨论制定环境税之际，我们有必要从国际贸易规则的角度来研究环境税的合法性问题，从而防止其可能带来的负面影响。此外，在欧美等国家积极主张征收碳关税之际，中国作为世界贸易第一大出口国，必须采取有效的法律应对之策。

（3）美国修订汽油标准案对我国制定国内环境保护法律、政策有什么启示？

（4）自 2017 年启动固体废物进口管理制度改革以来，中国政府又紧锣密鼓地出台了多项政策法规，多次调整《禁止进口固体废物目录》，决心在 2020 年底前基本实现固体废物零进口。2017 年 7 月 18 日，中国向 WTO 通报，将在 2017 年底之前禁止进口 4 类共 24 种的固体废物（又称"洋垃圾"）。随后 2017 年 11 月 8 日，WTO 成员对《技术性贸易壁垒协议》（TBT）进行第八次的三年审查，中国这一固体废物禁止措施被列为 7 项新提案之一提交审查。其中，美国、欧盟、澳大利亚、加拿大和日本 5 个 WTO 成员方对该项禁止措施的实施范围提出质疑，要求中国提供一个长达五年的过渡期，美国则指责中国这一举措违反了 WTO 项下的国民待遇原则。根据《控制危险废物越境转移及其处置巴塞尔公约》（以下简称《巴塞尔公约》），中国显然有权对受公约管控的废物采取限制措施，但中国是否有权"一刀切"地全面禁止进口所有种类的固体废物？对于《巴塞尔公约》管控范围之外的废物，中国采取禁令措施的国际法依据为何？为规避该项措施可能引发的国际争端风险，厘清其合法性依据，有必要在 WTO 规则下对这一固体废物进口禁令进行分析。请根据本案例学到的国民待遇原则和 GATT 相关条款的知识，分析我国禁止进口"洋垃圾"举措的合法性。

（5）当前中国正在稳步推进全国碳排放权交易市场建设。碳排放权交易制度中的排放权分配以及鼓励低碳发展的财税、金融、价格等政策都属于气候变化补贴的范畴。有人提出质疑：我国《可再生能源法》规定的对可再生能源项目提供的专项资金、贴息贷款和税收优惠可能违反《补贴与反补贴措施协定》，那么是否可以援引 1994 年《关税与贸易总协定》（GATT 1994）第 20 条排除违反《补贴与反补贴措施协定》的气候变化补贴的违法性，这是一个值得研究的问题。请谈谈个人观点。

（6）请思考国际绿色贸易壁垒还有哪些隐蔽的、不容易被人发现的形式，请结合相关案例对比分析；国际上除了援引 GATT 1994 第 20 条反对国际贸易不公平的现象之外，还会援引哪些法律条款来对抗绿色贸易壁垒？在今天对外开放越来越深入的情况下，GATT 1994 第 20 条又有什么新的时代内涵？

案例二　美国海虾海龟案

【知识要点】

WTO 的宗旨是削减关税，减少贸易壁垒，实现贸易的自由化。据此，GATT 1994 第 11 条规定："除税收或其他费用外，任何缔约国均不得设立或维持配额、进出口许可证或其他措施来限制或禁止从其他缔约国领土进口产品，或向其他缔约国领土销售出口产品。"

GATT 1994 第 20 条环境例外条款是 WTO 调节贸易与环境关系的主要依据，旨在确保 WTO 成员方善意行使其权利，确保成员国为保护环境而采取的贸易限制措施是为了保护环境而不是其他目的。就 GATT 1994 来说，环境例外条款具体指 GATT 1994 第 20 条包含的（b）项和（g）项。（b）项是指为保障人类、动植物生命健康所必需的措施；（g）项是指为保护可用竭的天然资源而采取的有关措施，这类措施需要与限制国内生产或消费一同实施。为了与安全例外、保障措施等区分，将 GATT 1994 第 20 条称为"一般例外"（General Exception），因 GATT 1994 第 20 条（b）、（g）两项与环境保护有关，有学者认为 GATT 1994 第 20 条（b）、（g）项可以称为 GATT "环保例外"。在援引上述 GATT 1994 第 20 条一般例外条款或环保例外条款时，必须同时满足其引言部分，即如果贸易措施的实施在条件相同的各国间不会构成武断的、不合理的歧视，或者不会对国际贸易构成变相的限制，那么在这种前提下，不能阻止各缔约国采用或实施 GATT 1994 第 20 条（b）、（g）项规定措施。

【基本案情】

海龟是一种濒临灭绝的物种，世界各国早在 1973 年就通过了《濒危野生动植物物种国际贸易公约》对其进行保护。1973 年美国制定的《美国濒危物种法》规定，在相关的海洋捕捞中，必须在渔网装置海龟隔离装置（TED, Turtle Excluder Device），这种装置要求在渔网上装置栅栏，在捕捞海虾时，体积小的海虾通过栅栏进入渔网，而体积大的海龟由于栅栏的阻挡成功逃离渔网。美国科学家发明的 TED 非常有效地保护了海龟，使用该装置后，海龟成功逃离渔网的概率是 97%。这个捕捞范围仅限于美国海域，后来由于美国国内保护动物组织向国会申请，认为海龟是海洋迁徙生物，应该将保护扩展至全球海域的海龟。美国国会于1989年又在《美国濒危物种法》中增加609条款，将TED推广至全球，从此《美国濒危物种法》将全球海域的海龟纳入保护范围，规定凡是捕虾作业中不使用TED的，将禁止进口原产地国家的海虾及海虾类的产品，包括将海虾运送至第三国罐装的罐头制品。

美国禁止进口从马来西亚、印度、巴基斯坦和泰国出口的海虾及海虾产品，因为这些区域的渔民在捕虾作业时没有安装TED或者无法证明在捕虾作业中有效地保护了海龟。1997年2月，该这四国向WTO争端解决机构申诉，认为美国的609条款违反了GATT 1994第11条的规定。

针对上述指控，美国抗辩自己的贸易措施没有违反GATT 1994第20条"一般例外"的规定。美国认为该条款对各成员国赋予权利以环境保护目的来实行国际贸易限制，只要这种贸易举措是同限制国内生产或消费一同实施的，美国要求国内的渔民装置TED，同样也要求国外向美国输出海虾产品的国家也安装TED，并没有违反国民待遇原则。

WTO争端解决机构专家组审理认为：美国的这些措施对多边贸易明显地构成了威胁，609条款对虾及虾制品的进口限制与GATT 1994第11条第1款的规定不符，同时也不满足第20条"一般例外"的要求。随后美国上诉，上诉机构作出裁决，推翻了专家组关于美国的贸易措施不符合第20条"一般例外"的结论，上诉机构认为，美国的贸易措施虽然符合GATT 1994第20条（b）、(g)项，但其并不符合第20条引言的规定，因此不能成功援引第20条。

【案例分析】

一、本案涉及的法律问题

（一）申诉方的主张

印度、马来西亚、巴基斯坦和泰国四国认为，美国的609条款违背了GATT 1994旨在削减非关税壁垒的条款，这些条款不允许对于来自不同国家的相同或类似产品采取区别待遇，同时GATT 1994总体禁止采用除关税外的任何贸易歧视限制措施。

首先，四国认为美国基于环境保护的国内政策所制定并实施的609条款实际是一种非关税性质的贸易数量限制措施，因此美国违背了GATT 1994第11条有关数量限制"一般例外"的规定；其次，四国认为不能仅因为生产或加工方法的不同，就对来源于不同缔约国但实质相同或类似的进口产品实行有差别的对待。本案中，TED的使用与否并不影响相关虾及虾制品的实质物理构成，而美国仅依据捕捞方式的不同就确定对未使用TED的出口国实行禁止进口措施，这显然已违背了GATT 1994第1条所蕴含的最惠国待遇原则。此外，由于1991年版609条款实施指导细则规定了有关国家所享有的3年贯彻期，而从1995年12月底CIT判决作出到1996年版细则于4月的公布，仅有4个多月时间。因此四国认为美国有歧视地实施了609条款。因为初期受影响的14个大加勒比及西大西洋地区虾及虾制品出口国显然较后来受影响的包括申请提起四国在内的其他国家和地区在时间上更为充裕,因而违背了GATT 1994第13条关于禁止任何缔约方采取歧视性贸易限制措施的规定。

(二) 被诉方的主张

针对四国的上述指控,美国援引GATT 1994第20条"一般例外"作为其施行609条款的主要依据。美国坦然承认如果缺乏该条授权,其禁止从有关国家及地区进口虾及虾制品的措施确实是对国际贸易普遍规则的违反。

美国认为,TED的使用既是出于保障动物生命的必要措施,又用了平等适用于国际国内的实施方式,因此为推广TED这样一种被明确证明为有效的海龟保护工具而采取相应的禁虾等贸易措施,并不违背GATT 1994本身的规定。

(三) 他方的观点

本案审理期间,不少国际环境保护组织纷纷向WTO上书,表明其支持美国的态度和立场。他们认为:(1) GATT 1994第20条"一般例外"的(b)、(g)两项实际已授权缔约方为保护动植物和易消耗资源的目的可采取一定形式的单方措施。(2) 为占据美国作为世界第一大虾及虾产品进口国的销售市场,609条款已受到了各方的普遍重视。许多国家和地区的渔业工会为此通过行业规则敦促使用TED,联合国粮食及农业组织也将此纳入《负责任渔业行为守则》(UNFAO, Code of Conduct on Responsible Fisheries)。鉴于海龟保护已在国际上达成共识,因此美国的TED使用要求是合理的,WTO不应保护少数人乃至违规者似是而非的所谓权利。(3) 按捕捞能力不同,逐船装备TED约需50至500美元,但平均花费不到75美元,而四国每年向美国市场的海虾销售额即达1000万美元,故四国实际有能力装备TED,美国的要求并不构成所谓的"绿色贸易壁垒"。

(四) 专家组程序

1997年4月10日,争端解决机构合并,印度、马来西亚、巴基斯坦和泰国请求成立专家组。包括澳大利亚、欧盟和日本在内的12个缔约方保留了他们在本案中的第三方权利。

1998年4月6日,专家组详细列举争端各方和第三方的观点,拒绝采信并驳回由世界野生生物基金会等环境保护组织提交的书面协助报告,在总结由专家组自行选定的技术专家所作出的咨询意见之后,最终裁定美国的609条款有悖于世界自由贸易规则,对多边贸易体制构成了威胁,并且不能依据GATT 1994第20条规定的豁免得到成立。

尽管在报告中专家组承认WTO对环保问题有一些特殊的规定,但不能允许美国为保护海龟等海洋生物而强迫别国采取某种政策。环境保护固然重要,但国际贸易协议确定的首要目标仍然是通过开展不受限制的贸易促进各国经济发展。专家组认为,为达到保护海龟的目的，争端各方应采取一切符合 WTO 宗旨的有效措施，而最佳保护方式则是通过多边合作。争端方应当在考虑各自不同地域的特殊条件的前提下，就 TED 的设计、贯彻和使用等具体问题达成多边协议，从而协调相互间的海龟保护政策。因此专家组作出报告，建议争端解决机构要求美国修改 TED 禁令，以同 WTO 的有关法律制度相符合。

（五）上诉程序

由于对专家组的裁决不服，美国于 1998 年 7 月 13 日正式通知争端解决机构提起上诉。1998 年 10 月 12 日，上诉机构经过审查作出终审报告。报告首先撤销了专家组报告中的两项认定：

（1）接受非政府间组织主动提交的书面协助报告并不违反《争端解决议定书》的规定，专家组以此为由拒绝采信于法无据；（2）上诉机构推翻了专家组报告中有关美国 609 条款不属于 GATT 1994 第 20 条所允许的例外的认定，认为美国的措施依据第 20 条（g）项"可被耗竭的自然资源"一项可以得到成立。

与专家组报告相比，上诉机构报告并没有拘泥于 GATT 1994 条文本身在"单边环境措施是否将会对多边贸易体制构成威胁"这一问题上过多纠缠，而是通过详尽的事实分析方法验证 609 条款是否以不合理或者是武断的方式施行，并且上诉机构最终认定美国执行机构在贯彻实施 609 条款过程中的以下七个方面存在缺陷：

（1）609 条款要求虾及虾产品各出口国采取同美国一致的捕捞和海龟保护政策，这对其他缔约方的立法自主决策过程产生了不合理的威胁效力；（2）要求各出口国均装备使用 TED，而不考虑各地实际情况，美国无法确保其政策是适当的；（3）依据美国的实施方式，即便各出口商采用了规定方法进行捕捞，但其母国若并不要求使用 TED，则美国仍可能拒绝从该出口商处进口，这从另一方面也显示出美国实质上更关心的是逼迫其他出口国采用其所规定的管理体系，而并非确保进入美国市场的海虾及虾制品实际上并不对海龟造成威胁；（4）美国没有认真试图通过达成多边协议的方式解决争议，报告注意到美国成功地推动了《美洲间海龟保护公约》的签订，证明多边合作是可实现的和可行的，但美国同争端四国之间却从未有过通过签署多边协议寻求争议解决的类似努力；（5）在实施 609 条款的过程中，美国给予大加勒比及西大西洋地区的 14 个出口国 3 年的过渡期，却仅给予其他包括申请提出四国在内的出口缔约方 4 个多月的准备时间，这实际构成了对 WTO 不同缔约方之间的歧视；（6）美国在 TED 技术转让过程中同样存在不公平的歧视；（7）美国 609 条款的实施机构，在过往年度认证过程中无论接受或是拒绝进口，均无书面的经过论述的正式文件，并且也没有为被拒绝的出口国提供辩解、寻求继续救济的正式渠道。

上诉机构认为以上七点中的第 1 至 6 点构成了美国在 609 条款实施过程中实行"不合理的差别待遇"的实证，第 7 点说明美国在实施过程中存在一定程度的武断性，因而认为美国的 609 条款虽然属于第 20 条（g）项下的例外，但由于其在具体实施过程中违背了 GATT 1994 的有关精神，无法满足第 20 条引言所规定的要求，因而不能得到最终支持。

1998年11月6日，争端解决机构正式通过上诉机构报告，责成美国尽快采取相应措施以同WTO的"一般原则"相适应。1998年11月25日，美国通知WTO，正式承诺贯彻上诉机构的这一判决，并表示愿意同四国尽早就贯彻问题进行磋商，后美国推出再度修改后的新版TED实施细则。

二、裁决结果及其法律依据

(一) 裁决结果

1997年1月，泰国、印度、巴基斯坦和马来西亚以美国违反GATT 1994第11条为由将美国起诉至WTO。美国以第20条(g)项为由进行辩论。1997年4月，美国败诉后，美国对专家组的决定提出上诉。1998年10月12日，上诉机构经过仔细推理、解释和论证，作出决定推翻专家组的两项调查结果，确认美国609条款的有效性，但指出美国在执行该条款时具有任意性，且不合理。

(二) 法律依据

1. 本案对GATT 1994第20条引言部分的解读

上诉机构驳回了专家组关于美国贸易措施不符合第20条的"一般例外"的裁决。上诉机构认为美国贸易措施虽然符合第20条(b)、(g)项，但不符合GATT 1994第20条引言的要求，不能成功援引。在本案中，上诉机构明确表示，任何最终符合"一般例外"的措施都必须符合引言的要求。"下列措施的实施在条件相同的各国间不会构成武断的、不合理的歧视；或不会对国际贸易构成变相限制"，只要满足了其中之一，就能适用例外条款。

纵观WTO争端解决机构裁决的案例，为保护环境而采取的贸易措施基本上没有援引第20条作为抗辩理由，因为它们不符合引言的要求。

在本案中，上诉机构认为，美国609条款根据第609(b)(2)(a)条对其他成员国施加了要求，这种严格和不灵活的要求已经构成"武断的"歧视。因此，为避免构成任意性的歧视，应满足两个条件：首先，一国应制定贸易政策，以确保可能受该政策影响的生产者有充分的知情权，创造尽可能清晰的竞争环境；其次，环境措施应基于相同或相似的环境，而不是硬性要求其他成员国必须符合本国的政策。

在本案中，上诉机构认为美国推动了1996年《美洲间海龟保护公约》的签署，并加强了与加勒比国家在海龟保护层面的合作。但是，在本案中，美国没有积极沟通或尝试签署保护海龟公约，也没有试图帮助四名申诉方推广使用TED。加勒比地区14个国家有3年时间适应609条款，而包括申诉方在内的其他国家只有4个月时间，证明美国对不同国家的待遇不同，构成不合理的歧视。

2. 本案对GATT 1994第20条(b)、(g)项的解读

WTO成员方要援引GATT 1994第20条(b)项进行抗辩，需满足下列条件：

(1) 相关贸易措施是保障人类、动植物生命健康所必需的;(2) 满足第20条引言的规定。专家组和上诉机构将决定一项措施是否为保护人类、动植物健康的必要措施,即必要和不可替代。

根据 WTO 以往的案例来看,WTO 成员方要想援引第20条的(g)项进行抗辩,必须满足以下三个条件:(1) 该措施是为保护可用竭的天然资源且其与保护可用竭的天然资源有关联;(2) 该措施是与限制国内生产和消费一同实施的;(3) 满足第20条引言的规定。

在争端解决机构裁决的案件中,可用竭的自然资源包括自然和生物资源,甚至包括清洁空气。在本案中,申诉方辩称有限的资源,如矿物不是生物资源。上诉机构不同意申诉方的说法,即第20条(g)项中的自然资源不仅包括矿产资源,还包括生物资源,即使它们是可再生的,但在大多数情况下由于人类行为而濒临灭绝,成为非可再生资源,因为非生物矿物和其他资源是有限的。最终,上诉机构发现美国的措施与保护海龟之间存在联系,这正是609条款对 TED 的要求。

关于该措施是否与限制国内生产和消费一同实施,上诉机构重点关注1973年《美国濒危物种法》颁布后,要求美国全国各地的渔船在海龟栖息地捕虾作业时使用 TED,违反者将被追究刑事和民事责任。目前,美国政府主要采用罚款或民事处罚的方式来处罚违反该法案的人。因此,上诉机构认定,609条款符合第20条(g)项的要求,即该措施与对国内生产和消费的限制一同实施。

3. "环境例外"条款的适用

1998年美国海龟案上诉机构确认海龟是一种需要保护的濒危物种,美国的贸易措施虽然符合第20条(g)项,但违反了引言的要求。而且在执行其措施时构成任意和不合理的歧视,因此美国败诉。

4. 对"可用尽的自然资源"及"与保存可用尽的相关资源有关"的解释

在本案中,美国主张依第20条(b)、(g)两项例外取得措施的正当性,其中(g)项是主要的主张依据,(b)项是作为补充的依据。在专家组程序中,专家组采用从上至下的方式,认为美国措施不在第20条允许的范围内,从而也未审查该措施是否符合(b)、(g)项之规定。而上诉机构推翻了专家组的审查方式,对美国的主张进行审查,探究美国所采取的措施是否满足第20条规定的要求。其中对于"可用尽的自然资源"的解释很好地将 WTO 规则与 MEAs(多边环境协议)协调起来,并得当地处理了二者间的冲突。

在专家组程序中,印度、巴基斯坦及泰国认为对"用尽"一词的"合理理解"应为"有限的资源如矿藏,而不是生物或可再生的资源"。如果"全部"自然资源均被理解为可用竭的,则"可用竭"一词将变得毫无意义。马来西亚还认为海龟属于动物,而(g)项适用于"非生物的可用尽自然资源",美国不能同时主张(b)、(g)两项例外。

上诉机构认为，第 20 条（g）项并未限于保存"矿藏"或"非生物"性的自然资源。"可用竭"自然资源与"可再生"自然资源并非完全相互排斥。现代生物科学显示，许多生物物种，虽然在原则上是可繁殖的，也即"可再生的"，但在某种环境下由于人类频繁的活动，确实变得易于损耗、枯竭、灭绝。生物资源与石油、铁矿石及其他非生物资源一样是"有限的"。

此外，专家组还认为，解释者必须将条约植于当代国际社会对于保护及保存环境的关注之中进行解读。《建立世界贸易组织协定》（以下简称《WTO 协定》）的序言表明，各协定签署国已充分认识到环境保护作为各国国内以及国际上政策的重要性及正当性。《WTO 协定》序言已明确告示 GATT 1994 及所涵盖的其他协定已对"可持续发展"的认可。

在理解"自然资源"这一 GATT 1994 第 20 条（g）项用语时，上诉机构还参照了《1982 年联合国海洋法公约》（UNCLOS）的规定，同时注意到《生物多样性公约》、21 议程及《保护野生动物迁徙物种公约》相联系的援助发展中国家的决议均规定了保护生物资源，并因此认为：鉴于国际社会近来对双边或多边协商保护生物自然资源行动重要性的认可，并重申《WTO 协定》序言中 WTO 各成员对可持续发展这一目的的明确接受，我们认为因太过陈旧而不能将 GATT 1994 第 20 条（g）项解读为只涉及保存可用竭的矿藏或其他非生物自然资源。此外，先前已通过的两个 GATT 1947 的专家组报告也认为鱼作为"可用竭的自然资源"包含于第 20 条（g）项的语义之中。我们认为，为与条约有效解释原则相一致，那些为保存可用竭自然资源的措施，不论自然资源是生物的或非生物的，均包含在第 20 条（g）项之内。

【案件意义】

"美国海虾海龟案"是 WTO 解决因贸易和环境措施冲突而产生的争议的有效实践，本案的裁决标志着 WTO 在协调环境与贸易关系问题上向前迈进了一大步。

由于在 WTO 现有的法律框架体系中尚无调整这一冲突议题的具体规则，考察本案事实，专家组和上诉机构面临着以下三种解决方法：

第一种方法，即环境优先。WTO 可因为 609 条款的环境目的而赋予其合法性，事实上这也是美国及一些环保团体所设想的解决方式。但是由于 WTO 无法通过充分的监督确保该环境目的不会成为贸易保护主义者手中滥用的武器，因而无论是专家组还是上诉机构均拒绝了此项建议。

第二种方法，即贸易优先。WTO 是自由贸易的捍卫者，将 GATT 1994 第 20 条"一般例外"作狭义解释，从而将某些环境措施明确排除在外。本案中的专家组程序即采取了这种保守态度。

第三种方法则立足于案情，将贸易措施的具体实施情况及是否曾经为通过多边方式解决争议付出真实努力等细节纳入考察范围。本案中的上诉机构即采取了这一方式：首先确认美国的 609 条款属于 GATT 1994 第 20 条规定的范围，继而将矛头逐渐引向美国执行机构，有理有据地证明其在609条款的具体实施过程中确实存在不合理性和武断性，回避批评制定该条款的美国国会，从而避免贸易与环保目标之间的直接冲突，使美国最终能接受裁决并立即承诺加以贯彻，也为协调好WTO的贸易规则同缔约方因环境原因而采取的贸易措施之间的关系作出了富有实践意义的初步尝试。

单纯从维护贸易秩序的角度出发对本案进行考察，无疑可以认为初审专家组的判断依据和推理过程无可厚非，以贸易手段作为国内政策贯彻的替代工具显然有悖于WTO促进缔约方间经济发展与多边贸易交流的主旨。如果WTO允许为了政府或其他社会目标的实现而限制他国贸易，将不可避免地给现有的国际贸易秩序带来潜在威胁。

因此，尽管20世纪90年代以来国际环境法在1992年里约联合国环境与发展大会之后得到了长足发展，GATT也随着1995年《WTO协定》的生效完成了向WTO嬗变的过程，但专家组还是认为WTO在贸易与环境发生争议之时，应当站在传统的贸易优先的立场上，依然强调通过国际协作，禁止缔约方采取单边贸易限制措施的方法以达到全球生态环境保护的目的。

由于专家组在初审报告中贯彻了WTO"自由贸易优先"的主导思想，因而赢得了发展中国家的普遍赞誉。与之形成鲜明对比的是，本案专家组报告在国际环境保护领域引发了轩然大波。包括世界野生生物基金会、绿色和平组织在内的诸多环保组织纷纷通过各种渠道对这一片面重视经济利益而忽视可持续发展的裁决提出批评。被WTO第一任总干事雷纳托·鲁杰罗认为是WTO"最突出贡献"的争端解决机制，成为各方非议的焦点。这些组织已开始质疑WTO这样一个传统的贸易组织在处理环境等非贸易议题之时是否仍能够保持不偏不倚的公正态度，WTO的争端解决机制是否同样适合于贸易和环境等争端的解决。

作为WTO核心之一的争端解决程序，其实质是仲裁性质的专家组程序与司法审查性质的上诉程序的复合。而专家组程序作为整个争端解决程序启动的第一步，在专家的选择等多方面均体现着浓郁的仲裁性。加之WTO一贯自由贸易第一的主导思想，专家组不可避免地会在裁判过程中将贸易和市场准入问题优先于环境保护加以考虑。尽管有上诉机构可作为程序衡平的保障，但上诉机构所能做到的仅仅是对法律问题作出复审和解释，而目前环境等议题尚处于《WTO协定》整套法律体系之外，因此有关环境方面的事实将被局限在专家组程序之内认定，公众的参与和监督被排除在外。本案中，正是由于专家组拒绝采信并驳回由非政府间组织所提供的有关TED使用现状及效果进行说明的书面协助报告，引发了国际舆论的广泛不满。

出于对WTO在解决贸易与环境议题的过程中所表现的贸易优先偏向的担忧，国际已提出多个对争端解决程序加强监督和另组全球性环境争端解决组织的动议。有专家认为贸易与环境并非水火不相容，主张强化WTO贸易与环境委员会的作用来协调矛盾。也有欧盟专员提出，若WTO不能被证明保持公允的立场，欧盟将推动成立另行特别机构以专门协调环境与贸易之间的关系。世界自然资源保护联盟（IUCN）在其成立50周年的纪念仪式上，不仅呼吁WTO应当认真考虑与贸易相关的环境问题，更直截了当地提议应由联合国环境规划署（UNEP）整合有关国际环境及资源保护公约，推动成立世界环境保护组织。

【思考题】

（1）GATT 1994 第 20 条适用的程序条件是什么？

（2）美国海虾海龟案有何现实意义和国际法意义？

（3）结合 WTO 其他案例，谈一谈 GATT 1994 第 20 条"一般例外"条款的适用。

（4）WTO 的争端解决机制是否同样适合于贸易和环境等争端的解决？

（5）在国际环境保护方面，各类国际组织之间应该如何合作？

案例三　中美稀土贸易案

【知识要点】

一、《中华人民共和国加入议定书》中的"超 WTO 义务"规定

"超 WTO 义务"是指新成员作出的超出现有成员义务的超常规承诺。WTO 作为一个国际性组织，建立了《WTO 协定》以及由协定而引申出的货物贸易、服务贸易和知识产权贸易等，设立了解决争端机制、贸易政策审议机制等多边条约。[1] WTO 一直致力于扩大货物和服务的生产与贸易，坚持可持续发展的理念，以达到各国对世界资源的最优利用，保护环境与生态，并且采取各种积极的措施，运用符合不同经济发展水平的方式，努力确保发展中国家，尤其是最不发达国家在国际贸易增长中获得与其经济发展水平相适应的份额和利益，建立一体化的多边贸易体制。[2]

WTO 内部包括两类成员，一类是原始成员，即符合一定条件的原 GATT 成员；另一类是加入成员，加入成员在加入 WTO 时与其他成员协商并作出一定承诺。《WTO 协定》给予其全部成员方在行使贸易权利时的两个义务，第一是必须遵守《WTO 协定》及该协定项下的贸易义务；第二是成员方的国内某项贸易措施可能存在违背 WTO 义务时，可以通过援引例外原则来进行抗辩。[3] 但事实上，加入成员大多数被要求承担特殊义务，即"超 WTO 义务"，《中华人民共和国加入议定书》（以下简称《中国加入议定书》）便是一个典型。

《中国加入议定书》与其他的加入议定书相比，包含了大量的特殊条款，这些条款使中国在加入 WTO 时承担了特殊义务即市场准入义务。WTO 的市场准入义务，不同于规则义务具有的统一性，规则义务要求所有成员都受该套义务约束；市场准入义务因

---

[1] 邵桂兰，周乾. 中美稀土出口空间格局比较研究 [J]. 稀土，2018，39（03）：149-158.
[2] 张磊. 从"稀土案"审视 WTO 相关规则 [J]. 检察风云，2018（15）：28-29.
[3] 张丹琳. 当前稀土资源现状与供需形势分析 [J]. 国土资源情报，2020（05）：37-41.

国而异，每一成员承担的开放货物与服务贸易的具体义务各不相同。所有成员在加入 WTO 时都面临两类承诺义务：规则义务和市场准入义务。

中国的"超 WTO 义务"大致归为三类：一是加强法治的义务（包括有关透明度、司法审查、统一管理及过渡性审议的承诺）；二是实行市场经济的义务；三是开放投资的义务（包括有关投资措施和对外国企业的国民待遇义务）。[1]"超 WTO 义务"的某些义务虽然能起到一定的促进作用，但随着 WTO 实践的发展，该类义务对经济贸易也带来了一定的负面影响，尤其是关于实行市场经济和开放投资义务。因为贸易措施方案中可能包含一些违反"超 WTO 义务"的具体措施，而在对其是否可以援引 GATT 1994 第 20 条例外原则进行抗辩时，便会出现该类义务是否符合《WTO 协定》的质疑。因为只有符合《WTO 协定》的规定才可援引。

虽然 WTO 争端解决机构不遵循判例法，但在实践中对判例的借鉴效用很是被接受，因此一旦否定了该类义务援引 GATT 1994 第 20 条例外的可能性，就等于剥夺了抗辩的机会，这对发展中国家来说是很不利的，也破坏了 WTO 规则的统一性。一味遵循严格文本解释，是否能够顺应 WTO 目标的发展，适应新型能源、环境等在国际贸易中的发展值得学者对条约解释规则展开新的思考。

二、GATT 1994 第 20 条的适用

GATT 1994 第 20 条允许 WTO 成员在特定情形下为维护本国重大利益而背离其义务或损害其他成员利益，是穷尽性的而非指导性的规范。

1. GATT 1994 第 20 条的立法主旨

GATT 1994 第 20 条主要服务于两个目的。第一是允许成员方政府因环境保护目的暂停施行 WTO 义务。如果没有这些例外条款，各主权国家可能会担心在正常履行多边贸易体制的义务过程中，出现一定的国内公共政策目标受损而不能得到及时有效救济的情况，从而不愿签署多边贸易自由化协议，甚至阻碍多边贸易自由化的进程。由于人类活动，全球生态环境已经千疮百孔，为了人类的生存与发展，有必要迅速禁止或限制各类对环境造成损害的贸易活动。[2] 因此 GATT 1994 第 20 条环保例外条款实际上是承认国内环境政策利益的合法性，反映 WTO 多边贸易体制对各成员保护环境合法目标的承认与支持。第二是确保援用方善意行使其权利并尊重其他成员在 WTO 项下的权利。"善意履行条约"是国际法的普遍原则，它不仅包括善意履行条约义务，还包括善意行使条约权利，其中心应是禁止滥用。以伤害其他缔约国据条约获得利益的办法行使权利，是与善意履行条约义务相冲突的，违反了条约规定的义务。[3]

2. GATT 1994 第 20 条环保例外条款适用的条件

WTO 争端解决机构在适用 GATT 1994 第 20 条时分两步走，即先审查第 20 条援用

---

[1] 高永娟. 中美稀土贸易视角下中国稀土出口问题探究 [J]. 中国外资, 2012 (22): 20.
[2] 李仲周. 再论稀土贸易背后的"玄机" [J]. 可持续发展经济导刊, 2020 (11): 63.
[3] 王媛, 田丽娜, 林海华. 稀土在中美贸易战中的作用 [J]. 内蒙古电大学刊, 2020 (06): 13-17.

方采取的有关措施是否符合单项例外，如果符合，再审查是否符合第 20 条前言。强调这个次序并不是一个简单的审判程序或法律技术问题，而是对 GATT 1994 第 20 条法律意义认识的转变，改变了 GATT 时期只关注有关措施的适当性而忽视国家政策目标合法性的状态。从自由贸易优先到兼顾环境保护的态度转变，是对各国国内目标合法性的肯定，也是 WTO 各成员为公共健康或环境保护等目标所实施的限制措施的包容和鼓励，说明 WTO 对环境与贸易协调问题的重视程度逐渐加强，使环保与自由贸易处于同样重要的地位。但这些环保政策和措施的实施不得妨碍世界自由贸易体制的正常运行，更不能把环保措施变相地用作贸易保护主义手段。[1] 因此 WTO 例外条款的正确解释和适用就成为各成员方关注的焦点。

（1）目标的合法性。也就是目标价值的合理性，即采取措施是为了 GATT 1994 第 20 条（b）项"保护人类、动植物的生命或健康"或（g）项"有效保护可能用竭的天然资源"。正确适用（b）项必须同时满足两个条件：第一，目的的正当性，为保护人类、动植物的生命或健康的目的；第二，措施的必需性，采取相关措施是必需的，所采取的措施只能在最低限度内背离 GATT 其他条款追求的目标，同时要求目标与手段的相称。正确适用（g）项必须同时满足的两个条件：第一，目的的正当性，即为"有效保护可能用竭的天然资源"的目的；第二，与国内生产、消费措施的相协性，此处的相协性 GATT 曾解释为"主要旨在使这些限制有效"，即维护国内生产或消费限制的有效性。

（2）不构成相同国家间武断的或不合理的歧视待遇。第一，相同国家应包括援用例外条例这方成员所面对的其他各方成员，一国对非成员国采取有悖于该条款的措施不受本条款的调整。第二，武断性或不合理性单从字面上是看不出其确切含义的，但如果联系 SPS 协议有关叙述则不难发现，所谓的武断的或不合理的是与目的的正当与否分不开的，即相关措施的使用目的必须以科学原则为基础，如果失去了科学依据，那么此类措施则不应该继续。因此，目的的偏离应是判断武断性和不合理性的标准。该条限制的是有关措施的实施方式，即不得构成"武断的或不合理的"的歧视。如果不构成相同条件下国家间的歧视，就不用考虑"武断的或不合理的"因素，但如果有关措施构成了相同条件下国家间的歧视，则还需考虑是不是武断的或不合理的。[2]

（3）不构成对国际贸易的变相限制。该条无论在理论上还是实践中，均易被贸易保护主义加以利用，借环保之名行贸易保护之实，构筑绿色贸易壁垒。对该条规定的理解关键应是"变相"，是否掩盖着贸易保护主义的非法目的。"变相"通常是指在合法的外表下隐藏、欺骗、变化等，以欺骗、不正确的描述或以言语或行动掩饰。在 GATT/WTO 实践中，专家组曾以该措施是否公布来检验是否构成"变相"的标准，但

---

[1] 张哲畅. 中国"稀土案"再回首：WTO 组织成员方的权利保障 [J]. 安徽行政学院学报，2018（01）：86-91.

[2] 孙海泳，李庆四. 中美稀土贸易争议的原因及影响分析 [J]. 现代国际关系，2011（05）：41-46.

遭到一些成员方和法律专家的批评。❶

三、WTO关于出口限制的主要规则

WTO的规则体系中，出口限制的规则没有像进口限制规则那么明确。在倡导贸易自由化的规则中，一般都是针对阻碍进口的各种措施，WTO没有协定专门针对出口限制措施。因此，作为处理和协调国际贸易的国际组织，WTO对其成员方的原材料贸易并没有进行特别管理的规则。目前主要依据已有的国际贸易的相关规则来处理成员方的资源贸易及其争端。WTO关于出口限制的规则除了GATT 1994第1条有关最惠国待遇条款、第8条有关进出口规费和手续的规定、第10条关于透明度的要求等程序性条款以外，主要是GATT 1994第11条关于普遍取消数量限制的实体性规定。出于推动贸易自由化的需要，第11条对成员方的数量限制措施实行严格管制，该条规定："任何缔约方不得对任何其他缔约方产品的进口或向任何其他缔约方产品的进口或向任何其他缔约方出口或销售供出口的产品设立或维持除关税、国内税或其他费用外的禁止或限制，无论此类禁止或限制通过配额、进出口许可证或其他措施实施。"该条款表明，成员方除关税、国内税以及其他费用等有限的限制或禁止措施被允许以外，其他设立或维持的旨在限制出口的任何数量限制或禁止原则上都受到该条的约束。❷ WTO尽管原则上禁止使用出口限制，但同时也规定了若干例外，特别是GATT 1994第20条"一般例外"中（g）项允许成员方实施保护可用尽的自然资源有关的措施，如果此类措施与限制国内生产或消费一同实施。❸

值得指出的是，在GATT的历次多边贸易谈判达成的关税减让承诺因只是针对进口关税，出口税没有被列入各成员方的关税减让表，因此，原则上各成员方可以自由地使用出口税对包括自然资源在内的本国产品实施出口限制，除非另有其他限制。

四、《中国加入议定书》条款与GATT之间的体制性关系

GATT 1994第20条是WTO的一般例外条款，其核心是豁免成员方为保护人类生命健康以及保护可用竭资源等目的而采取违反WTO规则或其所作承诺的贸易限制措施。但是，例外条款作为对WTO一般规则的背离，为了不对WTO多边贸易体制的可预见性和安全性造成破坏，援引它必须满足WTO规定的条件，并善意和严格按这些条件来适用。WTO规定应"依国际公法解释的习惯性规则，阐明有关协议的条文"，即条约应按照该条约用于上下文中的正常含义，参照条约的目的和宗旨，善意予以解释。下文将介绍的"中美稀土贸易案"中，关于中国实施出口限制措施而违反《中国加入议定书》中特殊承诺，是否可以援引GATT 1994第20条（g）项免责，专家组认为，不仅要严格考察GATT 1994第20条本身规定的适用条件，即采取的措施"不在情形相同

---

❶ 李蕙萱．稀土出口政策制定中博弈论计算应用研究［J］．吉林工程技术师范学院学报，2014，30（11）：85-87.

❷ 高永娟．中美稀土贸易视角下中国稀土出口问题探究［J］．中国外资，2012（22）：20.

❸ 王媛，田丽娜，林海华．稀土在中美贸易战中的作用［J］．内蒙古电大学刊，2020（06）：13-17.

的国家之间构成武断或不正当歧视的手段或构成对国际贸易的变相限制的",同时也要考察《中国加入议定书》是否有适用 GATT 1994 第 20 条例外规定的文本依据,遗憾的是,《中国加入议定书》没有将这么重要的条款规定在内。

【基本案情】

2012 年 3 月 15 日,中国收到美国、欧盟、日本在 WTO 争端解决机制下提出的有关稀土、钨、钼的出口管制问题的磋商请求,这个事件被称为"中美稀土贸易案"。2014 年 8 月 7 日,WTO 公布了美国、欧盟、日本诉中国稀土、钨、钼相关产品出口管理措施案上诉机构报告,驳回了中国就稀土出口相关判决提出的上诉,维持 WTO 专家组关于中方涉案产品的出口关税、出口配额措施不符合有关 WTO 规则和中方加入 WTO 承诺的裁决。中美稀土贸易案基本案情一览表如表 3-1 所示。

表 3-1 中美稀土贸易案基本案情一览表

申诉方	美国	
被诉方	中国	
管辖机构	WTO 争端解决机制(DSB)	
案件过程	2012 年 3 月 13 日	美欧日向 DSB 提出磋商请求
	2012 年 4 月 25-26 日	双方磋商,但未能达成有效共识
	2012 年 6 月 27 日	美欧日向 DSB 提出设立专家组
	2012 年 7 月 23 日	WTO 决定成立专家组
	2012 年 7 月	中国表示应诉
	2014 年 3 月 26 日	专家组发布了针对中国稀土出口管理措施的专家组工作报告
	2014 年 4 月 8 日	美国就中国对稀土企业的相关附加条件向 DSB 提出上诉
	2014 年 4 月 17 日	中国就"中国稀土出口政策案"向 DSB 提起交叉上诉
裁决结果	2014 年 8 月 7 日:中国对相关产品采取的出口关税、出口配额措施不符合有关 WTO 规则和中国加入 WTO 承诺的裁决,中国败诉	

一、美欧日提出磋商请求

2012 年 3 月 13 日,美欧日提出磋商请求,将中国的稀土等三种原材料出口限制措施诉至 WTO 争端解决机制。3 月 15 日,中国收到美国、欧盟、日本在 WTO 争端解决机制下提出的有关稀土、钨、钼的出口管制问题的磋商请求。6 月 27 日,美欧日就诉中国稀土、钨、钼三种原材料出口限制争端案正式向 WTO 争端解决机构提起设立专家组请求。此次诉讼涉及的稀土、钨、钼均为稀有资源,在冶金、机械、化工、航天等领域应用广泛,属于不可再生的珍贵资源,但是由于稀土生产、加工过程对生态环境影响巨大,均被中国列为实行出口配额许可证管理的货物。

二、初步裁决

2014年3月26日,WTO公布了美国、欧盟、日本诉中国稀土、钨、钼相关产品出口管理措施案专家组报告。历时两年,美国、欧盟、日本针对中国的稀土贸易诉讼案初步裁决中国败诉。"一审"裁定中方涉案产品的出口管理措施违规。

三、中国提出交叉上诉

2014年4月17日,在我国商务部举行的新闻发布会上,发言人沈丹阳表示,中国决定就"中国稀土出口政策案"向WTO争端解决机构提出交叉上诉。

四、最后裁决

2014年8月7日,WTO公布了"中美稀土贸易案"上诉机构报告,中方对相关产品采取的出口关税、出口配额措施不符合有关WTO规则和中方加入WTO承诺的裁决,中方败诉。

【案例分析】

一、主要法律问题

该案的争议焦点主要包括以下三个方面:中国能否援用GATT 1994第20条设置出口关税;中国出口配额措施是否符合GATT 1994第20条;中国的做法是否违背《中国加入议定书》的内容。

二、主要法律依据

(一)《中国加入议定书》第11条

《中国加入议定书》第11条是对进出口产品征收的税费的规定:

(1)中国应保证国家主管机关或地方各级主管机关实施或管理的海关规费或费用符合GATT 1994。

(2)中国应保证国家主管机关或地方各级主管机关实施或管理的国内税费,包括增值税,符合GATT 1994。

(3)中国应取消适用于出口产品的全部税费,除非本议定书附件6中有明确规定或按照GATT 1994第8条的规定适用。

(4)在进行边境税的调整方面,对于外国个人、企业和外商投资企业,自加入时起应被给予不低于给予其他个人和企业的待遇。

(二)GATT 1994第20条一般例外条款

本协定的规定不得解释为阻止缔约国采用或实施以下措施,但对情况相同的各国,实施的措施不得构成武断的或不合理的差别待遇,或构成对国际贸易的变相限制:

(a)为维护公共道德所必需的措施;

(b)为保障人民、动植物的生命或健康所必需的措施;

(c)有关输出或输入黄金或白银的措施;

（d）为保证某些与本协定的规定并无抵触的法令或条例的贯彻执行所必需的措施，包括加强海关法令或条例，加强根据本协定第 2 条第 4 款和第 17 条而实施的垄断，保护专利权、商标权及版权，以防止欺骗行为所必需的措施；

（e）有关监狱劳动产品的措施；

（f）为保护本国具有艺术、历史或考古价值的文物而采取的措施；

（g）与国内限制生产与消费的措施相配合，为有效保护可能用竭的天然资源的有关措施；

（h）如果商品协定所遵守的原则已向全体缔约国提出，缔约国全体未表示异议，或商品协定本身已向缔约国全体提出，缔约国全体未表示异议，为履行这种国际商品协定所承担的义务而采取的措施；

（i）在国内原料的价格被压低到低于国际价格水平，作为在政府稳定计划的一部分的期间内，为了保证国内加工业对这些原料的基本需要，有必要采取的限制这些原料出口的措施；但不得利用限制来增加此种国内工业的出口或对其提供保护，也不得背离本协定的有关非歧视的规定；

（j）在普遍或局部供应不足的情况下，为获取或分配产品所必须采取的措施；但采取的措施必须符合以下原则：所有缔约国在这些产品的国际供应中都有权占有公平的份额，而且，如果采取的措施与本协定的其他规定不符，它应在导致其实施的条件不复存在时，立即予以停止。最迟于 1960 年 6 月 30 日以前，缔约国全体应对本项规定的需要情况进行检查。

（三）《中国加入工作组报告书》

83. 中国代表确认，在 3 年过渡期内，中国将逐步放开贸易权的范围和可获性。

（a）中国代表确认，自加入时起，中国将取消中国企业和外商投资企业作为获得或维持进出口权的标准的任何出口实绩、贸易平衡、外汇平衡和以往经验要求，如在进出口方面的经验。

（b）对于全资中资企业，中国代表表示，虽然外商投资企业根据其经批准的经营范围获得有限的贸易权，但是全资中资企业现需申请此类权利，且有关主管机关在批准此类申请时适用最低标准。为加速这一批准程序和增加贸易权的可获性，中国代表确认，中国将降低获得贸易权的最低注册资本要求（只适用于全资中资企业），第一年降至 500 万元人民币，第二年降至 300 万元人民币，第三年降至 100 万元人民币，并将在贸易权的过渡期结束时取消审批制。

（c）中国代表还确认，在过渡期内，中国将逐步放开外商投资企业贸易权的范围和可获性。此类企业将根据以下时间表被给予新的或额外的贸易权，即自加入后 1 年起，外资占少数股的合资企业将被给予完全的贸易权，自加入后 2 年起，外资占多数股的合资企业将被给予完全的贸易权。

（d）中国代表还确认，在加入后 3 年内，所有在中国的企业将被给予贸易权。外商投资企业从事进出口不需建立特定形式或单独的实体，也不需要获得包含分销在内的新的营业执照。工作组注意到这些承诺。

84. (a) 中国代表确认，中国将在加入后 3 年内取消贸易权的审批制。届时，中国将允许所有在中国的企业及外国企业和个人，包括其他 WTO 成员的独资经营者，在中国全部关税领土内进口所有货物（议定书（草案）附件 2A 所列保留由国营贸易企业进口和出口的产品份额除外）。可是，此种权利不允许进口商在中国国内分销货物。提供分销服务将依照中国在 GATS 项下的具体承诺减让表进行。

(b) 关于对外国企业和个人、包括对其他 WTO 成员的独资经营者给予贸易权的问题，中国代表确认，此类权利将以非歧视和非任意性的方式给予。他进一步确认，获得贸易权的任何要求仅为海关和财政目的，将不构成贸易壁垒。中国代表强调，拥有贸易权的外国企业和个人需要遵守所有与 WTO 相一致的、有关进出口的要求，如与进口许可、TBT 和 SPS 有关的要求，但确认将不适用与最低资本和以往经验有关的要求。工作组注意到这些承诺。

162. 中国代表确认，中国将遵守有关非自动出口许可程序和出口限制的 WTO 规则。也将使《外贸法》符合 GATT 的要求。此外，在加入之日后，只有在被 GATT 规定证明为合理的情况下，才实行出口限制和许可程序。工作组注意到这些承诺。

163. 中国代表表示，中国禁止出口麻醉品、毒品、含有国家秘密的资料及珍稀动植物。

164. 一些工作组成员对中国对丝绸出口的限制表示关注。某些其他成员对限制其他货物的出口表示关注，特别是可进行进一步加工的原材料或中间产品的出口，如钨精矿、稀土和其他金属等。工作组成员们敦促中国保证所实施或维持的任何此类限制符合《WTO 协定》和议定书（草案）的条款。

165. 中国代表确认，自加入时起，将每年就现存对出口产品实行的非自动许可限制向 WTO 作出通知，并将予以取消，除非这些措施在《WTO 协定》或议定书（草案）项下被证明为合理。工作组注意到这一承诺。

三、辩论过程分析

1. 关于中国能否援用 GATT 1994 第 20 条设置出口关税的问题

美欧日认为，按照《中国加入议定书》第 11 条第 3 款所述，中国应取消稀土等非再生资源的出口关税，并主张稀土出口关税政策并不适用 GATT 1994 第 20 条，因为中方无法举证表明其稀土出口限制措施是为保障人类、动植物生命或健康采取的措施。但中方认为稀土出口关税的合法性可以引用 GATT 1994 第 20 条来佐证。

专家组指出，中国关于稀土的出口关税措施实际上违反了《中国加入议定书》第 11 条第 3 款，该段在中国被称为"超 WTO 义务"。第 11 条第 3 款的内容是中国应取消适用于出口产品的全部税费，除非本议定书附件 6 中有明确规定或按照 GATT 1994 第 8 条的规定适用，且没有与稀土相关的产品规定在附件 6 中。因此专家组否决了中方援引 GATT 1994 第 20 条作为抗辩理由的可能性。但中方认为《中国加入议定书》第 11

条第 3 款内容中表明中国是可以援引附件 6 或 GATT 第 8 条的规定适用进行抗辩，而非表示中国不可以用 GATT 中其他条款进行抗辩申诉。《中国加入议定书》第 11 条第 3 款是 GATT 完整的一部分，且"nothing in this agreement"并未排斥其可以适用一般例外条款。根据 WTO 的宗旨，援引 GATT 1994 第 20 条（g）项作为抗辩理由具有合理性。假如中国能够援引 GATT 1994 第 20 条（g）项，在该假设下专家组得出被诉措施与第 20 条（b）项和序言的内容不符，中国限制稀土出口关税的举措并不是为保障人类、动植物的生命或者健康权益。

只有满足四个方面的要求才能援用 GATT 1994 第 20 条（b）项的规定。首先，援引本条款的目的是保障人类、动植物的生命或者健康权益。其次，在存在其他有效措施的情况下，不能援用本条规定。再次，被诉措施应是达到该目的所必需的。最后，要符合序言的要求。通过分析发现，以稀土出口为目的的稀土开采和生产对本地民众的生命与健康及动植物的生长造成一定损害，而且环境保护问题并没有通过被诉措施获得解决，美方的可替代措施也没能被中方证明不具合理性。

针对中国被诉措施适用环保例外条款作为抗辩理由，专家组向中方列举的这些抗辩理由进行了论证，结论是稀土出口限制关税并非环境保护的充分必要条件。中方期望将稀土价格提升以抑制他国对本国稀土出口的需求量，进而降低稀土的开采量，最终达到环境保护的目的。但是在可替代性措施这一项上，美方根据其发展历程给予了中方几类替代性措施，例如对本国生产企业实施资源税征收、提高企业准入门槛、落实出口许可证制度等。中方并未对如上可替代性措施的不适合性进行举证说明。稀土出口关税的限制造成了国内外稀土消费价格涨跌不一致，进而造成国内外消费歧视。在这一点上，专家组认为中国限制稀土等资源的出口关税的举措是不符合 WTO 规定的。

2. 关于中国出口配额措施是否符合 GATT 第 20 条的规定

申诉方指出，中国意图通过调控稀土出口配额，从而达到操纵国际稀土价格的目的，这显然与 GATT 1994 第 11 条第 1 款不符，并且同时违反了《中国加入工作组报告书》第 162-165 段。GATT 1994 第 11 条第 1 款规定：任何成员除征收关税或其他费用以外，不得设立或维持配额、进出口许可证或其他措施以限制或禁止其他成员方领土的产品的输入，或向其他成员方领土输出或销售出口产品。《中国加入工作组报告书》第 162-165 段的陈述表明，中方并不会对出口进行限制，除非在《WTO 协定》的合理条件下。

根据 GATT 1994 第 20 条（g）项的规定，中方对稀土资源限制出口配额是可以援引一般例外条款的，在 WTO 下限制出口配额是合理的措施。然而专家组通过是否针对保护可用竭自然资源、是否与保护可用竭自然资源"相关"、是否对国内生产与消费的同时限制、是否符合序言的分析，认为中国的出口配额措施违反了 GATT 1994 第 11 条和《中国加入议定书》的规定，不符合 GATT 1994 第 20 条（g）项的实质性条件。特别在专家组分析调控出口配额这一措施与 GATT 1994 第 20 条（g）项的关联性时，专家组认为中方无法举证说明对于出口配额的调控是用于对可用竭资源的保护。

3. 中国的做法是否违背《中国加入议定书》的内容

申诉方以中国违反《中国加入议定书》第 5.1 段以及《中国加入工作组报告书》第 83、84 段的承诺为由否定中国对于企业出口稀土配额的限制。在《中国加入议定书》中，除一些特殊货物，中国承诺逐步取消对外企的限制，使其有在中国进一步发展的空间。美国、日本、欧盟指出中国在出口配额、企业注册资本、出口表现方面都进行了一定的限制。专家组认为中国的贸易权限制违反了中国在 WTO 的责任，因为中国的措施是对《中国加入议定书》的背弃与《中国加入工作组报告书》规定的违反。

对于中国的抗辩，专家组基本持否定态度。在此之前，中国在出口关税、出口配额及最低出口价格的出口限制措施方面遭到美国、墨西哥与欧盟的申诉，中国均被相关机构裁定败诉，而申诉方却获得了支持。

【思考题】

（1）中国应如何完善国内自然资源出口政策，确保稀缺资源在国内外限制措施一致？

（2）通过中美稀土贸易案思考如何在 WTO 框架下建立稀缺资源的内外同步保护体系？

（3）从中美稀土贸易案来看，中国在处理对外贸易问题时应该注重哪些方面的问题？

第二节　WTO 动植物卫生检验检疫措施

案例四　美国诉日本影响农产品进口措施案

【知识要点】

一、《实施动植物卫生检疫措施的协议》签订背景和主要框架

《实施动植物卫生检疫措施的协议》（以下简称 SPS 协议），是世界贸易组织（WTO）在长达 8 年之久的乌拉圭回合谈判的一个重要的国际多边协议成果。随着国际贸易的发展和贸易自由化程度的提高，各国实行动植物检疫制度对贸易的影响也越来越大，某些国家尤其是一些发达国家为了保护本国农畜产品市场，多利用非关税壁垒措施来阻止国外尤其是发展中国家农畜产品进入本国市场，其中动植物检疫就是一种隐蔽性很强的技术壁垒措施。由于《关税与贸易总协定》（GATT 1994）和《技术性贸

易壁垒协议》（TBT 协议）对动植物卫生检疫措施约束力不够，要求不具体，为此，在乌拉圭回合谈判中，许多国家提议制定 SPS 协议，它对国际贸易中的动植物检疫提出了具体的严格的要求，是 WTO 协议原则渗透到动植物检疫工作的产物。

SPS 协议的基本框架包括正文（14 条、42 款）及三个附件，其内容丰富，涉及面广。正文 14 条包括：总则、基本权利和义务、风险评估以及技术援助、特殊和区别处理、磋商与争端解决和最后条款。三个附件分别是定义、透明度条例、控制和检验及认可程序。❶

实施动植物卫生检疫措施的目的是预防特定风险，具体包括以下四项：（1）保护成员境内动物或植物的生命或者健康免受虫害、病害、带病、有机体或致病有机体的传入、定居或传播所产生的风险；（2）保护成员境内人类或动物的生命或健康免受食品、饮料或饲料中的添加剂、污染物、毒素或致病有机体所产生的风险；（3）保护成员境内人类的生命或健康免受动物、植物或动植物携带的病害或虫害的传入、定居或传播所产生的风险；（4）防止或限制成员境内因虫害的传入、定居或传播所产生的其他损害。

二、SPS 协议第 2 条与 GATT 1994 第 20 条（b）项的关系

GATT 1994 第 20 条（b）项规定：只要不在情形相同的国家之间构成任意或不合理的歧视或者构成对国际贸易的变相限制，本协定不阻止任何缔约方采取为保护人类、动物或植物的生命或健康所必需的措施。

SPS 协议第 2 条第 1 款规定：各成员有权采取为保护人类、动物或植物的生命或健康所必需的卫生与植物卫生措施。SPS 协议第 2 条第 1 款是 GATT 1994 第 20 条（b）项的重申。

SPS 协议第 2 条第 4 款规定：符合本协定有关条款规定的卫生与植物卫生措施，应被视为符合各成员根据 GATT 1994 有关使用卫生与植物卫生措施的规定所承担的义务，特别是第 20 条（b）项的规定。据此，成员方采取卫生与植物卫生措施或是援引 GATT 1994 第 20 条（b）项的例外都需要符合 SPS 协议。

三、卫生与植物卫生措施委员会

卫生与植物卫生措施委员会简称 SPS 措施委员会。它的职能是执行 SPS 协议的各项规定，推动协调一致的目标实现，为磋商提供一个经常性的场所，鼓励各成员就特定的 SPS 措施问题进行不定期的磋商或谈判，鼓励所有成员采用国际标准、准则和建议，与国际营养标准委员会、世界动物卫生组织和国际植物保护公约保持密切联系，拟定一份对贸易有重大影响的动植物卫生检疫措施方面的国际标准、准则和建议清单，及时协调或解决各成员间的 SPS 问题，并直接影响各成员 SPS 措施的修订，以减少或避免纠纷。

---

❶ 叶佐林. WTO《SPS 协议》中的风险评估问题 [J]. 南方农村，2004（03）：43-46.

四、风险评估原则[1]

SPS 协议中涉及风险评估原则的条文有第 2 条、第 3 条第 3 款、第 5 条和附件 A 第 4 条。该协议第 2 条作为一般原则条款，规定了各成员国应当遵循"科学依据"来采取风险评估卫生措施的基本义务，即在保护人类动植物生命健康限度内，所采取的措施应当具有科学依据。该协议第 3 条第 3 款中允许各成员国在有充分科学依据的前提下，可以实施比国际标准更加严格的卫生保护措施。第 2 条和第 3 条第 3 款共同表明适用风险评估必须建立在"充分科学依据"的基础上。该协议第 5 条进一步规定了各成员国风险评估适用的具体规则和义务。该协议附件 A 第 4 条对风险评估的概念进行了界定，从评价对象类型角度将"风险评估"分为了两种：病虫害风险评估和食源性风险评估。病虫害风险评估是指对有关病虫害传入、定居或传播的可能性以及由此引发的潜在生物学后果和经济后果进行预测。食源性风险评估是指对人类食品和动物饲料中的添加剂、微生物、药物残留、病毒细菌等可能危害动植物生命健康的潜在性因素进行评估。附件 A 第 4 条对风险评估的定义是理解和适用协议第 2 条、第 3 条第 3 款以及第 5 条的前提。

五、技术性贸易壁垒协议[2]

技术性贸易壁垒协议简称 TBT 协议，是以国家或地区的技术法规和标准、标签、协议及合格评定程序等形式出现的一项多边贸易协议，其内容广泛，涵盖诸多技术性指标体系如科学技术、卫生检疫、环保、安全、产品质量和认证等。该协议全文包括 6 个部分、15 个条款、3 个附件和 8 个术语，适用于所有产品，其中包括农产品。但有关动植物卫生检疫方面则应遵循 SPS 协议。国际上与植物检疫有关的组织及其主要法律法规包括：国际植物保护公约组织及其保护公约（IPPC）、《实施动植物卫生检疫措施的协议》（SPS 协议）、《技术性贸易壁垒协议》（TBT 协议）、区域性植物保护组织及标准和植物检疫双边协定、协议。其中与植物检疫关系最密切相关的是 IPPC 和 SPS 协议。

【基本案情】

根据 1950 年 6 月 30 日日本农业部发布的《植物保护法实施条例》，8 种原产自包括美国在内的某些国家的农产品被列为禁止进口产品。其原因是这些产品可能带有一种未曾在日本发现的害虫——苹果蠹蛾。美国是出口这些产品的国家之一。

某种产品进口禁止的豁免取得，必须首先取得针对该特定品种的进口许可证。然而，某公司获得某一特定品种的进口许可证，并不代表该公司可以进口该产品的其他品种。为了获得一项针对特定品种产品的进口禁令豁免，出口国必须提出一种替代措

---

[1] 孟冬，林伟. 加拿大诉澳大利亚"鲑鱼进口措施案"[J]. WTO 经济导刊，2004（06）：26-29.
[2] 田曦，柴悦. 特别贸易关注视角下技术性贸易措施对我国出口贸易的影响[J]. 国际贸易问题，2019（03）：41-55.

施，该措施必须能够达到与进口禁令同样的保护水平。出口国有义务证明替代措施能够达到一定的保护水平，在实践中提出的替代措施往往是某种灭虫法。

1987年，日本农林渔业部公布了两部试行检测指南，《取消进口禁令指南——蒸熏》和《昆虫死亡率比较测试指南——蒸熏指南》，前者规定了取消禁令的相关测试标准，后者规定了批准额外种类产品进口的测试标准。

1997年6月5日，美国与日本双方进行了磋商，但未达成一致。1997年10月3日，美国请求争端解决机构DSB成立专家组。1997年11月18日，争端解决机构决定成立专家组。欧盟、巴西和匈牙利作为第三方参与。1998年4月2日、3日，专家组与当事方会晤。1998年6月23日，专家组向科技专家咨询。1998年6月24日，专家组再次与双方会晤。1998年10月6日，专家组报告分发给各成员方。

1998年11月24日，日本提出上诉。1998年12月9日，日本提交了上诉方材料。1998年12月9日，美国提交了上诉方材料。1998年12月21日，日本和美国各自提交了被上诉方材料。同一天，巴西和欧盟提交了第三方材料。1999年1月19日，上诉庭开庭审理了本案。1999年2月22日，上诉庭作出报告。1999年3月19日，DSB通过了上诉庭报告和经过修改的专家组报告。

本案经历了磋商、专家组程序和上诉程序三个阶段。

【案例分析】

一、法律依据

本案主要采用以下法律依据：

（1）SPS协议第2条第2款：采用动植物卫生检疫措施的实施要以科学原理为依据，如无充分的科学依据则不再实施，但第5条第7款规定的除外。

（2）SPS协议第5条第6款：在不损害第3条第2款规定的前提下，各成员在制定或维持动植物检疫措施以达到适当的动植物卫生保护水平时，各成员应确保对贸易的限制不超过为达到适当的动植物卫生检疫保护水平所要求的限度，同时考虑其技术和经济可行性。

（3）SPS协议第5条第7款：在相关科学证据不足的情况下，一成员可以基于可获得的相关信息采取临时植物检疫措施，但该成员必须设法获得补充资料以更加客观地评估风险并且应在合理的期限内审查该措施。

（4）SPS协议第7条和附件有关透明度的要求。

二、磋商

1997年4月7日，美国要求与日本磋商，内容涉及日本限制农产品进口的措施，美国认为该措施违反了SPS协议第2条（基本权利和义务）、第5条（风险评估和适当的卫生与植物卫生保护水平的确定）、第8条（控制、检查和批准程序）和GATT 1994第11条（数量限制的一般取消）、WTO《农业协议》第4条（市场准入），损害了美国的利益,并且要求赔偿。美国和日本未达成一致协议,磋商未果。

三、专家组程序

申诉方:美国。

被诉方:日本。

第三方:欧盟、巴西和匈牙利。

申诉方主张:日本的《昆虫死亡率比较测试指南——蒸熏指南》中的"品种测试要求"不符合 SPS 协议的规定。

被诉方辩称:日本采取的措施是为了防止外来生物入侵制定的,没有限制竞争、贸易不公平。

在专家组程序中,专家组主要对程序性问题和实体性问题进行了讨论和裁定。就程序性问题,主要涉及以下问题。

1. 专家组的职权问题

日本主张,美国提出的关于 SPS 协议第 7 条的投诉不属于专家组的职权范围,因为这一诉求是在成立专家组的请求中第一次提出的,而此前并没有在磋商中提及。

专家组在初步裁定中否认了日本的主张。专家组认为其职权范围应由成立专家组的请求决定,而本案中这一请求提到了 SPS 协议第 7 条,因此审查这一诉求属于专家组的职权范围。

2. 日本要求专家组界定本案争议所涉措施的范围

专家组认为,解除禁令需要对从美国进口的被日本声称可能带有苹果蠹蛾的 8 种农产品进行品种测试。但由于双方提供的证据只涉及苹果等 4 种产品,因此专家组决定只对这 4 种产品依证据进行审查,而对其他产品的评估将参考技术专家的意见。此外,专家组对于品种测试方法的审查将仅限于为消除苹果蠹蛾而采取的蒸熏或蒸熏加冷冻综合处理方法。

关于实体性问题,是要审查日本的措施是否违反了 SPS 协议。美国主张日本措施违反了 SPS 协议第 2 条第 2 款。美国认为根据该条款,WTO 成员方要实行植物防疫措施,应当有"充分的科学依据",并且要"以科学原则为基础"。❶

专家组认为,要想证明存在第 2 条第 2 款规定的"充分的科学依据",则必须证明实施的措施与提出的科学依据之间有"客观的或合理的联系"。❷ 专家组运用此项法律标准对品种测试法是否有"足够的科学依据"进行了审查。专家组指出,根据技术专家的意见,没有"充分的科学依据"支持品种测试法。因此,根据所有已提交的证据和技术专家的意见,专家组得出结论认为品种测试方法与科学依据之间并不存在"合

---

❶ 鲍晓华. 我国技术性贸易壁垒的贸易效应——基于行业数据的经验研究 [J]. 经济管理, 2010 (12):7-15.

❷ 陈晓娟, 穆月英. 技术性贸易壁垒对中国农产品出口的影响研究——基于日本、美国、欧盟和韩国的实证研究 [J]. 经济问题探索, 2014 (01):115-121.

理的或客观的联系"。由于初步裁定已经认定提交的证据只是针对苹果等 4 种产品，所以尽管技术专家们声称他们的结论同样适用于其他 4 种产品，专家组仍坚持认为没有足够的证据支持将此结论适用于其他 4 种产品。所以，专家组的结论只适用于苹果等 4 种产品。

日本抗辩称，根据 SPS 协议第 5 条第 7 款的规定，在相关科学证据不足的情况下，一成员可以基于可获得的相关信息采取临时植物检疫措施，但该成员必须设法获得补充资料以更加客观地评估风险并且应在合理的期限内审查该措施。日本提出，该规定赋予其采取临时检疫措施的权利，并且日本要求出口国在申请时提交材料就是履行了"设法获取补充资料"的义务。

专家组认为：

（1）日本的措施不符合 SPS 协议第 5 条第 7 款的规定。因为第 5 条第 7 款允许成员方采取临时措施，必须满足两个条件：有关科学证据不足；根据已获得的证据可以作出决定。但第 5 条第 7 款还规定了采取临时措施的成员应履行的附加义务：设法获取补充资料；在合理的期限内审查该措施。日本第一次对美国产品实行涉及争议的措施已有 20 多年，SPS 协议生效也已经多年，日本有义务遵守 SPS 协议，而日本既没有设法获取补充资料，也没有定期审查该措施。

（2）日本的措施不符合 SPS 协议第 2 条第 2 款的规定。理由是：既然日本实行的品种测试法不符合 SPS 协议第 5 条第 7 款的规定，那么这种措施也就不符合 SPS 协议第 2 条第 2 款的规定，因为它没有"充分的科学依据"。没有必要进一步审查该措施是否符合 SPS 协议第 2 条第 2 款中关于"以科学原则为基础"的规定，进而也没有必要确定该措施是否与 SPS 协议第 5 条第 1 款和第 2 款相一致。

美国主张日本的品种测试法不符合 SPS 协议第 5 条第 6 款，原因是该措施对贸易的限制程度大大超过了实现适当的卫生保护水平的需要。美国和技术专家分别向专家组提出了两种替代措施，即产品测试法与附着程度测试法，后者又分为监测蒸熏浓度法与确定附着水平法。

专家组认为日本实行的品种测试法违反了 SPS 协议第 5 条第 6 款的规定。理由是：根据第 5 条第 6 款及其注解，如果存在一项能同时满足三个条件的替代措施，那么争议措施的"贸易限制程度"将被视为"超出需要"，并且将违反 SPS 协议第 5 条第 6 款。这三个条件是：（1）在考虑技术和经济可行性的前提下该替代措施可合理获得；（2）该替代措施可以实现适当的卫生与植物保护水平；（3）该替代措施较涉案措施可显著降低对贸易的限制程度。在依据上述三个条件对替代措施逐一进行分析之后，专家组认为：产品测试法虽然可以满足上述条件（1）和（3），但不能确定满足条件（2），即不能达到日本目前的贸易保护水平；监测蒸熏浓度法虽然可以满足条件（1）和（2），但不能确定满足条件（3），即不能确定是否显著降低对贸易的限制程度；确定附着水平法可以同时满足上述三个条件。既然存在能同时满足三个条件的替代措施，专家组以此得出结论认为，日本实行的品种测试法违反了 SPS 协议第 5 条第 6

款的规定。

美国提出日本实行的两部测试指南没有进行公布，违反了SPS协议第7条关于透明度的规定。专家组认为日本的做法违反了SPS协议第7条和附件关于透明度的规定。理由是：第7条的相关部分规定"成员方应根据附件B的规定提供有关实行卫生检疫措施的规定"。而附件B第1段规定"成员方应确保迅速公布已通过的卫生检疫措施以使相关利益成员方得以了解"。该段的注解将"卫生检疫措施"解释为"诸如法律、法令或命令等普遍适用的有关措施"。专家组指出，要使一项措施受附件B的公布要求的制约，必须满足三个条件：（1）该措施已经被批准；（2）该措施应为"卫生检疫措施"；（3）该措施是普遍适用的。专家组认为日本实行的两部测试指南符合上述三个条件，因此应当进行公布。尽管日本提出已经将这些措施通知了有关成员方的植物检疫机构，但并不能弥补其没有公布的缺陷。日本的做法违反了SPS协议第7条和附件关于透明度的规定。

四、上诉程序

日本和美国分别对专家组报告提起上诉。主要包括以下几个法律问题：

（1）对SPS协议第2条第2款中"充分的科学依据"，特别是对"充分"一词的理解上，日本和专家组的意见不一致。

（2）SPS协议第5条第7款第一句规定：在没有充分科学资料的情况下，根据已经得到的相关资料，成员可以采取临时措施；第2句规定：成员方应设法获取必要的补充资料，以更加客观地评价风险，并在合理期限内审查这些措施。对于这款法条的理解，日本和专家组的意见不一致。❶

（3）美国在上诉中提出，专家组在审查美国提出的产品测试法是否能作为适格的替代措施时，不应简单地采信技术专家的证言。

（4）日本认为两部测试指南《取消进口禁令指南——蒸熏》和《昆虫死亡率比较测试指南—蒸熏指南》不是可以实施的法律文件，不属于附录B第1段规定的公布范围。

（5）日本在上诉中指出专家组在审查是否存在可以满足SPS协议第5条第6款规定的替代措施时，采信了由技术专家提出的"确定附着水平法"。专家组的做法不合理地免除了美国的举证责任。

（6）对苹果等水果的结论是否可延伸至其他水果的意见不一致。

针对SPS协议第2条第2款中"充分的科学依据"，特别是对"充分"一词的理解的不同。上诉机构支持了专家组的意见。专家组的意见是植物检疫措施与科学证据之间应当有"合理的或客观的关联，是否存在关联应当根据每个案件的具体情况来确定"。上诉机构认为"充分"是一个关联概念，它要求在植物检疫措施与科学依据之间存在足够的关联。日本提出解释SPS协议第2条第2款应当谨慎。上诉机构认为谨慎

---

❶ 刘芳. SPS协议下的风险评估规则评析［J］. 法治研究，2014（7）.

原则"不能用来作为某个成员采取不符合 SPS 协议规定的理由"。

针对 SPS 协议第 5 条第 7 款第一句法条理解的不同。上诉机构维持专家组的结论，即日本的措施不符合 SPS 协议第 5 条第 7 款的规定。上诉机构认为这两句话提出的 4 个条件是同等重要的，成员方必须全部满足这 4 个条件才能适用临时措施。日本提出，SPS 协议第 2 条第 2 款所称"但第 5 条第 7 款规定的除外"，是指除了第 7 款的第一句。上诉机构认为日本的主张是错误的，不能把第 7 款的两句话割裂开来解释。

针对美国上诉提出的专家组在审查美国提出的产品测试法是否能作为适格的替代措施时，不应简单地采信技术专家的证言。上诉机构认为，根据 DSU 第 17 条第 6 款，专家组对事实的认定和对证据的分析不是上诉机构审查的范围。因此驳回了美国的上诉意见。

针对日本认为两部测试指南不是可以实施的法律文件，不属于附录 B 第 1 段规定的公布范围。上诉机构维持了专家组的意见，即日本没有遵守 SPS 协议附录 B 第 1 段，违反了协议第 7 条的规定。理由是：上诉机构认为附录 B 第 1 段规定的必须公布的文件范围只是一个列举性的规定，应当包括除"法律、法规和命令"之外的其他普遍适用的措施。争议双方对品种测试法是普遍适用的这一点并没有异议。

针对日本在上诉中指出专家组在审查是否存在可以满足 SPS 协议第 5 条第 6 款规定的替代措施时，采信了由技术专家提出的"确定附着水平法"，专家组的做法不合理地免除了美国的举证责任。上诉机构支持了日本的上诉请求。上诉机构认为本案专家组在美国没有完成相应的举证责任的情况下仅根据技术专家的意见就认定相关事实的做法是错误的。上诉机构引用了美国羊毛上衣案和欧盟荷尔蒙案中上诉机构的意见，指出美国负有证明日本采取了不符合 SPS 协议的措施的举证责任，有义务证明存在满足 SPS 协议第 5 条第 6 款规定三个条件的替代措施。

针对苹果等水果的结论是否可延伸至其他水果。上诉机构认为根据 DSU 第 17 条第 6 款，专家组对事实的判断和对证据的审查不属于上诉机构的审查范围。况且，由于上诉机构已经推翻了专家组关于第 5 条第 6 款的结论，这个问题事实上已经不存在了。

五、执行程序

1999 年 12 月 31 日，日本按照争端解决机构的裁决，取消了品种测试要求以及实验指南。2000 年 1 月 14 日，日本在 DSB 会议上表示，其正同美国进行磋商进行有关进口限制对这些产品新的检疫方法，因为他们是苹果蠹蛾的寄主。2000 年 2 月 24 日，日本在 DSB 会议上指出，预计将与美国就新的检疫方法达成一个双方都满意的解决方案。2001 年 8 月 23 日，日本和美国通知 DSB，他们已经达成了关于解除针对这一水果和坚果进口限制的条件，并且双方都满意。

【案件意义】

本案涉及了对实施卫生与植物检疫措施中的若干重要问题，对理解和适用 SPS 协议的各项规定具有重要意义，具体反映在以下几个方面：

（1）本案有关程序问题的结论告诉我们，无论是专家组的职权范围，还是争议措施的内容，都应以成立专家组的请求为依据，而不是以磋商的内容或其他标准来确定。

（2）关于 SPS 协议第 2 条 2 款的规定。本案的解释是，实施临时检疫措施的成员应当证明其实施的措施有充分的科学依据，二者之间应有足够的关联。

（3）关于 SPS 协议第 5 条 7 款。本案的解释是，如果某个成员要以第 5 条 7 款的适用来排除适用第 2 条 2 款，它必须符合第 5 条规定的全部条件。

（4）DSU 第 17 条第 2 款规定，上诉应限于专家组报告中涉及的法律问题和专家组所作的法律解释。如果当事方对专家组认定的事实依据有争议而提出上诉，上诉机构会认为自己没有这方面的权限而予以驳回。

（5）根据 SPS 协议第 7 条和附录 B 的规定和注释，成员方应当对普遍适用的有关卫生与植物检疫措施的法律、法令和命令等予以公布。这里是否应当公布不是指措施以何种形式、何种标准出现为准，而是以其是否普遍适用于卫生与植物检疫中为准。

（6）关于举证责任问题。根据 DSU 的规定，投诉方对其主张负有提供初步证据的举证责任，对于投诉没有提出的事项，专家组无权就此事作出结论。本案中，美国没有提出具体的替代方法，更没有证明这一方法是否符合协议规定，而专家组仅凭技术专家的意见认定替代方法的存在，这是不符合 DSU 规定的。

【思考题】

（1）在美国诉欧盟荷尔蒙牛肉案中，1996 年欧盟以荷尔蒙牛肉可能致癌为由，宣布禁止进口使用荷尔蒙添加剂的牛肉。美国和加拿大随即向 WTO 提出申诉。专家组裁定欧盟违反了 SPS 协议，认定其牛肉禁令既没有以风险评估作为基础，也没有依据现行的国际标准。欧盟提出上诉。上诉机构于 1998 年 1 月最终维持了专家组的裁定，但不同的是，上诉机构认定欧盟并没有违背国际标准。请分析美国诉欧盟荷尔蒙牛肉案与本案例美国诉日本影响农产品进口措施案在适用 SPS 协议上的异同。

（2）在澳大利亚鲑鱼案中，加拿大是世界鲑鱼的主要出口国，从 1983 年 9 月到 1996 年 1 月，澳大利亚公布了一系列的通知，限制了多种不同方式加工鲑鱼的进口。1996 年 12 月 13 日，澳大利亚检疫局决定继续执行禁止鲑鱼进口的措施。加拿大指出，澳大利亚禁止进口鲑鱼的某些措施违反了 WTO 的有关协议，构成了贸易技术壁垒，从而对正常的国际贸易进行了限制，剥夺或损害了加拿大根据 WTO 协议应该得到的利益。请分析澳大利亚鲑鱼案和荷尔蒙牛肉案中分别是如何适用 SPS 协议中的风险评估原则的？

（3）结合具体案例谈一谈 GATT 1994 第 20 条（b）项与 SPS 协议的关系。

（4）SPS 协议会变相导致绿色贸易壁垒吗？实践中是否有这样的案例出现？该如何做才能防止名为保护实为贸易限制的国际贸易措施呢？请查阅相关文献资料，谈谈自己的看法。

第三节　国际河流开发中的事先通知义务

案例五　乌拉圭河纸浆厂案

【知识要点】

界水的开发和利用是一个十分重要的问题。乌拉圭河纸浆厂案是一个具有代表性的案例，其中的事先通知义务是国际环境法上一个十分重要的制度。该案件涉及以下主要知识点。

一、不造成重大损害原则

不造成重大损害原则（No Harm Principle）来源于国际习惯法中相邻法的禁止损害原则，经特雷尔仲裁案、科孚海峡案、拉努湖案等判例的确立或不断重申，目前已成为国际环境法基本原则之一。跨界河流的上游国家在利用跨界河流时，负有不对下游国家造成重大损害的义务，这是国际河流利用上早已经确立的国际法原则，该原则也被世界各国广泛承认。❶ 对这一原则最重要的成文表述见于1972年的《斯德哥尔摩宣言》的21项原则："按照联合国宪章和国际法原则，各国有按自己的环境政策开发自己资源的主权；并且有责任保证在他们管辖或控制之内的活动，不致损害其他国家的或在国家管辖范围以外地区的环境。"《国际水道非航行使用法公约》第7条第1款对这一原则进行了界定，提出了沿岸国"不造成重大损害的义务"，以及"水道国在自己的领土内利用国际水道时，应采取一切适当措施，防止对其他水道国造成重大损害"。这里的"重大损害"是指实质性的、严重的越境损害（客体可能是人、财产、环境），而非轻微的损害。在乌拉圭河纸浆厂案中，国际法院法官指出："国家有义务使用一切手段来避免发生在其领土内的活动，或者在其管辖下的任何地区的活动，给另一国家造成严重的环境损害。"法庭认为这是国家在国际环境法下的义务的一部分。❷

二、预防原则

预防原则（Precautionary Principle）是不造成重大损害原则的延伸。1992年联合国环境与发展大会通过的《里约环境与发展宣言》第15条对预防原则进行了描述："为了保护环境，国家应该根据其能力广泛采取预防性措施。在出现严重或不可恢复的损害威胁的情况下，国家不得以缺乏完全的科学上的确定性为由而延迟采取高成本的防

---

❶ 边永民. 跨界河流利用中的不造成重大损害原则的新发展——以印巴基申甘加水电工程案为例[J]. 暨南学报（哲学社会科学版），2014，36（05）：27-33.

❷ Pulp Mills on the River Uruguay (Argentina v. Uruguay), Judgment. I. C. J. Reports, 2010.

止环境恶化的措施。"这一原则强调，即使没有能够证明某项活动有害的结论性证据，国家也应终止足以导致风险的活动。可以肯定的是，预防原则是否具有习惯国际法地位将对国家的权利、义务以及环境保护实践产生重大影响。❶

三、国际法院管辖权

国际法院有诉讼管辖权和咨询管辖权两项职权。其中，诉讼管辖权是最主要的职权。

诉讼管辖权涉及"对人管辖"和"对事管辖"两个方面：

第一，对人管辖。国际法院的对人管辖是指谁可以作为国际法院的诉讼当事方。根据《国际法院规约》，有三类国家可以作为国际法院的诉讼当事国：联合国的会员国；非联合国的会员国但为《国际法院规约》的当事国；既非联合国的会员国，也非《国际法院规约》的当事国，但根据安理会决定的条件，预先向国际法院书记处交存一份声明，表示愿意接受国际法院管辖、保证执行法院判决及履行相关其他义务的国家。作为诉讼当事国，这三类国家的地位是相同的。国际组织、法人或个人都不能成为国际法院的诉讼当事国。

第二，对事管辖。国际法院的对事管辖是指什么事项能够成为国际法院的管辖对象。根据《国际法院规约》，国际法院管辖案件的范围有三个方面。第一种是自愿管辖。对于任何争端，当事国都可以在争端发生后，达成协议，将争端提交国际法院。国际法院根据当事国各方的同意进行管辖。第二种是协定管辖。在现行条约或协定中，规定各方同意将有关的争端提交国际法院解决。提交国际法院的争端及范围等可以通过在条约中设立专门条款，也可以在订立条约的同时，再订立专门的协定加以规定。第三种是任择强制管辖。《国际法院规约》的当事国可以通过发表声明，就具有下列性质之一的争端，对于接受同样义务的任何其他当事国，接受国际法院的管辖为当然具有强制性，而不需要再有特别的协定。这些争端是：对于条约的解释、违反国际义务的任何事实、违反国际义务而产生的赔偿的性质和范围等。这里的"任择"是指当事国自愿选择是否作出声明；一旦作出声明，在声明接受的范围内，国际法院就具有了强制的管辖权，而不需其他协定。目前，世界上有60个左右的国家作出这类声明，但都附有各种保留。中国政府于1972年撤回了国民党政府1946年作出的接受国际法院强制管辖的声明。

四、事先通知义务

事先通知义务起源于预防原则。❷ 事先通知义务的关键在于：被通知方的国家如果认为一方提出的利用工程或者建设活动可能对河流造成重大的环境影响而反对工程计划和建设活动，是否有否决的权利。事先通知义务作为一项程序规则，有助于实质权

---

❶ 刘韵清. 预防原则的习惯国际法地位分析[J]. 国际法研究, 2020 (04): 69-93.
❷ 袁捷. 跨国水资源利用中的事先通知义务——以"乌拉圭河纸浆厂"判决为视角[J]. 宁波广播电视大学学报, 2015, 13 (03): 51-54.

利的保护和实现,是贯彻"公平合理利用原则"和"不造成重大损害原则"的重要手段,可以尽量避免和减少因河流的开发利用引发的国家间争端。❶

在开发和使用跨界或共享水资源时,各个国家应该公平合理地使用这些资源,同时在利用的基础上不造成重大损害,其他沿海地区在其管辖范围内或在其管辖范围内使用水资源时应予以考虑,确保这个开发利用活动不会对其他国家的环境造成重大损害。

在紧急情况下,一个国家有义务向可能遭受损失的国家发出紧急通知。通知可能不是提前的,但应该是及时的。❷ 紧急通知是指在发生洪水、山体滑坡、地震、职业事故、水传播疾病等自然或人为原因时,水道国家应尽快使用最快的方法通报可能受到影响的国家。

【基本案情】

乌拉圭河位于南美洲,自北向南依次流经巴西、乌拉圭与阿根廷,是巴西与阿根廷及阿根廷与乌拉圭的界河。1975年2月26日,阿根廷与乌拉圭在双方边界条约的基础上,签署了有关乌拉圭河国际法律地位的规约,就该河流的航行安全、港口设施的利用、救助,以及水资源、自然资源的保护与开发、河流污染的预防与治理等事项,明确了两国的权利与义务。根据1975年规约,阿根廷、乌拉圭两国共同建立了乌拉圭河联合管理委员会,负责管理1975年规约的具体实施。1975年规约还规定,阿根廷、乌拉圭两国因规约实施产生的纠纷,如无法通过协商加以解决,可由任一方提交国际法院作出裁判。

2006年5月4日,阿根廷向国际法院书记处提交了一份申请,反映了乌拉圭未履行由其承诺的双方于1975年2月26日签订的《乌拉圭河规约》(联合国条约汇编,1295卷,I-21425号,340页)项下义务而引起的纠纷。❸ 在这项申请中,阿根廷表示这项义务的违反产生于"批准、建设并在未来运作乌拉圭河沿岸的两个纸浆厂",特别提到"这种活动对乌拉圭河水质及与河流相关区域的影响"。2006年5月4日,这项申请备案后阿根廷又立即提出一项基于《乌拉圭河规约》第41条与法院规则第73条采取临时措施的请求。

就程序义务而言,阿根廷认为乌拉圭未根据1975年《乌拉圭河规约》第7条至第12条规定,将其拟在乌拉圭河畔建造纸浆厂一事通知乌拉圭河联合管理委员会及阿根廷,且没有进行相关协调程序。❹ 此外,由于乌拉圭在谈判终结前就批准了纸浆厂和

---

❶ 兰花. 跨界水资源利用的事先通知义务——乌拉圭河纸浆厂案为视角[J]. 中国地质大学学报(社会科学版),2011,11(02):44-49.

❷ 袁捷. 跨国水资源利用中的事先通知义务——以"乌拉圭河纸浆厂"判决为视角[J]. 宁波广播电视大学学报,2015,13(03):51-54.

❸ 许琳琳. 乌拉圭河纸浆厂案法律评论[J]. 法制博览(中旬刊),2013(04):184-185.

❹ 杨锦波. 乌拉圭河纸浆厂案中的环境影响评估论证[J]. 法制与社会,2018(26):41-42.

Fray Bentos 港口的建设，因此乌拉圭无视了 1975 年《乌拉圭河规约》第 7 条至第 12 条规定的整个合作机制。同时，国际法院指出尽管 1975 年《乌拉圭河规约》给予自己解决任何有关解释或适用的纠纷，然而它却没有授予自己最终决定是否批准计划的权利。因此，计划启动国可以在谈判结束后继续进行自担风险的建设。由此，国际法院认为乌拉圭未履行其通知、通告及谈判的程序性义务。

就实体方面而言，国际法院分析认为阿根廷诉乌拉圭的理由并不成立。阿根廷并没有足够的理由证明乌拉圭的决定，包括大量种植桉树给纸浆厂提供原材料的行为影响土地管理和乌拉圭的林地以及乌拉圭河水质量，因此乌拉圭没有违反其实质性义务要求。

最后，法院以 13 票对 1 票通过乌拉圭履行了 1975 年《乌拉圭河规约》项下的程序性义务；以 11 票对 3 票通过乌拉圭没有违反 1975 年《乌拉圭河规约》第 35 条、第 36 条和第 41 条项下的实质性义务要求。

综上所述，该案可以概括为：阿根廷于 2006 年 5 月向国际法院控告乌拉圭。阿根廷主张，乌拉圭授权建造纸浆厂的行为违反了 1975 年《乌拉圭河规约》的程序与实质性义务要求。❶ 本案主要涉及 1975 年《乌拉圭河规约》的解释和适用问题，并包括两大程序和实体问题：乌拉圭批准建设 CMB 纸浆厂与批准建设和运营 Orion 纸浆厂是否违反了 1975 年《乌拉圭河规约》规定的程序性义务要求；乌拉圭于 2007 年 11 月批准 Orion 纸浆厂运营是否违反了 1975 年《乌拉圭河规约》规定的实体性义务要求。经过书面和开庭审理，国际法院在界定了其管辖权的范围与应适用的法律后，着重分析了乌拉圭是否违反了 1975 年《乌拉圭河规约》规定的程序和实体义务要求，并于 2010 年 4 月作出了判决。❷

【案例分析】

一、主要法律问题

首先，两国之间关于界水的利用争端为什么可以由国际法院解决，依据是什么？

其次，如何理解事先通知义务是本案争议的焦点。阿根廷方面认为应在项目的初始阶段和批准环境问题之前通知乌拉圭河联合管理委员会。乌拉圭认为没有必要在最初阶段通知乌拉圭河联合管理委员会，也可以在获得所有技术资料和发放环境许可证后通知。

最后，乌拉圭是否有义务在谈判结束和国际法院作出最后裁决之前不建造造纸厂。根据《乌拉圭河规约》的相关规定，乌拉圭负有不建造相关项目或者建设活动的义务。乌拉圭认为，事先通知义务侧重点在于是否向可能受到影响的另一方发出通知，即重点在于通知，而不是给予可能受影响的另一方以否决权。乌拉圭援引《关于预防危险

---

❶ 杨锦波. 乌拉圭河纸浆厂案中的环境影响评估论证 [J]. 法制与社会, 2018 (26): 41-42.
❷ 杨锦波. 乌拉圭河纸浆厂案中的环境影响评估论证 [J]. 法制与社会, 2018 (26): 41-42.

活动的越境损害的条款草案》第 9 条中的规定，以证明国家有权在谈判失败时采取行动，而并没有"不建造"的义务。

二、法院判决的法律依据

可以把国际法院对案件判决的核心观点概括为：乌拉圭有事先通知义务，国际法院对乌拉圭违反该义务的认定本身就是对阿根廷主张的充分救济；对于阿根廷认为乌拉圭未履行《乌拉圭河规约》实体义务的主张，国际法院检视了双方提供的证据认为，乌拉圭没有违约。除了以上两项裁决，国际法院拒绝了其他所有的主张与要求，具体判决如表 3-2 所示。

表 3-2 国际法院具体判决

判决结果	认定无法将水污染以外的其他污染纳入本案管辖的范围，也无法将其他国际环境条约或原理原则作为本案应适用的规范
	在程序义务上，国际法院以 13 票对 1 票认定乌拉圭的行为已违反《乌拉圭河规约》第 7 条所规定的应事先通知乌拉圭河联合管理委员会及阿根廷的程序性义务要求
	在实体义务上，国际法院认定乌拉圭基于《乌拉圭河规约》第 41 条保护乌拉圭河及周边环境的义务，应在许可纸浆厂建造及营运前进行环评
	阿根廷对乌拉圭提出的恢复原状及损害赔偿的请求，国际法院予以驳回。

根据 1975 年《乌拉圭河规约》第 7 条的规定，当一方计划在乌拉圭河沿岸建造工程，并且对河流的航行、利用和水质造成损害时，应当及时通知乌拉圭河联合管理委员会，而乌拉圭河联合管理委员会应该在 30 天内，对工程建造计划或者相关活动是否对另一方造成明显的损害进行初步的判断。

事先通知义务是乌拉圭河纸浆厂案的一个焦点问题，同时也是国际环境法上的一个重要内容。[1] 涉及事先通知义务的相关条约的具体内容如表 3-3 所示。

表 3-3 涉及事先通知义务的相关条约的具体内容

名称	内 容
《里约环境与发展宣言》	第 18 条 各国应把任何可能对其他国家的环境突然产生有害影响的自然灾害或其他意外事件立即通知那些国家。国际社会应尽一切努力帮助受害的国家。
《里约环境与发展宣言》	第 19 条 各国应事先和及时地向可能受影响的国家提供关于可能会产生重大的跨边界有害环境影响的活动的通知和信息，并在初期真诚地与那些国家磋商。

---

[1] 袁捷. 跨国水资源利用中的事先通知义务——以"乌拉圭河纸浆厂"判决为视角 [J]. 宁波广播电视大学学报, 2015, 13（03）: 51-54.

三、案情评析

根据上述案情，可以认为阿、乌双方的争议主要集中在乌拉圭是否因为未履行事先通知义务而负有程序责任、纸浆厂项目是否会对乌拉圭河环境造成重大损害以及如何看待阿根廷境内发生的阻塞国际桥梁和道路的行为。对于乌拉圭的通知义务，国际法院认为，一方计划的活动足以使乌拉圭河联合管理委员会就该活动是否会对另一方造成重大影响作出初步评估，则计划方有义务将活动通知乌拉圭河联合管理委员会。[1] 下面结合国际环境法相关原则，对这三项主要争议进行简要评析。

（一）程序责任上的争议

双方程序责任争议的症结在于乌拉圭政府是否违反了其所承担的事先通知义务要求，单方面批准纸浆厂项目建设。

这种争议起源于对《乌拉圭河章程》（以下简称《章程》）相关条款的不同理解。《章程》第2章第7条至第13条对事先通知程序作了规定，规定一方进行可能影响航运、河流管理体制或水质的工程时，应通过乌拉圭河联合管理委员会通知另一方相关情况。第9条规定："在第八条规定的期限内（自接到通知6个月内），被通知方如未提出反对意见或者没有对通知进行回应，另一方（通知方）便可实施或授权许可计划进行工程建设。"阿根廷对这一条款的理解是，只要阿根廷没有表达反对意见、阿根廷没有对乌拉圭的通知作出回应或者国际法院许可乌拉圭进行工程建设，乌拉圭就能进行纸浆厂建设。据此，阿根廷认为乌拉圭虽然向乌拉圭河联合管理委员会和阿根廷提供了信息，但在没有征得阿根廷同意的情况下，单方面授予两家纸浆厂建设许可证，从而违反了乌拉圭根据《章程》应承担的程序义务规定。

但乌拉圭认为，该条款没有授予一方可以否决另一方的权利。它通过乌拉圭河联合管理委员会向阿根廷善意提供了充分必要的信息，履行事先通知义务，但《章程》规定没有义务征得阿根廷同意。而且，根据《维也纳条约法公约》关于条约解释的规定，可以认定2004年3月2日两国外长存在口头协议，从而证明阿根廷表达了同意。

显然，双方的争议不在于乌拉圭是否履行了事先通知义务，而在于乌拉圭进行事先通知后，是否要获得阿根廷的同意，这牵涉到国际环境法中的事先通知义务的解释。由于《章程》本身规定模糊，可以参考《维也纳条约法公约》对《章程》进行解释（如乌拉圭的解释），或者参照对双方都有约束力的国际条约和习惯法。《国际水道非航行使用法公约》第14条规定，在被通知国答复期（6个月）内，通知国"未经被通知国同意，不执行或不允许执行计划采取的措施"。而且，磋商或谈判期间，通知国也不能进行此类行为。联合国国际法委员会编纂的《关于预防危险活动的越境损害的条款草案》中也有类似规定，认定事先通知原则包含了通知国征得被通知国同意的义务。

（二）阿根廷主张不造成重大损害原则、预防原则

双方争议在于，纸浆厂建设及其运营是否会对乌拉圭河及周边环境造成重大或不

---

[1] 许琳琳. 乌拉圭河纸浆厂案法律评论［J］. 法制博览（中旬刊），2013（04）：184-185.

可逆的损害，进而给阿根廷造成环境和社会经济损害。双方的争议与国际环境法中不造成重大损害原则和预防原则有关。

本案中，阿根廷认为乌拉圭境内纸浆厂项目的建设及可能的运营，会危及乌拉圭河水质和沿岸的阿根廷环境，存在对环境造成重大危害的风险，因而要求乌拉圭停止纸浆厂建设活动，否则将对阿根廷造成环境损害和社会经济损害（对水质、渔业、沿岸、旅游业的影响）。因而，要求国际法院最终判决之前指示临时措施，要求乌拉圭终止纸浆厂项目。

但是，我们也应看到乌拉圭对纸浆厂项目实施了较严格的标准，要求两家外资（芬兰、西班牙）纸浆厂项目采用"可获得的最佳技术"，要求纸浆厂项目必须符合适用于2007年后欧洲所有纸浆厂遵循的欧盟综合污染预防和控制（PPC）法令所规定的标准。同时，建立了环境监测体系。这些措施属于不造成重大损害原则所要求的必要而适当的预防措施。事实上，多次环境影响评估（乌拉圭政府、第三方专家）显示，纸浆厂对乌拉圭河只具有低度危害性影响，并非重大的、不可逆的危害。投入运营后的污染物排放水平，尚属于可控制范围之内，不构成严重污染。国际金融公司委托加拿大环境咨询机构 Ecometrix 公司进行评估并于2008年7月公布了环境评估。评估报告显示，Botia 厂址和弗赖本托斯之间河段的水质与上游河段相比并未受到影响。所以，很难说乌拉圭的行为违反了不造成重大损害原则，也不存在由纸浆厂项目建设造成的即期的"严重或不可恢复的损害威胁"。所以，国际法院认定阿根廷提供的资料不能证明纸浆厂造成重大损害或者即将造成重大损害。

但是，如果阿根廷以后遭受损害，只要证明损害与纸浆厂建设或运营有关，就可以认定乌拉圭负有国际责任，因为这种环境损害属于国际法上不加禁止的行为造成的损害，习惯上适用无过错责任或者绝对责任。所以，虽然国际法院2006年7月13日的裁决也认为阿根廷的证据不够令人信服，但一旦后来的证据表明存在或即将造成重大危害，乌拉圭将承担一切后果。这是因为国际法院出于审慎原则，以避免未来损害或者累计性损害。这也是当时阿根廷选定的特别法官劳尔·艾米利奥·比努埃萨（在法官合议时投了唯一的反对票）持有不同看法的原因。

（三）国际桥梁、道路阻塞与阿根廷的国际责任

双方争议在于阿根廷阻塞两国之间国际桥梁和道路的行动是否给乌拉圭造成了损害，阿根廷是否因此对乌拉圭负有国际责任；这种阻塞行动是否给乌拉圭造成重大损害，延缓了 Botnia 工程的建设。国家如果从事了不履行其所承担义务的行为，即从事了国际不法行为，就负有国际责任。根据詹宁斯、瓦茨修订的第九版《奥本海国际法》对国家为私人行为所负的转承责任的规定，即"国际法对每个国家均加以义务，使其运用相当注意以防止其本国人民以及居住在其领土内的外国人对其他国家作侵害行为"。科孚海峡案中也确立了类似的规则，即"一国不得允许其领土被用于从事损害其他国际利益的行为"。

本案中，2006年9月南共市法庭在乌拉圭申请仲裁下认定阿根廷进行的阻塞行动

不合法，违反了南共市条约所规定的货物和服务自由流通规则。由此可以看出，虽然阿根廷没有对实施阻塞行动的环保团体进行劝说，但这些环保团体的阻塞行动确实违反了阿根廷根据南共市条约对乌拉圭承担的义务规定。尽管阿根廷对其境内团体的行为负有国际责任，但乌拉圭的主张也不尽合理。乌拉圭认定两国之间的国际桥梁和道路遭到了"完全的、不受干预的阻塞"，事实上如阿根廷所言，这种阻塞是"短期的、部分的、仅限于当地的"。乌拉圭认为阻塞行动给本国造成了严重经济损害（如对旅游业的影响），对 Botnia 工程建设进度构成了即期的严重威胁。对此，阿根廷认为旅游业与本案无关，而且两国在 2006 年第四季度的经济增长都高于前三季度，短期的阻塞行动没有对两国经济造成影响。同时，Botnia 工程如期进行，没有受到任何影响。对此，国际法院在 2007 年 1 月 23 日作出了有利于阿根廷的临时裁决，拒绝了乌拉圭采取临时措施的请求。国际法院认为，Botnia 工程 2006 年夏以来进展显著，没有证据表明工程进度受到阻塞行动的影响，阻塞行动也没有给乌拉圭造成迫切的、不可恢复的损害。

【案件意义】

一、可持续发展：在经济与环保之间寻求平衡

乌拉圭河纸浆厂案的裁决对跨界水资源的利用以及国际环境法的发展具有重要的现实意义。自 1992 年联合国环境与发展大会以来，可持续发展的理念日益深入人心，成为许多国家的发展战略与国策。例如在我国，与可持续发展一脉相承的科学发展观已经成为大政方针，经济发展与环境保护统一于可持续发展的概念之中。[1] 国际法院在对本案争议的裁决中，体现出了可持续发展在具体案件中该如何适用。阿根廷对乌拉圭河的环境保护的关切，乌拉圭在河岸修建和运营纸浆厂来发展经济，这二者之间该如何平衡？通过法院的裁决，可知在考虑可持续发展和环境保护需求的背景下界水的开发利用要尊重沿岸国自主开发利用共享资源的主权和正当的社会经济。

二、国际法院判决的法律依据：双边条约、判例、一般国际环境法

国际法院判决以两国之间的条约为基础，而没有适用或解释其他多边环境条约，国际法院也明确指出，对本案的管辖权来自《乌拉圭河规约》第 60 条。国际法院明确排除了对非水道、非公约事项的管辖，如阿根廷提出的空气污染、噪音、风景等视觉污染问题，因为这些问题因没有被规约所涵盖而被排除在管辖范围之外。[2] 国际法院在本案的审判过程中表现出对适用的双边条约的重视与依赖、对公约等一般国际环境法的轻忽，这一动向引起了国际环境法学界的高度重视。

在适用法律渊源问题上，原告阿根廷明确主张本案除适用《乌拉圭河规约》之外，还应该将相关的国际环境条约纳入适用，应适用的公约包括《濒危野生动植物种国际

---

[1] 那力．"乌拉圭河纸浆厂案"判决在环境法上的意义 [J]．法学，2013（3）：79-86．
[2] 那力．"乌拉圭河纸浆厂案"判决在环境法上的意义 [J]．法学，2013（3）：79-86．

贸易公约》《关于特别是作为水禽栖息地的国际重要湿地公约》《生物多样性公约》和《关于持久性有机污染物的斯德哥尔摩公约》。同时，阿根廷还主张这些国际环境公约应被视为是《乌拉圭河规约》的特别法而被优先适用。

国际法院以《乌拉圭河规约》规定的保护乌拉圭河水域环境与生态的实质义务为基础来确定整个案件的基调。在判决以及审理中，多数法官从预防原则和合理的注意义务推导出乌拉圭有事先通知的程序义务，以及基于同样的注意义务乌拉圭必须进行环评以保护水源环境。国际法院积极将跨境环评定位为是习惯国际法上的义务，多数意见都没有适用任何国际环境条约或是国际环境法上的原理、原则，反而仅仅仰赖国际法院过去少数的一两个判决先例，且其推论过程完全没有正视相关国际环境条约或国际法上的原理、原则。

对此特林达德法官大表不满。他认为预防原则也好，预警原则也好，甚至是进行环评的义务也好，都已经在国际环境条约或国际环境法上的原理、原则中有所体现，都已经是目前国际环境法上所承认的一般原理、原则，国际法院可直接适用，法院不适用这些规定非常可惜。还认为，根据《国际法院规约》第 38 条的规定，国际公约或条约、习惯国际法、国际法的一般原理或原则，均可作为国际法院适用的规范依据。但多数法官的意见是宁可适用法院的一两个判决先例，也不愿意适用这些国际环境法上的原理或原则。

造成这种情况的原因与一般国际环境法本身不太坚实，普遍认可程度不够有相当大的关系。❶ 以本案所涉及的《跨境环境影响评价公约》来说，其在 1991 年通过后，直到 1997 年才正式生效。这样的公约其影响力与普遍适用性都是很有限的。又如，在气候变化的国际规范上，1992 年《联合国气候变化框架公约》及其 1997 年《京都议定书》虽然塑造了最近二十多年的国际环境法秩序，但是面临的后京都议定书时代后续发展如何，目前尚不清楚，更遑论在国际司法中适用有关条约了。

国际法院很少以一般法律原则作为判决基础，即便在很少数的个案中适用了一般法律原则，也多是适用国际法上的一般原理或原则，而非经由本国普遍实践形成的一般法律原则。国际法院以国际法上的一般原理或原则作为规范基础，其中最有名的案例就是威胁或使用核武器的合法性咨询意见案，❷ 这个判决在本案法院确立事先通知义务时，亦被引用。

三、由本案看国际法院在环境案件审理上的进展

有学者认为，国际法院对本案的处理与判决标志着其在环境案件的审理上迈出了重要的一步，一改过去在环境问题上畏缩不前的风格。这主要表现在两个方面，一是在判决中承认在共享水资源的情况下进行环评是国际法义务的一种实践，二是给予"可持续发展"与"公平合理使用"这两个重要却一直很模糊的概念以具体化。活生

---

❶ 那力．"乌拉圭河纸浆厂案"判决在环境法上的意义［J］．法学，2013（3）：79-86．

❷ 参见 International Court of Justice, 35 I. L. M. 871 (1996)．

生的内容完全可以成为国际环境法的一个重要判例给未来的国际环境司法实践提供指导。❶

国际法院判过的与本案有关的案件有1973年新西兰、澳大利亚诉法国核试验案及1993年世界卫生组织（WHO）就威胁或使用核武器的合法性咨询意见案。这几个案件都涉及核试验核武器对健康和环境造成的影响是否合法的问题，因此在一定意义上都属于环境案件。但是，当时国际法院的基本态度是消极且回避问题的。

本案的判决引起了或者说更新了一个话题，面对可能越来越多的跨境环境污染，国际环境诉讼可能会越来越多，案情也会越来越复杂，而国际性的环境裁判机构却是碎片化的，不仅分散，而且没有层级和系统。首先提起这个话题的是国际环境法学界的知名学者菲茨莫里斯博士，其在1997年纪念国际法院成立50周年大会上提出了这个议题。近来，这个话题越发引起人们的重视。例如，在一本论跨国公司与国际法的专著中，专门用了一章（全书共九章）来讨论国际法院作为全球上诉法庭的问题，而且特别提出了作为处理环境问题的上诉法庭的问题。虽然现在对国际环境法的未来发展前景与发展路径还难以判断，但是通过此案，国际法院的司法造法很可能成为一条重要的发展途径，当然有环境案件提交是一个前提条件。

四、本案对我国的意义与影响

我国是一个多河流国家，有多条国际河流，这些河流涉及越南、朝鲜、俄罗斯等19个国家，影响包括中国在内的人口约30亿，水资源量占中国水资源总量的40%。在这些国际河流中，我国为多个国际共享水道的上游国。作为许多国际河流的上游国，在开发利用境内跨界水资源时，尤其是修建水电站或其他大规模调水项目时，要遵行相关的国际准则和国际法规则。❷ 我国是投票反对《国际水道非航行使用法公约》的三个国家之一，反对的主要是该公约的强制性争端解决条款。国际共享水道和国际环境法的相关理论、制度和国际实践，包括国际司法判例，都需要我们进行深入研究，而像本案这样国际法院判决的案子更是研究的重中之重。不论是从指导我国有关实践的角度，还是从跟踪研究国际司法判例的学术角度，我们都必须加强对国际法院判案的研究。例如，在乌拉圭河纸浆厂案中，乌拉圭河联合管理委员会是乌拉圭河的管理机构。我国在与他国共同保护跨国环境资源时，可以借鉴其他各个国家的实践经验，尤其是乌拉圭和阿根廷关于事先通知义务的这个案例争端，一个环境资源的专门管理机构的设立是十分有必要的，这样的机构能更有效地实施跨国资源的管理，从而使各个国家达到对界水资源的最佳利用。

【思考题】

(1) 请根据国际环境法谈谈对事先通知义务的理解。

---

❶ 参见 Alice De Jorge, Transnational Corporations and International Law, Edward and Elgar Publishing Limited, 2011, pp. 196-198。

❷ 那力. "乌拉圭河纸浆厂案"判决在环境法上的意义 [J]. 法学, 2013 (3): 79-86.

（2）中国的跨国河流有很多，包括黑龙江、乌苏里江、绥芬河等。跨界水资源利用中的事先通知义务对中国有什么启示？

第四节 跨界环境污染纠纷解决机制

案例六 特雷尔冶炼厂仲裁案

【知识要点】

一、跨国环境纠纷的概念

全球性的环境问题已成为世界各国不可回避的现实问题，解决跨国环境损害问题是健全和完善全球性环境问题的重要任务。❶ 跨国环境纠纷是跨国环境损害引起的冲突和纷争。1996 年，联合国国际法委员会第 48 届会议专题工作组向联合国大会提交的《国际法不加禁止的行为所产生的损害性后果的国际责任条款草案》对跨界损害所作的定义是："跨界损害指在起源国以外的一国领土内或其管辖和控制下的其他地方造成的损害，不论有关各国是否有共同边界。"跨国环境纠纷若得不到良好解决，将会危害国际社会的和平稳定秩序和国家间的经济贸易关系。❷

二、跨国环境纠纷的处理原则

1. 和平解决跨国环境纠纷原则

和平解决国际争端是现代国际法的一个基本原则。该原则旨在发生国际争端时，各国应致力于以和平方式解决争端。首先应考虑通过和平谈判方式解决，如果不能解决，可以通过第三方的斡旋和调停。❸ 和平解决国际争端的方法在 1899 年第一次海牙和平会议上就已经被提出，1907 年《海牙和平解决国际争端公约》补充了和平解决国际争端的方法，1919 年《国际联盟盟约》含有和平解决国际争端的条款，之后 1928 年的《巴黎非战公约》进一步对和平解决国际争端、废止战争进行了确认。1992 年的《里约环境与发展宣言》第 26 条原则指出：国家之间应按照联合国宪章，采用合适的方式和平地解决他们之间的环境争端。因此，该原则也当然地成为解决跨国环境纠纷的首要原则。世界环境与发展委员会在《我们共同的未来》报告中也明确指出："不能用军事手段解决环境威胁。"

---

❶ 王全齐，魏岳彬. 跨国环境损害的多元纠纷解决机制［J］. 青春岁月，2015（07）：228-229.
❷ 王晓丽. 跨国环境纠纷的预防与解决：国际机制视角下的比较研究［J］. 东南亚纵横，2015（11）：46-51.
❸ 王全齐，魏岳彬. 跨国环境损害的多元纠纷解决机制［J］. 青春岁月，2015（07）：228-229.

2. 鼓励环境外交方式解决跨国环境纠纷原则

现代环境外交活动与国际环境保护活动、国际环境组织和国际环境法的发展有着十分密切的关系。在跨国环境纠纷处理中，环境外交也是最正常、最主要并行之有效的一种基本方式。❶ 通过谈判、协商、斡旋和调停等环境外交的方式，双方发表自己的观点，充分进行沟通，寻求解决方案，往往能使跨国环境纠纷得到及时彻底的解决，并能充分体现效率、公平的原则。所以，现代国际环境法鼓励以环境外交方式解决环境纠纷。《联合国宪章》第33条就明确地把谈判作为和平解决国际争端的首要方法。

三、跨国环境纠纷的处理方式

1. 政治外交/外交解决方式

政治外交方式是最早的解决国际争端的方式，在跨国环境纠纷中也是最基本的纠纷解决方式。❷ 利用政治外交方式解决纠纷是指在跨国环境纠纷发生后，当事国主动进行谈判与协商，或第三国介入进行斡旋与调停以及将纠纷交予一个特别委员会进行调查与调解，最后达成协议，解决纠纷。外交解决方式是有关国家通过外交途径和平解决跨国环境纠纷的方法，没有法律拘束力。外交解决方式主要有以下几种。

（1）谈判与协商。

谈判与协商是一种当事国直接进行接触共同商讨解决彼此间争议的方法，它是解决跨国环境纠纷最早使用也是最基本的方法。环境条约一般都把它作为缔约国之间解决争端的主要方式。事实上，谈判和协商是密切联系在一起的。一般来说，协商程序主要是就纠纷各方的立场和主要观点进行平衡，为谈判创造条件，互相理解，进而达到通过谈判达成协议的终极目的。❸

（2）斡旋与调停。

如果协商谈判未能达成跨国环境纠纷的解决方案，很多国际环境条约规定了当事方可以选择第三方参与的某种或多种解决措施。具体来说，主要包括调停、斡旋、调查、调解等。❹ 斡旋是国家间发生争端时，第三国经当事国请求或主动采取的促使双方通过谈判等形式解决争端的活动。与调停不同，斡旋者不直接参加谈判，但可提出建议供参考。斡旋者可以是某个国家，也可以是联合国等国际组织。促成当事双方进行谈判而斡旋者本身不介入谈判，对解决争议也不提出具体方案。

调停是指第三国为了和平解决争端而直接参与当事国之间的谈判，并提出参考性的条件或解决方案供争议双方参考，促使双方互相妥协，达成一致意见。斡旋与调停的建议只有劝告性质，对当事国没有拘束力，往往适用于谈判和协商均不能解决双方争端的情况，许多重要国际公约对此也有明确规定。

---

❶ 王全齐，魏岳彬. 跨国环境损害的多元纠纷解决机制［J］. 青春岁月，2015（07）：228-229.
❷ 王全齐，魏岳彬. 跨国环境损害的多元纠纷解决机制［J］. 青春岁月，2015（07）：228-229.
❸ 王晓丽. 跨国环境纠纷的预防与解决：国际机制视角下的比较研究［J］. 东南亚纵横，2015（11）：46-51.
❹ 王晓丽. 跨国环境纠纷的预防与解决：国际机制视角下的比较研究［J］. 东南亚纵横，2015（11）：46-51.

（3）调查和调解。

调查和调解是《海牙和平解决国际争端公约》详细规定的解决事实不清之争端的方法。为查明事实和进行公开的调查，争端当事国签订特别协定组织调查委员会以查明事实提出调查报告，为当事人解决争端提供条件。调查报告只限于查明事实，不具有法律拘束力。调解是将争端提交给一个若干人组成的调解委员会，由调解委员会查明事实并提出报告和关于解决争议的建议供争端当事国参考采纳。

2. 法律解决方式

（1）国际仲裁。

仲裁作为国际通行的解决经贸投资争议的重要途径，在处理国际商事纠纷、优化国际营商环境、推进国际法治建设中发挥着不可或缺的作用。[1] 国际仲裁，又称"国际公断"，简称"仲裁"或"公断"，是指由争端当事国共同选任的仲裁人审理有关争端并作出有拘束力的裁决。国际仲裁是国际争端的法律解决方法之一。某一国际争端的当事国可依其事先或事后所自愿达成的仲裁协议将争端交付仲裁。仲裁人由争端当事国通过协议的方式选任，可由一人担任，亦可组成仲裁法庭或仲裁委员会，依仲裁协议规定的程序和规则对仲裁协议规定的争端事由进行审理，所作裁决对争端当事国具有拘束力。《联合国海洋法公约》和《跨界环境影响评价公约》等国际环境条约都规定了如何组建仲裁机构以解决公约框架下的跨国环境纠纷。[2]

国际仲裁包括以下流程。当事人申请。当事人应当向仲裁委员会递交仲裁协议、仲裁申请书及副本。当事人申请仲裁应当符合有仲裁协议，有具体的仲裁请求和事实、理由，属于仲裁委员会的受理范围这三个条件。仲裁委员会受理。仲裁委员会认为符合受理条件的，应当受理，并通知当事人；认为不符合受理条件的，应当书面通知当事人不予受理，并说明理由。仲裁应当开庭进行。当事人协议不开庭的，仲裁庭可以根据仲裁申请书、答辩书以及其他材料作出裁决。仲裁庭在作出裁决前，可以先行调解。当事人自愿调解的，仲裁庭应当调解。调解不成的，应当及时作出裁决。调解达成协议的，仲裁庭应当制作调解书或者根据协议的结果制作裁决书。调解书与裁决书具有同等法律效力。

国际仲裁庭是争端当事国为解决国际争端、自行选择仲裁员，在尊重法律的基础上而设立的司法性质的组织形式。1907年《海牙和平解决国际争端公约》中规定的程序规则，是根据长时期的仲裁实践编纂的，要点如下：提请仲裁的国家应签订一项仲裁协定，明文规定争端事由、委派仲裁人的期限和方法、赋予仲裁庭的特别权力、开庭地点、使用的语言等。各当事国有权委派特别代理人作为各当事国和仲裁庭之间的联络人，也可以聘用律师或辅佐人。每个当事国负担自己的费用，仲裁庭费用则由各当事国平均负担。上述规定基本上仍被沿用。

---

[1] 刘旭颖. 推动国际仲裁高质量发展［N］. 国际商报，2021-09-16（002）.
[2] 王晓丽. 跨国环境纠纷的预防与解决：国际机制视角下的比较研究［J］. 东南亚纵横，2015（11）：46-51.

（2）国际诉讼。

国际诉讼又称为国际环境争端的司法解决，是指通过国际性的法院或法庭根据国际法的规则，以判决方法解决国际环境争端的方法，其判决具有法律拘束力。将环境纠纷提交到国际法院进行解决是许多国际环境条约条款中的最后解决方案。[1] 在国际环境保护领域，可受理国际环境诉讼的法院或法庭主要有联合国国际法院和国际海洋法法庭，此外欧洲法院可受理欧盟成员国提起的环境诉讼。

国际诉讼和国际仲裁的区别如表 3-4 所示。

表 3-4 国际诉讼和国际仲裁的区别

管辖权的取得不同	在国际诉讼过程中，一方当事人只要向有管辖权的法院起诉，法院依法受理后，另一方就必须应诉；在国际仲裁中，向仲裁委员会申请仲裁，必须要有仲裁协议，即合同中订立仲裁条款或纠纷发生前、纠纷发生后双方当事人达成的请求仲裁的协议[2]
审理者的产生方式不同	在国际诉讼中，诉讼案件的审判官由法院指定，不能由当事人选择，法庭人员具有固定性；[3] 在国际仲裁中，除双方当事人可以协商选定仲裁委员会、约定仲裁庭的组成人数外，当事人有权选定仲裁员
开庭审理的原则不同	在国际诉讼中，法院开庭审理一般公开进行，只有某些涉及国家机密或个人隐私的案件，可以不公开审理；在国际仲裁中，仲裁庭审理案件一般不公开进行，以有利于保守当事人之间的商业秘密和维护其商业信誉
审理程序及当事人的能动作为不同	在国际诉讼中，当事人应当严格按照诉讼法的规定进行；在国际仲裁中，当事人则有较大的自由度，几乎每一步骤当事人都能主动作为，如约定由 3 名仲裁员还是 1 名仲裁员组成仲裁庭、是否开庭审理等都可由当事人自由选择，不得强迫

3. 国际组织解决方式

国际组织指的是国家间或政府间组织，其国际法主体资格已得到国际条约与国际法院咨询意见的承认。国际组织的权利能力和行为能力是由成员国通过协议赋予的，因而其解决跨国环境纠纷的能力是有限的，往往是在其职责范围内担任跨国环境纠纷的裁判者或调解者，因此该解决方式是前两种方式的一个补充。具有解决跨国环境纠纷功能的国际组织主要有：联合国及其安理会、环境规划署，它们在一定程度上扮演着和平解决跨国环境纠纷的角色；WTO 下设的贸易争端机构也审理一些有关贸易和环境的国际争端；一些区域性国际组织也在解决跨国环境纠纷中发挥着日益重要的作用。如 1993 年，美国、加拿大和墨西哥三国订立了一项《环境合作协定》，根据该协定设立了一个环境附属委员会，其职责中就包含负责处理成员国之间的环境争端。其他还有一些根据条约设立的国际组织，不但负责监督条约的实施，还有一定的决策和解决争端的权力。如 1979 年《长程越界空气污染公约》执行局，1987 年《蒙特利尔破坏

---

[1] 李垒. 国际商事仲裁程序的软思考［J］. 大连海事大学学报（社会科学版），2021, 20（02）：34-42.
[2] 王佳. 国际法庭的现实与理想之争——读周敦礼先生《国际法庭》［J］. 国际法学刊，2021（03）：140-154.
[3] 王佳. 国际法庭的现实与理想之争——读周敦礼先生《国际法庭》［J］. 国际法学刊，2021（03）：140-154.

臭氧层物质管制议定书》缔约会议等。随着和平解决国际争端原则的贯彻和普及,通过国际组织来解决跨国环境纠纷将会成为更多国家的选择。

【基本案情】

特雷尔冶炼厂仲裁案发生在美国和加拿大之间,由国际仲裁法庭于1938、1941年两次仲裁予以裁决。

特雷尔冶炼厂是位于加拿大不列颠哥伦比亚省特雷尔附近的一个铅锌冶炼厂(距离美加边界线十多公里)。❶ 该厂在20世纪20年代中期是北美最大的冶炼厂。❷ 该厂从1896年开始冶炼锌和锡,由于提炼的矿物质中含有硫黄,烟雾喷入大气中形成二氧化硫。到1930年,每天由该冶炼厂排出的二氧化硫约为600~700吨。这些气体随着上升的气流南下,越过特雷尔以南约11英里的加美边界,对美国华盛顿州造成了严重污染,导致该地的庄稼、森林、牧场、牲畜、建筑物受到了大面积的损害,该事件成为有史以来最严重的一次跨界大气污染事件。

多年以来,美国华盛顿州方面的居民曾多次向加拿大索赔,但事情一直没有得到圆满解决。自1927年开始,美国和加拿大经过了多次外交谈判,终于在1931年达成协议,双方同意将案件提交给处理两国边界问题的"国际联合国委员会"协调解决。该委员会在1931年的报告中称,冶炼厂对美国所造成的损害到1932年1月1日已达35万美元。加拿大政府同意支付美国方面35万美元作为全部损失的赔偿,但美国表示拒绝接受。在争端陷于僵局时,国际联合委员会建议双方采取可接受的法律程序解决。

1935年4月15日,美国和加拿大签署了特别协议,决定组织仲裁庭解决此项争端。根据特别协议的规定,仲裁庭由三名仲裁员组成,仲裁庭主席由比利时法学家霍斯蒂耶担任,另外两名仲裁员分别来自美国和加拿大。另外,美国和加拿大还各派了一名科学家协助仲裁庭进行工作,为一些技术性问题提供指导。在该案件协商和谈判的过程中,特雷尔冶炼厂采取了一定的控制措施,二氧化硫的排放量虽然已经大为减少,但是污染损害问题仍未得到有效遏制,旧的损害依然存在,而新的污染也在不断发生着。

1938年,仲裁庭经过审理作出了第一次裁决。美国对该裁决中涉及的一些问题提出了异议,要求仲裁庭在适用美国国内法、新污染的赔偿、冶炼厂进一步抑制损害等问题上作进一步说明和审议。1941年,仲裁庭就这些问题作出了最后裁决。

---

❶ 张磊. 论不损害国外环境责任原则的形成——以评述特雷尔冶炼厂案和科孚海峡案为视角[J]. 内江师范学院学报, 2014, 29(09): 122-124.

❷ 牟文富. "特雷尔冶炼厂仲裁案"原则的影响及其在海洋环保制度下的适用问题[J]. 四川警察学院学报, 2012, 24(06): 43-48.

【案例分析】

一、仲裁的焦点问题

特雷尔冶炼厂仲裁案的焦点问题详见表 3-5。

表 3-5　仲裁的焦点问题

4 个问题	特雷尔冶炼厂对华盛顿州的损害在 1932 年 1 月 1 日以后是否还存在？如果存在，应如何赔偿？
	如对第一个问题作出了肯定回答，特雷尔冶炼厂今后是否应抑制对华盛顿州的损害？如果要抑制，应抑制到什么程度？
	根据上述两问，特雷尔冶炼厂具体应采取怎样的措施或建立怎样的防治污染的制度？
	根据对以上问题的裁决，加拿大应怎么对美国进行补偿或赔偿？

二、仲裁结果、说明的问题及其依据

1. 仲裁结果

（1）1938 年裁决。

1938 年 4 月 16 日，仲裁庭作出了第一个裁决。裁决对特别协议提出的第一个问题作出了肯定的答复。仲裁庭认为，1932 年 1 月 1 日以后，虽然冶炼厂已作出了一些减少污染的努力，但污染仍然存在，而且造成了损害，因此裁定："自 1932 年 1 月 1 日以来，特雷尔冶炼厂对华盛顿州的污染损害已经发生，因而应付给损害赔偿 78000 美元，作为在这段时间发生的损害的全部赔偿。仲裁庭不得对本裁定加以任何更改或修正。"关于第二和第三个焦点问题，法院认为，特雷尔冶炼厂应建立一个临时制度，以便获得必要的信息，同时应当建立一个有效的永久制度，避免在过渡期间进一步造成损害。

（2）1941 年裁决。

1941 年 3 月 11 日，仲裁庭作出了最后裁决，对美国针对第一次裁决提出的一系列问题及特别协议中提到的焦点问题进行了进一步的认定，裁决中驳回了美国提出关于修改 1938 年裁决的要求，但对一些 1938 年裁决没有涉及的部分进行了裁定。

2. 仲裁庭说明的主要问题

本案在仲裁过程中，仲裁庭说明的主要问题详见表 3-6。

表 3-6　仲裁庭说明的主要问题

主要问题	仲裁庭的说明
争端性质	本案是两国政府关于跨界空气污染损害问题的争端。在两国之间，如果损害得到证实，损害方给予受害方的赔偿应是公正的和适当的，双方均希望该争端得到公正的解决

续表

主要问题	仲裁庭的说明
定案性质	根据定案原则规定，在具有管辖权的主管司法机构作出了裁决或判决后，该裁决或判决一旦生效，即对当事人具有终局的效力。以后，同样的当事人因同一诉讼事由再进行诉讼，司法机构应不予受理。美国要求对1932年以来的损害进行重新审查和认定，因为1938年裁决中已就相关问题作出了回答，所以仲裁庭认为，国际仲裁法庭的裁决具有定案的效力
关于继续损害的确定	针对美国提出的自1937年10月1日至1940年10月1日之间特雷尔冶炼厂对美国造成的损害问题，仲裁庭认为，仲裁庭在1938年裁决中已就相关损害进行了确认，而对于1937—1940年间的损害，美国没有提出新的证据加以说明。仲裁庭认为由此裁定这期间特雷尔冶炼厂没有对美国华盛顿州造成损害。对于要求仲裁庭判定特雷尔冶炼厂支付美国调查损害费用的请求，仲裁庭认为，调查损害后果是美国举证证明其所受损害的必要条件，该调查费用显然是与美国认为存在损害的要求相联系的，不论根据仲裁协议，还是仲裁实践，该开支都是不能计算在"损害"这个概念的范围之内的
加拿大特雷尔冶炼厂是否有义务进一步抑制损害	仲裁庭寻找可适用法律的结果表明，国际仲裁法庭还没有处理过类似的有关跨界空气污染的案件，甚至连较为接近的跨界水污染的判例也没有。但美国最高法院处理过一些有关州际水污染或空气污染的事例，国际仲裁法庭在这方面是可以借鉴的。仲裁庭认为，美国国内有关州之间的空气污染或水污染案件具有准主权性纠纷性质，国际法上又没有相反的规则禁止国际仲裁法庭参考美国国内的做法。因此，仲裁庭没有理由排除将其作为先例来加以参考。 在国际法学界，国际常设法院法官伊格勒敦曾认为："国家无论什么时候都有责任防止在其管辖下的人的损害行为侵害别的国家。"大量的国内判例和国际法学说也都阐述了类似的观点，仲裁庭在考察了这些后，作出如下结论："根据国际法以及美国法律的原则，任何国家都没有权利这样地利用或允许利用其领土，以致让其烟雾在他国领土或对他国领土上的财产或生命造成损害，如果已产生了严重后果并已为确凿证据证实的话。"根据本案情况，仲裁庭认为，加拿大政府无论是现在还是将来都应对特雷尔冶炼厂的损害行为负责，并有义务制止损害
对特雷尔冶炼厂防治污染工作的建议	仲裁庭认为，科学界在控制烟雾方面已取得了一些重大成就，特雷尔冶炼厂应给予充分考虑。冶炼厂应将二氧化硫的排放减少或限制到能防止损害的程度，并建立一个保证适应各种气象条件变化的调节系统。仲裁庭认为，考虑到将来可能发生的损害，双方可以议定一定的款项作为赔偿或补偿

3. 仲裁依据

（1）主要法律依据。

仲裁庭适用了仲裁协议的一部分内容。[1] 根据特别协议，仲裁庭将"适用美国在处理这类问题上所适用的法律和实践，以及国际法和惯例，并考虑缔约双方谋求公平解决的愿望"。协议规定，双方应在批准特别协议的9个月内，向仲裁庭提交事实说明和

---

[1] 适用的内容为："仲裁庭应当适用美国国内处理同类问题所遵循的法律和实践以及国际法和实践，并应考虑缔约方达成对各方都是公正解决办法的意愿。"

举证，仲裁庭应考虑双方提出的证据并有权进行调查。在仲裁庭适用的实体法方面，裁决引用了美国公法学家伊格尔顿教授的一句话："一个国家始终有义务保护其他国家免受自己管辖范围内个人有害行为的损害。"仲裁庭认为美国最高法院处理的某些空气和水污染案可以用来指导该案。仲裁庭还引用了许多美国国内法院的判例。

（2）涉及的条约及原则详见表3-7。

表3-7 该案涉及的条约及原则

条约/原则	内　　容
《联合国人类环境会议宣言》，原则21	按照联合国宪章和国际法原则，各国有按照自己的环境政策开发自己资源的主权；并且有责任保证在它管辖或控制之内的活动，不致损害其他国家的或在其他国家管辖范围以外地区的环境。
《里约环境与发展宣言》，原则2	按照联合国宪章和国际法原则，各国拥有按照其本国的环境与发展政策开发本国自然资源的主权权利，并负有确保在其管辖范围内或在其控制下的活动不致损害其他国家或在国家管辖范围以外地区的环境的责任。
领土无害使用原则	1941年裁决中的定义为：任何国家无权如此使用或允许如此使用其领土，以致其污染在他国领土或对他国领土或其领土上的财产和生命造成损害，如果这种情况产生的后果严重且其损害被确凿的证据所证实。
不损害国家管辖范围以外环境原则	具体包括两方面内容：一是国家在自由地开发、利用本国环境与资源，发展经济的同时，有保证在其管辖或控制下的活动不会对其他国家或地区的环境造成危害的责任；二是国家对其管辖或控制范围内的活动所产生的超越辖区的（域外）环境污染与破坏，应对污染、破坏之受害国、地区或直接受害之法人、个人承担损害赔偿和其他责任。即包括两部分：不损害其他国家的环境与不损害各国管辖范围以外的环境。❶

【案件意义】

在组建国际仲裁法庭的过程中，当事国面临的最大困难就是所组建的国际仲裁法庭应该适用什么法律。由于本案属于两国之间的纠纷，原则上应当按照国际法去裁判案件。但是，在跨境大气污染纠纷方面，当时既没有国际法规则进行约束，也没有类似的国际司法判例。于是，在无奈的情况之下，两国的特别协议中规定："适用美国在处理这类问题上所适用的法律和实践，以及国际法和惯例。"在仲裁协议中约定某一案件的处理适用一国国内法，这在国际仲裁中是不多见的。

（1）本案是历史上第一件有关跨国空气污染的案件，成为国家不损害国外环境的第一个重要司法判例。

本案所处的年代是20世纪30年代后期及40年代前期，当时，国际环境法还没有

---

❶ 何晓妍. 论尊重国家主权和不损害管辖范围以外环境原则[J]. 环境与可持续发展，2014，39（03）：101-104.

产生，而国际法由于第一次世界大战的破坏和第二次世界大战的爆发，正处于一个相对低迷的阶段。本案的两个当事国在当时的历史条件下能够运用国际仲裁这种解决方法处理两者之间的纠纷，无疑是难能可贵的。

在进行仲裁的那个年代，处理特雷尔厂这种跨国污染在历史上没有先例可循，也没有相关的国际条约可以作为裁判依据。更主要的是，特雷尔厂的冶炼活动是在加拿大境内发生的，那个年代主权国家的疆界具有不可渗透性。仲裁协议要解决的几个问题从当时来看，也是具有开创性的：加拿大方"特雷尔冶炼厂"的行为是否给美国造成损害、损害该如何赔偿；如造成损害，今后是否该抑制以及如何抑制；特雷尔冶炼厂本身应当采取何种措施。这些问题的明确对后来跨国污染的赔偿责任制度的发展都是一个重要的起点。

（2）本案确立了领土的无害使用原则。

"特雷尔冶炼厂仲裁案"是处理跨国污染赔偿责任的一个里程性案例，其中的原则对后来国际环境法的发展作出了巨大的贡献，相当多的多边环境保护条约吸收了其中的"领土无害使用原则"的精神。❶ 1941 年裁决中有这么一句话，奠定了后来许多环境保护条约、跨国环境污染争端解决中的一项根本原则："任何国家无权如此使用或允许如此使用其领土，以致其污染在他国领土或对他国领土或其领土上的财产和生命造成损害，如果这种情况产生的后果严重且其损害被确凿的证据所证实。"该原则就是所谓的"领土无害使用"原则，国际法院在"科佛海峡案"中也确认了类似的原则："每个国家有义务不得使其领土被用来实施侵害他国权利的行为。"该原则后来被许多国际环境条约、宣言所采纳。例如，1972 年《联合国人类环境会议宣言》第 21 条规定："各国有责任保证在它管辖或控制之内的活动，不致损害其他国家的或在其他国家管辖范围以外地区的环境。"1982 年《联合国海洋法公约》第 194（2）条规定："各国应采取一切必要措施，确保在其管辖或控制下的活动的进行不致使其他国家及其环境遭受污染的损害，并确保在其管辖或控制范围内的事件或活动所造成的污染不致扩大到其按照本公约行使主权权利的区域之外。"第 195 条规定："各国在采取措施防止、减少和控制海洋环境的污染时采取的行动不应直接或间接将损害或危险从一个区域转移到另一个区域，或将一种污染转变成另一种污染。"此外，1997 年《国际水道非航行使用国际公约》第 7 条"不造成重大损害的义务"的规定、1972 年联合国大会第 2995 号决议、联合国环境规划署 1979 年通过的"环境领域中国家行为指导原则"中都反映了"领土无害使用原则"。

（3）本案对环境影响评价制度在国际法上的确立有积极意义。

本案中，国际仲裁庭认为，跨界的环境损害具有连续的性质，具有长久性，因此以一系列规定来要求当事人继续监测、跟踪后续可能发生的损害，以便提早采取行动。

---

❶ 牟文富．"特雷尔冶炼厂仲裁案"原则的影响及其在海洋环保制度下的适用问题［J］．四川警察学院学报，2012，24（06）：43-48．

该裁决要求特雷尔冶炼厂安装观察台，安装必要的能提供气体情况的设备和二氧化硫记录器，并定期向特设的两国间机构提供要审查的报告。为了促进该措施得以有效执行，裁决还要求该监测和交换情报的行为必须在两国的共同参与下进行。环境影响评价在人类活动前期，能够科学预告活动对环境的影响程度，将环保理念融入施工的整体过程中。[1] 对拟实施的项目和正在进行的工程进行环境影响评价在现代国际环境法中已经成为一条普遍的原则，而这在20世纪40年代还是一个新鲜的事物，因此本案裁决的这一系列规定对于环境影响评价制度在国际法上的确立有积极的意义。对待环境问题，最好的方法还是防患于未然，对可能产生的污染和损害进行监测、预测和早期防治。在工业化进程中，环境损害也许不可避免，但早期的监测、预测和评价能够有效地制止严重的污染行为，避免对环境造成更大的损害。在空气污染立法领域，环境影响评价制度已经在1985年《保护臭氧层维也纳公约》、1979年《长程越界空气污染公约》等公约中得以规定。

【思考题】

（1）"领土无害使用原则"是否可以适用于其他跨国环境污染纠纷，如跨国海洋污染纠纷。

（2）本案的国际法意义是什么？

---

[1] 黄玲. 环境影响评价与全过程环保管理探讨［J］. 智能城市，2021，7（18）：124-125.